$$L\,m\frac{2}{}$$

$$S^?$$

ARMORIAL

DU NIVERNAIS.

PUBLICATION DE LA SOCIÉTÉ NIVERNAISE.

NEVERS,

IMP. FAY. — G. VALLIÈRE, successeur.

ARMORIAL

HISTORIQUE ET ARCHÉOLOGIQUE

DU

NIVERNAIS

PAR

LE Cte DE SOULTRAIT

MEMBRE NON-RÉSIDANT DU COMITÉ NATIONAL DES TRAVAUX HISTORIQUES, ASSOCIÉ
CORRESPONDANT DE LA SOCIÉTÉ DES ANTIQUAIRES DE FRANCE, MEMBRE
DE LA SOCIÉTÉ NIVERNAISE DES LETTRES, SCIENCES ET ARTS,
DE L'ACADÉMIE DE LYON, ETC.

TOME PREMIER.

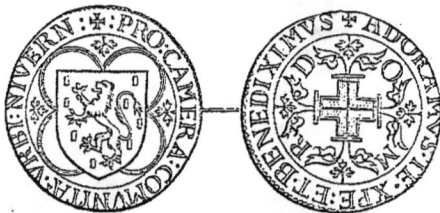

NEVERS,

CHEZ MICHOT, LIBRAIRE DE LA SOCIÉTÉ NIVERNAISE.

M DCCC LXXIX

INTRODUCTION.

Le livre dont nous publions aujourd'hui une nouvelle édition, soigneusement corrigée et fort augmentée, est un travail d'archéologie et non un ouvrage généalogique, un Armorial et non un Nobiliaire de notre province.

Établissons nettement la différence qui existe entre un nobiliaire et un armorial : un nobiliaire recherche et apprécie la condition aristocratique des familles, leur ancienneté, leur illustration ; un armorial est au blason d'une province ce qu'un dictionnaire est à la langue d'un pays, rassemblant toutes les armoiries sans distinction, afin de faciliter leur attribution, comme le dictionnaire réunit tous les mots scientifiques, littéraires, vulgaires, pour en élucider le sens et en déterminer l'emploi.

Dans la composition de cet Armorial nous avons donc décrit toutes les armoiries nivernaises qu'il nous a été possible de retrouver, qu'elles aient appartenu aux comtes et ducs de la province, aux évêques, aux villes, aux corporations, aux communautés religieuses, enfin aux familles nobles et bourgeoises.

La complaisance extrême de presque tous les généalogistes et héraldistes anciens et modernes a quelque peu déconsidéré les ouvrages héraldiques. L'Armorial du

I

Nivernais, comme du reste quelques travaux analogues modernes, se distingue, nous croyons pouvoir l'affirmer, des livres auxquels nous avons fait allusion, en ce qu'il n'a point été écrit pour flatter les vanités aristocratiques, mais bien dans le but de servir à l'histoire et à l'archéologie. En effet, l'usage des armoiries ayant été général depuis le XIIIe siècle et surtout depuis le XVIe, l'archéologue, le numismatiste, l'historien trouvent constamment dans les monuments et les documents, objets de leurs investigations, des blasons dont l'explication et l'attribution sont souvent nécessaires, toujours utiles et intéressantes pour leurs recherches.

Il est superflu de discuter davantage ici l'importance de la science héraldique dans les études qui ont pour objet le Moyen-Age et la Renaissance, cette importance est maintenant universellement reconnue.

Notre principale préoccupation a été la recherche des blasons des familles anciennement éteintes, que les héraldistes plus ou moins sérieux des deux derniers siècles n'avaient eu aucun intérêt à reproduire. Ces blasons sont les plus importants à faire connaître dans un armorial archéologique ; il a fallu essayer de les découvrir sur les sceaux, au milieu des verrières, dans l'ornementation sculptée et peinte des églises et des châteaux. Nous avons pu en retrouver un certain nombre, mais la mention trop fréquente *Armoiries inconnues* prouvera que nos longues et patientes recherches n'ont pas été toujours couronnées de succès.

Il a été question ci-dessus des armes bourgeoises comme devant figurer dans notre livre avec celles de la noblesse. Relevons à ce sujet une erreur généralement admise. Beaucoup de personnes croient que le droit de porter des armoiries était le privilége exclusif de la noblesse ; d'autres admettent bien que les familles bourgeoises aient eu aussi ce droit, mais seulement après l'établissement de l'*Armo-rial général de France*, à la fin du XVIIe siècle. Ces deux idées sont erronées. D'abord il n'y eut jamais dans notre pays de droit bien défini au port des armoiries, tandis que la situation nobiliaire des familles fut constamment réglée par des ordonnances. Puis dès que la bourgeoisie eut été constituée, elle prit des armoiries pour les villes et les corporations, et les familles qui la composaient adoptèrent fort souvent pour elles-mêmes des emblèmes héraldiques dès le XIVe siècle. Il suffit de feuilleter les *Épitaphiers* de Paris et de Lyon, de visiter les églises de la Champagne et des environs de Paris, encore remplies de dalles funéraires des cinq derniers siècles, pour se convaincre de la vérité de ce que nous avançons, vérité prouvée du reste par le texte des ordonnances de 1696 que nous donnerons plus loin.

L'on vit aussi parfois, à la fin du XVIe siècle et surtout au XVIIe, les bourgeois décorer leurs armoiries de supports, de casques et de cimiers, dont le port régulier était réservé à la seule noblesse ; et même, un siècle plus tard, les casques furent généralement remplacés, au-dessus des armoiries bourgeoises, par des couronnes de comte et de marquis. Jean Mégret, trésorier de France en la généralité de Moulins, parlant en 1685, dans un travail généalogique (1), du tombeau d'un gentilhomme d'ancienne race dont le blason était simplement surmonté d'un casque de profil, s'exprimait ainsi au sujet de cet écusson si modestement timbré : « Belle leçon pour notre noblesse naissante, » et bourgeois, qui le portent de front (le casque); d'autres » avec couronne. Je ne me puis faire reformateur de cet » abus, je n'en ay pas le caractère ; mais il est grand... »

---

(1) *Généalogies de quelques nobles familles de Bourbonnois et autres lieux, avec les preuves*, etc. Moulins, chez Claude Vernoy, 1685, in-4°.

Mirabeau, dans une lettre à Sophie de Monnier, de 1779, la prie de lui commander un cachet dont l'écusson devra être surmonté d'une couronne ducale, « attendu, dit-il, » que les gens de qualité prennent tous une couronne » de duc, parce qu'il n'y a point de procureur qui ne porte » celle de comte ou de marquis. »

Nous donnons les armoiries des familles bourgeoises, du moins de celles de ces familles qui possédèrent des fiefs en Nivernais ou qui, ayant eu un établissement d'une certaine durée dans la province, y exercèrent des fonctions. On comprend qu'il ne pouvait entrer dans notre plan de copier toutes les armoiries attribuées d'office, par les commissaires de l'Armorial général, à des titulaires qui souvent ne les portèrent pas et qui parfois n'en eurent connaissance que par le droit d'enregistrement qu'ils durent payer.

Nous venons de parler de l'*Armorial général*, il est bon de faire connaître l'origine de cet immense recueil d'armoiries, qui est en réalité le seul armorial *officiel* que possède la France.

A la fin du XVIIe siècle, les finances de l'État étaient épuisées, et les ministres de Louis XIV, cherchant par tous les moyens à remédier à la détresse publique, pensèrent à spéculer sur l'amour-propre et la vanité des Français pour aider à remplir les coffres de l'État, vidés par les guerres du glorieux règne de leur maître. Un édit du mois de novembre 1696 ordonna l'ouverture de registres dans lesquels seraient inscrites, moyennant droits d'enregistrement, les armoiries non-seulement des gentilshommes, mais encore des *personnes quelles qu'elles fussent*, et celles des provinces, des villes, des bourgs, des communautés et des corporations.

Voici le texte de l'article VII de cet édit : « Le Roy » ordonne que les officiers, tant de sa maison que de celles » des princes et princesses du sang, que de ceux de l'épée,

» de robe, de finance et des villes, les ecclésiastiques, les
» gens du clergé, les bourgeois des villes franches et autres
» qui jouissent, à raison de leurs charges, états et emplois,
» de quelques exemptions, priviléges et droits publics,
» jouiront aussi du droit d'avoir et de porter des armes, à
» la charge de les présenter dans le temps ci-dessus au
» bureau des maîtrises particulières, etc. »

Ce texte prouve bien que des bourgeois, des roturiers,
étaient déjà en possession d'armoiries, et l'injonction à eux
faite de les présenter aux officiers chargés de les enregistrer
avait pour but de donner à ces écussons le caractère
officiel, la publicité et l'authenticité.

Mais il ne s'agissait pas seulement d'inscrire les blasons
déjà portés par les familles, ce qui n'eût pas produit un
résultat fiscal suffisant ; un autre article de l'édit autori-
sait les personnes qui n'avaient point d'armoiries à s'en
faire donner par les officiers de l'Armorial : « Le Roi, pour
» ne pas priver de cette marque d'honneur (les armoiries)
» ses autres sujets qui possèdent des fiefs et terres nobles,
» les personnes de lettres et autres qui, par la noblesse de
» leur profession ou de leur art ou par leur mérite per-
» sonnel, tiennent un rang d'honneur et de distinction dans
» ses États et dans leurs corps, compagnies et communautés,
» et généralement tous ceux qui se sont signalés à son
» service, dans ses armées, négociations ou autres emplois
» remarquables, veut que les officiers de la grande maîtrise
» leur en puissent accorder lorsqu'ils en demanderont, eu
» égard à leur état, qualités et professions. »

On voit que les catégories de personnes susceptibles de
recevoir des armoiries s'étaient déjà bien étendues. On ne
s'en tint pas là, et nombre de petits marchands, d'artisans
même, non-seulement purent se décorer d'écussons, mais
encore s'en virent donner d'office, sans avoir fait aucune
démarche pour les avoir, et durent payer un droit d'enre-

gistrement assez élevé, eu égard à la valeur de l'argent à cette époque.

La procédure pour l'obtention d'un blason était des plus simples : on adressait les armoiries aux bureaux des maîtrises particulières de chaque généralité, qui les transmettaient à la grande maîtrise, pour être inscrites dans l'Armorial général. Le garde de cet armorial faisait alors remettre aux intéressés des certificats d'inscription avec description et représentation coloriée des armoiries.

D'après l'article XV de l'édit, ces certificats valaient lettres de concession d'armoiries, le roi relevant et dispensant ses sujets d'en obtenir d'autres, sans cependant que ces *brevets ou lettres puissent en aucun cas être tirés à conséquence pour preuve de noblesse.* C'était dire formellement que le port d'armoiries, ancien ou récent, ne pouvait point être un signe de noblesse.

Le tarif des droits à payer, réglé le 20 novembre 1696, était celui-ci : Les personnes non titrées devaient payer vingt livres ; les vicomtes et barons, trente livres ; les comtes et marquis, quarante livres ; les ducs et pairs, cinquante livres ; les villes et les corporations, trente livres ; enfin, la taxe particulière des personnes qui faisaient enregistrer des blasons renfermant des fleurs de lys était de cinquante livres.

Plusieurs arrêts du conseil, de 1696 et 1697, avaient eu pour objet la fixation de ces tarifs ; d'autres arrêts rendirent obligatoire l'enregistrement des armoiries dans de certaines limites, limites fort étendues comme on a pu le voir.

Un de ces arrêts portait que ceux qui auraient fait enregistrer leurs armes à l'Armorial général « ne pourraient » être inquiétés ni recherchés pour raison du port desdites armoiries, soit pour le passé, soit pour l'avenir, » en quelque sorte et manière que ce pût être et de » quelques pièces que leur écu fût chargé. » M. Chastel à qui nous empruntons quelques parties d'un excellent travail sur l'Armorial général (1), fait observer avec raison que cette dernière disposition était une voie ouverte à l'usurpation des armoiries des grandes familles, usurpation qui ne fut pas sans exemples.

Un autre arrêt décidait que les personnes qui porteraient des armoiries après le 30 mars 1697 sans les avoir fait enregistrer, seraient punies d'une amende de 300 livres, et que les meubles et objets ainsi indûment armoriés seraient confisqués.

Les réglements que nous venons d'énumérer n'ayant pas été toujours strictement exécutés, furent confirmés par un nouvel arrêt du roi en son conseil du 3 novembre 1697, et on dressa le rôle des personnes qui n'avaient point encore fait de déclaration d'armoiries et que l'on devait contraindre à déclarer leur blason ou à en recevoir un d'office.

Malgré toutes les mesures prises, beaucoup de personnes ne se présentèrent point aux bureaux des maîtrises, et ce furent les commissaires qui leur composèrent un écu. Quelques-uns de ces agents se contentèrent d'appliquer aux non-comparants des armoiries formées de pièces héraldiques, généralement simples, prises au hasard. L'on trouve des pages de l'Armorial décrivant des écussons d'une composition semblable, différenciés seulement par le changement des couleurs, de ce qu'on appelle les *émaux* en style héraldique, ou par l'adjonction de quelque petite pièce, comme une étoile, un trèfle ou un croissant. D'autres commissaires, d'un esprit plus inventif, se donnèrent la peine de créer des armoiries *parlantes,* des sortes de rébus, jouant sur le nom des personnes à blasonner. C'est ainsi que, dans notre province, la famille Enfert vit figurer

(1) *De l'Édit concernant la police des armoiries,* par L.-F. Chastel. Lyon, Vingtrinier, 1859.

un diable sur son écusson, qu'un prêtre du nom de Bonamour reçut un cupidon pour emblème héraldique, etc.

Hâtons-nous d'ajouter que les armes parlantes ont été en usage dès l'origine du blason et que, sans aller chercher les exemples de grandes maisons ainsi armoriées que donnent tous les traités de blason, nous avons eu et nous avons encore en Nivernais de fort anciennes familles dont les armoiries sont parlantes ; exemples : les *coquilles* des Coquille, les *tourteaux* (torteaux) des Le Tort, le *cerf* des Certaines, les *chaînes* des du Chesnay, les *gourdes* des Gourdon, les *coqs* des Galaix et des Cochet, les *Pommes* des Pommereuil, les *besants* (réaux), des des Réaux, l'*échiqueté* (écusson formé de carrés) des Quarré d'Aligny, et tant d'autres.

Il est à remarquer encore que certaines familles d'ancienne noblesse, ayant dédaigné de faire enregistrer leurs armoiries réelles dans l'Armorial général et en ayant reçu d'autres de fantaisie, ces dernières armoiries seraient, au point de vue strictement régulier, les seules qu'elles auraient le droit de porter, puisque l'Armorial général est, comme nous l'avons dit, le seul recueil *officiel* des armoiries françaises.

Nous nous sommes peut-être étendu bien longuement sur l'Armorial général, mais il nous a semblé intéressant de faire bien connaître ce volumineux recueil, le plus consulté de tous les manuscrits de la Bibliothèque nationale, et si curieux à parcourir quand on veut se rendre compte de l'état des familles du pays à la fin du XVIIe siècle.

L'Armorial du Nivernais est divisé en quatre parties : la première renferme la description des armes des comtes et des ducs de Nevers et de celles de leurs femmes.

Dans la seconde partie nous donnons les blasons des évêques de Nevers et de Bethléem et des communautés religieuses.

Dans la troisième sont décrites les armoiries des villes et des corporations.

Enfin la quatrième partie, beaucoup plus considérable que les autres, est consacrée aux familles nobles et bourgeoises qui ont eu un blason régulier ; chaque article donnant : les noms des fiefs possédés, *en Nivernais*, par la famille ; la désignation des châtellenies dans la circonscription desquelles se trouvaient ces fiefs ; l'énumération des alliances, autant qu'il a été possible de le faire ; enfin l'indication des ouvrages et documents à consulter.

Certains articles sont suivis de notes historiques et archéologiques, ayant pour but de soumettre à une étude critique les blasons décrits et attribués, et de signaler, à l'appui de leur authenticité, les monuments sur lesquels ils sont reproduits.

Nous avons pu donner six cent quatre-vingt-quatorze armoiries, dont environ cinq cent cinq appartiennent ou ont appartenu à des familles nivernaises. Malgré ce nombre considérable de blasons décrits, bien des articles sont suivis de la mention : armoiries inconnues ; nous avons ainsi fort souvent confessé notre ignorance ; mais nous voulions offrir à nos lecteurs un ouvrage aussi complet que possible, et notre travail ne l'aurait pas été sans la mention des noms et des seigneuries des familles qui eurent et portèrent certainement des armoiries ; ces armoiries ont échappé à nos recherches, mais d'autres pourront les retrouver et nos articles incomplets rendront leur attribution plus facile.

Notre intention, nous ne saurions trop le répéter, a été de composer un ouvrage d'archéologie héraldique, et nous repoussons bien loin la prétention de nous ériger en Juge d'armes de notre province ; aussi éviterons-nous toute appréciation de la position nobiliaire de chaque famille, et nous abstiendrons-nous de donner des noms dans l'espèce de statistique aristocratique de la province qui va suivre.

Cette étude sera divisée en deux parties : classification des familles énumérées dans l'Armorial ; statistique nobiliaire du Nivernais à ses diverses époques.

L'Armorial renferme les noms de huit cent quatre-vingt-quinze familles, déduction faite de ceux de trois prélats nivernais qui ont, suivant l'usage, pris des armoiries lors de leur élévation aux dignités de l'Église. Environ sept cents de ces familles étaient nobles de race, ou avaient été, à une époque quelconque, affiliées à la noblesse dans une ou plusieurs de leurs branches ; les autres, plus ou moins marquantes, n'étaient jamais sorties de la bourgeoisie.

Cent vingt de ces familles seulement existent encore, à notre connaissance du moins.

Si maintenant nous essayons d'établir une classification entre les familles nobles et anoblies, y compris celles qui ont donné à la province des comtes ou des ducs, nous en trouvons vingt-deux qui faisaient partie de la plus haute noblesse féodale, de la noblesse historique.

Dix-huit autres familles, d'un rang un peu moins élevé, peuvent cependant encore être rattachées à la grande noblesse.

Nous classerons dans la noblesse chevaleresque ou militaire quatre cent soixante-quinze familles, connues dès les XIIIe et XIVe siècles ou, tout au moins, dès les premières années du XVe.

Quatre-vingts familles environ, marquantes au XVe siècle ou au commencement du XVIe, doivent trouver place entre la noblesse de race purement militaire et la bourgeoisie anoblie. Ces familles, tenant en même temps à la noblesse et à la bourgeoisie, eurent en général des représentants dans l'armée, dans la robe et dans les administrations municipales ; certains de leurs membres portaient des qualifications nobiliaires, tandis que d'autres se qualifiaient plus modestement. Plusieurs de ces familles étaient sans doute de race aristocratique : on sait que beaucoup de nobles, ruinés pendant les guerres désastreuses du XVe siècle, se virent forcés de demander aux offices de robe et de finance une position que leur épée ne pouvait plus leur donner, par suite de la transformation de la société à cette époque.

Vingt-trois de nos familles, anoblies anciennement c'est-à-dire antérieurement au milieu du XVIIe siècle, pourraient à la rigueur être confondues avec celles de la précédente catégorie.

Quatre-vingt-deux familles enfin avaient été plus récemment agrégées à la noblesse.

Parmi les familles bourgeoises, au nombre de près de deux cents, mentionnées dans l'Armorial, beaucoup étaient fort anciennes, datant des XIVe et XVe siècles, grandement possessionnées et ayant joué un rôle important dans le pays.

Passant à la seconde partie de notre étude, envisageons à un point de vue plus général la question de statistique nobiliaire, et, prenant pour base les documents originaux tels que les listes de feudataires, les aveux et dénombrements, les états de la maison des comtes et ducs de Nevers, les rôles du ban et de l'arrière-ban, essayons de nous rendre compte du nombre des familles nobles qui habitèrent le Nivernais aux diverses époques depuis le XIIIe siècle.

Les deux plus anciens de ces documents nous sont connus par l'*Inventaire des titres de Nevers* de l'abbé de Marolles ; l'un, le plus important (1), est un *Extrait du second chartrier de Nevers* commençant par ces mots: « C'est la dénomination des fiefs et hommages de la comté » de Nevers et de la baronnie de Donzy, receus du temps

---

(1) *Inventaire des titres de Nevers*, col. 510.

» de M. Louys aisné, fils le comte de Flandre, comte de
» Nevers et Retest, en l'an de grâce 1296, le jeudi aprez
» Quasimodo, à Nevers. » Dans cette liste, les feudataires
du comte sont classés par châtellenies, ce qui la rend plus
intéressante encore.

L'autre document (1), donnant un moindre nombre de
noms, sans classement par châtellenies, mentionne des
aveux de fiefs rendus aux comtes de Nevers de 1223 à 1294.

Nous trouvons dans ces listes de feudataires cent quatre-
vingt-treize personnages, appartenant à cent cinquante-six
familles qui constituaient sinon toute l'aristocratie nivernaise,
du moins la plus grande partie de cette aristocratie dans la
seconde moitié du XIIIe siècle.

Cette noblesse primitive du pays, peu nombreuse,
possédait d'importantes seigneuries, mais ne jouissait sans
doute pas de revenus considérables; elle n'était plus représentée en 1700 que par huit noms et elle ne l'est plus de
nos jours que par deux.

Bien plus grand était le nombre des gentilshommes ou,
plus exactement, des possesseurs de fiefs aux XIVe et
XVe siècles; les aveux et dénombrements de fiefs de ces
époques, insérés pour la plupart dans l'*Inventaire des
titres de Nevers*, contiennent les noms d'environ cinq cents
familles, presque tous avec qualifications nobiliaires. Il est
juste de dire que notre calcul étant basé sur des documents
datés de 1320 à 1450, ces cinq cents familles ne furent pas
possessionnées toutes en même temps; mais on peut
admettre que le nombre des gentilshommes de la province
avait plus que doublé depuis le XIIIe siècle. Ces gentilshommes n'avaient guère de fortune; l'examen des petits
manoirs de La Chaume et d'Épiry, près de Cervon, d'Arcilly
et d'Anizy, entre Vandenesse et Limanton, restés à peu

---

(1) *Inventaire des titres de Nevers*, col. 521.

près ce qu'ils étaient lors de leur construction par de nobles familles du pays, peut donner une idée du genre de vie de ces familles, sans doute à peu près le même que celui des riches paysans de nos jours. La médiocrité de leurs revenus les empêchait d'aller à la cour, de rechercher des emplois élevés, et ils ne quittaient leurs campagnes que pour le service militaire, toujours fort en honneur dans cette noblesse, qui ne cessa de jouer le rôle le plus honorable, sinon le plus brillant. Beaucoup des familles dont nous venons de parler s'éteignirent aux XVIe et XVIIe siècles, et c'est à peine si nous en voyons dix-huit ou vingt représentées de nos jours.

La noblesse militaire avait été, nous l'avons dit plus haut, ruinée et en partie détruite pendant la guerre de cent ans ; mais alors des bourgeois, affiliés à la noblesse d'une manière plus ou moins régulière, étaient venus combler les vides et former comme une nouvelle couche aristocratique ; aussi les documents de 1450 à 1550 font-ils connaître encore trois cent cinquante à quatre cents familles nobles, ou de très-haute bourgeoisie marchant presque de pair avec la noblesse.

Les aveux et dénombrements de l'*Inventaire des titres de Nevers* nous donnent le nombre approximatif des familles ayant possédé des fiefs en Nivernais de 1550 à 1640 ; un tiers environ de ces trois cent quarante familles appartenait à la bourgeoisie.

Cent trente huit familles nobles seulement sont désignées dans un rôle, de 1760, des nobles et privilégiés de l'élection de Nevers (1) ; cette élection comprenait environ les trois cinquièmes du département de la Nièvre, plus une faible partie des départements du Cher (canton de La Guerche) et de la Côte-d'Or (canton de Saulieu).

(1) Archives départementales de la Nièvre.

Terminons par l'examen de la liste des gentilshommes qui, en 1789, composèrent l'assemblée de la noblesse du bailliage de Saint-Pierre-le-Moûtier, liste rapportée à la suite de l'introduction. Ces gentilshommes appartenaient à cent cinquante-trois familles dont il faut retrancher trente-quatre, rattachées au Nivernais seulement par la possession assez récente de fiefs dans la province, et vingt, sans doute aussi étrangères au pays que les précédentes, sur lesquelles, nous en convenons, les renseignements nous font défaut. Il nous reste quatre-vingt-dix-neuf familles qui composaient la noblesse nivernaise lors de sa dernière manifestation officielle, aux premiers jours de la Révolution.

Une de ces familles, d'origine italienne, avait donné à Nevers ses derniers ducs; quinze étaient d'ancienne chevalerie, de la haute noblesse; trente-deux, un peu moins marquantes, prenaient rang toutefois dans l'ancienne noblesse militaire et même, pour la plupart, dans la noblesse de race; vingt-neuf familles, ayant servi dans la robe et dans les charges municipales comme dans l'armée, venaient en troisième ordre et pouvaient être à peu près assimilées à neuf autres qui comptaient, en 1789, près de deux siècles de noblesse; les treize dernières avaient été moins anciennement admises dans le second ordre de l'État.

Notre pays a conservé, relativement, un plus grand nombre de familles nobles que bien d'autres provinces; il est encore habité par plus de la moitié de ces familles, dont nous avons essayé de faire le classement.

A la suite de l'Armorial se trouve un dictionnaire héraldique, dont nous allons essayer de démontrer l'utilité. La plupart des armoriaux, destinés à donner les blasons de famille connues, sont rangés par ordre alphabétique, comme celui que nous publions aujourd'hui; les recherches dirigées dans ce but sont d'une solution très-prompte et

très-facile ; mais, dans les études archéologiques, le pro-
blème est renversé : l'armoirie étant connue, il s'agit de
retrouver la famille ; il faut donc parcourir tout l'ouvrage
sans même être sûr de trouver le blason cherché, car il
peut appartenir à une famille étrangère au pays. Nous
avons souvent nous-même été victime de cet inconvénient.
Prenant donc pour modèle l'excellent *Dictionnaire
héraldique* de M. Charles de Grandmaison, nous faisons
suivre l'Armorial d'un petit dictionnaire dans lequel les
noms des comtes et ducs, des évêques, des communautés
et des familles sont groupés à la suite de l'indication
alphabétique des pièces de leur écu. Il nous a semblé
que cet appendice faciliterait singulièrement les recherches
en restreignant le champ dans lequel elles auraient à
s'exercer.

Un dictionnaire bibliographique de tous les ouvrages,
manuscrits et documents cités par nous termine l'Armorial ;
au moyen de ce supplément, nous déclinons toute respon-
sabilité, renvoyant aux auteurs qui font autorité en pareille
matière.

Nous avons regretté de ne pouvoir donner place dans
notre livre à quelques familles qui, habitant le Nivernais
depuis les premières années de ce siècle, y ont conquis une
grande position justement méritée ; mais on comprendra
qu'il nous fallait une limite fixe, et la révolution de 1789 en
était une toute naturelle.

Nous terminons en sollicitant l'indulgence de nos lecteurs
pour toutes les erreurs et omissions qui doivent forcément,
malgré nos recherches consciencieuses, se trouver dans un
ouvrage aussi rempli de noms que celui-ci ; et, empruntant
à Guillaume Revel la dernière phrase de l'introduction de
son *Armorial d'Auvergne, Bourbonois et Forets*, nous
disons comme le héraut d'armes du duc Charles Ier de
Bourbon : « Si supplie tres humblement (l'auteur) à tous

» les nobles seigneurs et aultres qui darmes ont la cognois-
» sance quil leur plaise a supporter les faultes et erreurs
» quen ce present traictie trouveront ou par la preporte-
» racion daucuns et inordinacion ou par la non convenable
» depiction dicelles en corrigent par bienvoilence leurs
» superfluites et augmentements ce qui est peu par leur
» clemence. »

Toury-sur-Abron, 14 janvier 1879.

LISTE

DES MEMBRES DE L'ORDRE DE LA NOBLESSE DU BAILLIAGE DU NIVERNOIS ET DONZIOIS, COMPARANT ET VOTANT A L'ÉLECTION DES DÉPUTÉS DES ÉTATS-GÉNÉRAUX (I).

Le 14 mars 1789, après la séparation de l'assemblée générale des trois ordres du bailliage de Nivernais et Donziois, réunis dans l'église des Pères Récollets de la ville de Nevers, en vertu de la lettre du roi en date du 24 janvier de cette même année, adressée au bailli d'épée dudit bailliage, et aussi en vertu de l'ordonnance du bailli, en date du 14 février, des publications et assignations qui en ont été la suite, la chambre de la noblesse s'étant retirée dans une salle du château Ducal, sous la présidence de Monsieur *Le Roy de Prunevaux*, chevalier, seigneur de Nolay, Martangis, Prunevaux, Poissons, ancien lieutenant-colonel du régiment de Royal-Cravates cavalerie, chevalier de l'ordre royal et militaire de Saint-Louis, bailli d'épée du Nivernais et Donziois, a ouvert ses séances.

Après un discours de M. le Bailli, l'assemblée, avant toute délibé-ration, a cru devoir procéder à la justification du droit que chacun des

---

(I) La brochure in-4° qui contient le procès-verbal de l'assemblée de l'ordre de la noblesse du Nivernais réuni en 1789 étant devenue fort rare, presque introuvable, nous donnons ici, d'après le cahier original, la liste des membres de cette assemblée, en la classant par ordre alphabétique, afin de faciliter les recherches. Nos lecteurs seront peut-être étonnés de trouver dans cette liste un grand nombre de noms étrangers à notre province, mais il ne faut pas oublier que tous les possesseurs des fiefs situés dans une province avaient droit de siéger à l'assemblée; ceci expliquera la présence de beaucoup de noms étrangers à la noblesse du Nivernais en 1789. Pour l'orthographe des noms, nous avons dû rectifier assez souvent celle du cahier original, qui est par trop fautive.

membres qui la composaient avait d'y être admis; et pour y parvenir, elle a nommé Messieurs le marquis *du Quesnay, de Forestier, de Maumigny*, le chevalier *de Saint-Phalle*, commissaires à l'examen et vérification des titres d'admission; et après leur rapport, la liste des membres de l'ordre de la noblesse, présents, et votant à cette première séance, tant en leur nom qu'en celui de leurs commettants, a été formée et arrêtée ainsi qu'il suit (1) :

A

Edme *Andras*, vicomte *de Marcy*, chevalier, seigneur de Cougny et autres; Pierre-Charles *Andras*, comte *de Marcy*, baron de Poiseux, et Charles *Andras*, chevalier *de Marcy*, seigneur de Changy et Treigny, représentés par le vicomte de Marcy.

Louis-Alexandre *Andrault*, comte *de Langeron*, colonel attaché au régiment d'Armagnac, seigneur de Langeron et autres.

Charles-Claude *Andrault*, chevalier, marquis *de Langeron* et de Maulévrier, chevalier des ordres du roi, seigneur de Poussaux, représenté par Charles des Prés.

Louis-Marie-Céleste *d'Aumont*, duc *de Pienne*, co-seigneur du marquisat de Villequiers et Montfaucon, représenté par le marquis d'Espeuilles.

Jean *d'Avoult*, écuyer, seigneur de Préporcher, représenté par M. le Bailli d'épée.

Pierre-François *Aymon de Montépin*, chevalier, seigneur de Montgazon et Soucy, représenté par le marquis de La Ferté-Meun.

B

Pierre *Babaud de La Chaussade*, écuyer, seigneur de Beaumont-la-Ferrière, Sichamps et dépendances, représenté par le comte de Berthier-Bizy.

(1) Ce préambule est extrait, presque textuellement, du procès-verbal de la première séance de l'ordre de la noblesse.

Marie-Barthélemy, comte *de Bar*, seigneur de Limanton et Sauzay.

Jeanne *de Bar*, marquise (*de Rafélis*) *de Saint-Sauveur*, dame de Neuvy-le-Barrois et autres, représentée par le comte de Rafélis.

Michel-Henri-Claude *de La Barre*, chevalier, baron de La Motte-Jousserand, représenté par le comte de Rafélis.

Étienne-François, comte *de Berthier-Bizy*, chevalier, seigneur de Bizy, des Fougis et autres.

Pierre *de Berthier*, chevalier.

Hélène *de Berthier*, dame du Veuillien, représentée par le précédent.

Louis-Bénigne-François *Berthyer*, chevalier, seigneur des Troches et autres, intendant de la généralité de Paris, représenté par L.-C. Marion-des Barres.

De Bethune, voyez *Crozat de Thiers*.

Jacques-Claude *de Bèze*, écuyer, chevalier de Saint-Louis, capitaine d'infanterie, lieutenant des maréchaux de France.

André-Jacques-Jean-Népomucène *de Bèze*, écuyer, seigneur de Vesvres et du fief de Tannay, gendarme de la garde réformé, à cause de son fief de Tannay.

Jacques-Sébastien-Louis *du Bois*, écuyer, président de la Chambre des comptes.

Bernard-Paul-Sébastien *du Bois*, sous-diacre du diocèse de Nevers, et Jacques-Hilaire *du Bois de Marzy*, écuyers, mineurs, seigneurs de Marzy, représentés par le précédent.

Philippe-Germain, vicomte *du Bois d'Aisy*, chevalier, seigneur de Guipy et Prélichy, capitaine de cavalerie, représenté par le comte de Charry.

Antoine-François-Philippe *du Bois des Cours*, marquis *de La Maisonfort*.

Demoiselle Rose-Esther *du Bois des Cours de La Maisonfort*, dame du fief de Sciez, représentée par le précédent.

Jean-Nicolas *de Bongards*, chevalier, mestre de camp de cavalerie et chevalier de l'ordre royal et militaire de Saint-Louis.

Charles-François, marquis *de Bonnay*, mestre de camp de cavalerie, sous-lieutenant des gardes du corps du roi, seigneur de Lucenay-les-Aix et La Grange.

Jean-Joseph, comte *Le Borgne*, chevalier, seigneur de La Pommeraye et autres, représenté par le marquis de Lichy.

Étienne *de Borne de Grandpré,* écuyer, chevalier de Saint-Louis.

François-Louis-Antoine *de Bourbon,* comte *de Busset,* seigneur de Vésigneux, représenté par le comte de Pracomtal.

Du Bourg, voyez *de Las de Prie.*

Jean-François *de Bourgoing,* major du régiment du duc d'Angoulême, chevalier de Saint-Louis, ministre plénipotentiaire du roi auprès des princes et États du cercle de la Basse-Saxe, seigneur de Charly, représenté par le marquis de Prévost de La Croix.

François-Philippe *Le Bourgoing de La Baume,* chevalier, capitaine d'infanterie, chevalier des ordres royaux, militaires et hospitaliers de Saint-Lazare de Jérusalem et de Notre-Dame-du-Mont-Carmel.

Dame Marie-Jacquette *de Bourgoing,* dame de Toury-sur-Abron, veuve de Pierre *Richard de Soultrait,* écuyer, seigneur de Toury-sur-Abron, Soultrait, Retz-les-Espoisses et autres, représentée par J.-B.-C. Richard de Soultrait.

Jean-Baptiste *Boutet de Monthery,* écuyer.

Louis-François, comte *de Bréchard,* chevalier, seigneur d'Achun et Pouilly.

Paul-Augustin-Marie *de Bréchard,* chevalier, seigneur de Brinay.

Pierre *de Bréchard de Lacour,* co-seigneur de Brinay, représenté par le précédent.

Paul-Augustin *de Bréchard,* chevalier, seigneur de Brienne, représenté par Charles des Prés.

Joseph-Marie *de Bréchard de Chamonot,* co-seigneur de Brinay et de Chamonot-Lacour, représenté par P.-A.-M. de Bréchard.

Pierre-François *de Bréchard,* chevalier, seigneur de Chamonot en partie, représenté par le comte de Montagnac.

François-Nicolas *Bricault,* seigneur de Brain, ancien capitaine au régiment de Royal-Piémont cavalerie

Charles-François-Nicolas *Brisson,* conseiller au parlement de Paris, seigneur de Montalin, représenté par L.-M. Le Peletier de Saint-Fargeau.

Dame Marie-Victoire *Brisson de Saulieu,* dame de Saincaize et de Gigny, représentée par C.-F. de Saulieu de Saincaize.

Auguste-Joseph *de Broglie,* prince *de Revel,* comte et baron de Druy, Sougy et autres, représenté par L.-C.-F. Carpentier de La Thuillerie.

Jean-Baptiste-Joseph *de Brun*, chevalier, lieutenant de cavalerie et chevalier de Saint-Louis.

Pierre-Étienne *Bruneau*, chevalier, baron *de Vitry*, seigneur de Champlévrier et autres, représenté par le comte de Maumigny.

De Busseuil, voyez *de Scorailles*.

Edme-Jean-Baptiste *de La Bussière*, chevalier et chevalier novice des ordres royaux, militaires et hospitaliers de Notre-Dame-du-Mont-Carmel et de Saint-Lazare.

Henri, baron *de La Bussière*, chevalier, seigneur de La Motte-Sembrève et autres.

C

François *Carpentier de Changy*, écuyer, chevalier de Saint-Louis, seigneur des fiefs des Pavillons, Vanzé et autres, représenté par le suivant.

Jean-Louis-Claude-François *Carpentier de La Thuillerie*, écuyer, seigneur du fief de La Brosse.

Jean-Pierre, comte *de Certaines*, seigneur de Villemolin, représenté par le marquis du Quesnay.

Pierre-Constant, marquis *de Certaines*, chevalier, seigneur de Laché, Mouasse et autres, représenté par P.-F. de La Venne de Passençay.

Jean-Baptiste-Marie, marquis *de Chabannes*, capitaine au régiment de Royal-Normandie, propriétaire en partie du fief de Quincy-sur-Yonne, représenté par J.-N. de Bongards.

Louis-Antoine, vicomte *de Chabannes*, seigneur de Huez et Apiry, Argoulais et autres, représenté par le vicomte Fournier d'Armes.

Claude-Joachim, chevalier *de Chabannes*, seigneur par indivis de Huez, Apiry et autres, représenté par Claude de Courvol.

De Chabannes, voyez *Fournier*.

François-Marie *de Chamartin*, écuyer, seigneur de Moncet, représenté par C. Nault de Champagny.

Claude - Laurent *Chambrun d'Uxeloup*, écuyer, seigneur de Rosemont, Uxeloup, Reugny et autres.

François-Marie *de Champs de Saint-Léger*, chevalier, seigneur de Saint-Léger et autres, chevalier de Saint-Louis.

Dame Marie-Françoise *de Champs de Saint-Léger*, veuve *de Pagani*, dame de Précy, Cherault et autres, représentée par C.-L.-F. Rapine de Sainte-Marie.

Amable-Charles *de Champs*, chevalier, seigneur du Creuset et autres.

Guillaume-Amable *de Champs*, seigneur en partie du Fournay et autres, représenté par le précédent.

Dame Anne-Élisabeth *des Champs de Pravier*, baronne *de Neuchèze*, dame de Planchevienne, représentée par J.-B. de Voisin.

Claude *de Chargère*, écuyer, seigneur de Tourny, et Guillaume *de Chargère*, écuyer, seigneur du Grand-Marié, représentés par J.-B.-J. de Brun.

Charles *de Chargère*, écuyer, seigneur de La Cœudre et du fief du Guay, chevalier de Saint-Louis, représenté par A.-F. de Villars.

Hugues-Michel, comte *de Charry*, chevalier, seigneur de Lurcy-le-Bourg et autres.

Pierre-Henri-Ferdinand, comte *de Charry-Beuvron*, seigneur de Beuvron, représenté par le vicomte Fournier de Quincy.

Dame Jeanne *de Charry*, veuve de Germain-Joseph *de Pagani*, seigneur d'Ugny, représentée par P. de Berthier.

Eusèbe-Félix *Chaspoux*, chevalier, marquis *de Verneuil*, grand échanson de France, seigneur de Dorne, représenté par S. de Turpin.

Alexandre-Paschal-Marc *de La Chassaigne*, chevalier, seigneur de Pougny et autres, représenté par G. Le Pain.

Henri-Georges-César, comte *de Chastellux*, maréchal des camps et armées du roi, vicomte d'Avallon, seigneur de Roussillon et autres, représenté par le comte de Lunas.

Gilbert-Michel, comte *de Chauvigny de Blot*, seigneur des Granges en Nivernois, représenté par F. de Forestier.

Pierre *de Chazal*, chevalier, seigneur de La Villeneuve-lez-Bonnay, représenté par L.-P. du Verne de Marancy.

Robert, marquis *de Chéry*, chevalier, seigneur de Gimouille, Aglan et autres, représenté par J.-M. Quesnay de Beauvoir.

Eustache-Robert *de Chéry*, chevalier, seigneur en partie de Lancray, représenté par Charles de Failly.

Demoiselle Marie-Anne *de Chéry*, dame en partie de Lancray, représentée par G. de Palierne.

Dame Marie-Marguerite *Chevalier*, vicomtesse *de La Rivière*, tutrice de ses enfants mineurs, propriétaires des seigneuries de Saint-Brisson, Coulon, Billy et autres, représentée par L.-C. Marion des Barres.

Grançois-Germain-Zacharie-Louis *de Chévéru*, seigneur du comté de Brèves, représenté par le comte de La Roche-Loudun.

Regnault-César-Louis *de Choiseuil*, duc *de Praslin*, seigneur de Rozay et Villars, représenté par le suivant.

Gabriel-César, baron *de Choiseuil*, maréchal des camps et armées du roi, ambassadeur de Sa Majesté à la cour de Turin.

Jacques-Joseph, comte *du Clerroy*, seigneur de Marcy et autres, représenté par E. des Jours de Mazille.

Marie-François-Joseph-Xaxier-Népomucène *Collin de Gévaudan*, chef d'escadrons au régiment des chasseurs de Lorraine, seigneur de Concley en Nivernois, représenté par le vicomte de La Ferté-Meun.

Louis-Alexandre *Comeau*, chevalier, seigneur de Satenot, Passy et autres, représenté par P.-B. Marion de La Môle.

Monseigneur le prince *de Condé*, seigneur de Dornecy, représenté par le comte de Rafélis.

Louis-François-Marc-Hilaire *de Conzié*, évêque d'Arras, seigneur de Druyes-les-Fontaines, Monputois, Pierrefitte, La Bretonnière, représenté par le comte de Langeron.

Jean-Baptiste *de Courvol*, chevalier, seigneur de Billeron et Lucy en partie, capitaine au régiment de Limosin infanterie, représenté par le marquis de Saint-Phalle.

Pierre-Claude *de Courvol*, chevalier, seigneur de Charry et La Bretonnière, capitaine d'infanterie, chevalier de Saint-Louis, et chevalier novice de l'ordre de Saint-Lazare et Notre-Dame-du-Mont-Carmel.

Louis-Alexandre *de Courvol*, chevalier, seigneur de Lucy, officier au régiment de Limosin.

De Courvol, voyez *de La Tournelle*.

Jacques *du Crest*, chevalier, seigneur du Breuil.

Émilan *du Crest*, chevalier, seigneur de Saint-Michel.

Jean *du Crest*, écuyer, seigneur de Ponay, représenté par le comte de Montagnac.

Du Crest, voyez *Ogier d'Ivry*.

Dame Antoinette-Louise-Marie *Crozat de Thiers*, comtesse *de Béthune*, dame du comté des Bordes et de la baronnie d'Apremont, représentée par François de Forestier.

D

Jean-Pierre *de Damas*, comte *d'Anlezy*, maréchal des camps et armées du roi.

Louis-Étienne-François *de Damas de Crux*, comte *de Crux*, maréchal des camps et armées du roi, chevalier de ses ordres.

Étienne *de Damas de Crux*, chevalier non profès de l'ordre de Saint-Jean de Jérusalem, chevalier de Saint-Louis, colonel du régiment de Véxin.

De Damas, voyez *de Menou*.

François-Hyacinthe, comte *de Dreuille*, seigneur d'Avril-sur-Loire et autres, chevalier de Saint-Louis.

Jacques-Marie *de Druy*, chevalier, seigneur d'Avril-les-Loups et autres, représenté par le marquis de La Ferté-Meun.

Dugon, voyez *du Gon*.

Dame Anne-Josèphe *de La Duz*, dame de Cuy, comme tutrice des enfants mineurs de Pierre *Le Roy*, chevalier, seigneur dudit Cuy, représentée par E. de Borne de Grandpré.

E

N. *Espiard de Mâcon*, seigneur de la cour d'Arsenay, représenté par N. Girard de Busson.

N., veuve *Espiard*, dame d'Acray, représentée par N. Girard de Busson.

D'Estutt, voyez *More*.

D'Estutt, voyez *Vesure*.

F

Charles *de Failly*, écuyer, seigneur de Chifort.

Jean-Gilbert *Faure*, écuyer, seigneur de Beaumont, représenté par J.-J. de Voisin.

Jacques-Louis, marquis *de La Ferté-Meun*, capitaine au corps de carabiniers.

François, comte *de La Ferté-Meun*, seigneur de Monceau et autres, représenté par le marquis de La Ferté-Meun.

Jacques-Gabriel, marquis *de La Ferté-Meun*, chevalier de Saint-Louis, seigneur de Préchargé et Gerbais.

Louis-Antoine, vicomte *de La Ferté-Meun*, lieutenant des vaisseaux du roi.

Anne, vicomte *de La Ferté de Meun*, chevalier, seigneur de Challement, représenté par P. Le Bourgoing de La Baume.

Jacques-Louis, vicomte *de La Ferté-Meun*, seigneur de Solière.

Jacques-Marie *de La Ferté-Meun*, chevalier, seigneur en partie de Champdioux, représenté par le précédent.

Yves-Antoine *de La Ferté-Meun*, chevalier, seigneur de Pierrefitte, ancien major d'infanterie, représenté par Jacques Gascoing du Chazeau.

Germain *de La Ferté-Meun*, vicaire général du diocèse de Lizieux, seigneur de La Cave, représenté par P. Le Bourgoing de La Baume.

Reine *de La Ferté-Meun*, veuve de Louis *Guillier de Cromas*, dame en partie de la terre et seigneurie de Chaudier, représentée par J. Gascoing du Chazeau.

Élisabeth-Pierre *de Fezensac*, baron *de Montesquiou*, co-seigneur du marquisat de Villequiers et Montfaucon, représenté par le marquis d'Espeuilles.

François *de Forestier*, maréchal des camps et armées du roi, seigneur de Villars-le-Comte, Les Granges et autres.

De Fougières, voyez *Jourdan de Vaux*.

Pierre-Marie-Camille *Fournier*, comte *d'Arthel*, capitaine au régiment dauphin cavalerie, seigneur par indivis d'Arthel, représenté par le marquis de La Maisonfort.

Pierre-François *Fournier*, comte *de Quincy*, seigneur d'Arthel.

Joseph-Henri-Gabriel *Fournier*, vicomte *de Quincy*.

Joseph-Henri-Camille-Marie *Fournier*, vicomte *d'Armes*.

Dame Marie-Henriette *Fournier*, marquise *de Chabannes*, dame en partie de la terre de Quincy-sur-Yonne, représentée par le marquis de La Ferté-Meun.

Antoine-Nicolas-François-Xavier, marquis *de Fussey*, chevalier, seigneur du Tremblay, Isenay, Savigny et autres, représenté par le vicomte de La Ferté-Meun.

G

Jean-Baptiste *Des Galois de La Tour*, premier président au parlement d'Aix et intendant de Provence, seigneur de Chezelles, Dompierre, représenté par M. le Bailli d'épée.

Paul-Louis *de Gannay*, chevalier, seigneur de Vésigneux et de Pron, représenté par A.-F. de Villars.

Philippe-Anne *de Gannay*, chevalier, seigneur de Pazy et Saint-Grémange, représenté par le comte de Charry.

Nicolas *de Gannay*, chevalier, seigneur du Pavillon, représenté par C. de Failly.

Jacques *Gascoing du Chazeau*, chevalier, seigneur du fief du Pressour, officier à la suite des chasseurs de Hainaut.

Jean-Michel *Gascoing de Demeurs*.

Étienne-Jean *Gayault*, chevalier, seigneur, baron *de Maubranches*, capitaine de dragons et lieutenant des maréchaux de France, seigneur de Cru, Naubois, La Garde et autres.

François *de Gentil de La Breuille*, chevalier, seigneur de La Breuille, représenté par J.-C. du Verne de La Varenne.

N. *Girard de Busson*, écuyer.

Michel *Girard de Montifault*, écuyer, seigneur de La Vernière.

Adrien *Godard de La Belouze*, écuyer.

Guillaume *Godard*, écuyer, seigneur de La Motte-Charante, capitaine de cavalerie, représenté par A. Godard de La Belouze.

Élie, vicomte *du Gon*, chevalier, seigneur de Mouche, représenté par le comte de Lunas.

Mathieu-Bernard *Goudin*, écuyer, seigneur de Chevenon, représenté par J.-S.-L. du Bois.

Dame Anne-Thérèse-Françoise *Grassin*, comtesse *de Percy*, dame des Granges, Suilly et autres, représentée par E. de Damas-Crux.

Constantin *Gravier*, comte *de Vergennes*, ministre plénipotentiaire du roi près l'électeur de Trèves, seigneur du fief de Passy en Nivernois, représenté par S. de Turpin.

Guillaume de Sermiᵹelles, voyez *Mérat*.

Guillier de Cromas, voyez *de La Ferté-Meun*.

H

Abraham-Frédéric, vicomte *d'Hautefort*, maréchal des camps et armées du roi, seigneur du comté de Neuvy et La Celle-sur-Loire et autres, représenté par le comte de Sérent.

J

Charles-Léopold, marquis *de Jaucourt*, chevalier des ordres du roi, seigneur de La Vallée, représenté par le baron de Choiseuil.

Louis-Pierre, comte *de Jaucourt*, maréchal des camps et armées du roi, seigneur de Brinon, Courcelles, Neuville et autres, représenté par E.-J. Gayault de Maubranches.

Dame Adélaïde-Marie-Louise *de Jourdan de Vaux*, comtesse *de Fougières*, dame de La Guierche et autres, représentée par C.-P. Marion de Givry.

Dame N., veuve de Pierre-Claude *des Jours*, chevalier, comte *de Maᵹille*, seigneur de Montmartin et autres, chevalier de Saint-Louis.

Étienne *des Jours*, chevalier *de Maᵹille*, seigneur de Pommeray, représenté par le précédent.

L

Dame Louise *de Las de Prye*, marquise *du Bourg*, dame de Saint-Benin, d'Azy et autres, représentée par le comte de Berthier-Bizy.

François-Hyacinthe, marquis *de Lichy de Lichy*, capitaine de cavalerie.

Jacques-Gabriel, comte *de Lichy de Lichy*, seigneur de Lichy, Chevroux et autres, mestre de camp de cavalerie, représenté par le précédent.

François-Joseph *Le Lièvre*, marquis *de La Grange*, commandeur de l'ordre royal et militaire de Saint-Louis, seigneur de La Grange, Attilli, Beaurepaire et autres, représenté par le marquis d'Espeuilles.

Du Ligondez, voyez *de Méru*.

Edme, comte *de Longueville*, seigneur de Champmoreau, Sichamps et autres.

M

Louis-Jules-Barbon *Mancini-Mazarini*, duc de Nivernais et Donziais, pair de France et ministre d'État, représenté par le comte de Damas d'Anlezy.

Louis-Claude *Marion des Barres*, écuyer, seigneur de Boisvert.

Claude-Pierre *Marion de Givry*, écuyer, capitaine de cavalerie, chevalier de Saint-Louis.

Philippe-Benoît *Marion de La Môle*, écuyer.

Claude *Martenne*, écuyer, seigneur du Fort-de-Lanty, représenté par G. Le Pain.

Paul, comte *de Maumigny*, lieutenant-colonel du régiment des chasseurs à cheval de Franche-Comté, chevalier de Saint-Louis, seigneur de Riéjot,

Claude-Perrette *de Maumigny*, dame de Verneuil, représentée par le précédent.

Jean-Baptiste-Auguste *de Masin*, chevalier, baron de Bouy, seigneur de Dampierre, Villevaux et autres, représenté par E.-J.-B. de La Bussière.

Dame Marie-Thérèse *de Menou*, comtesse *de Damas de Crux*, marquise de Menou, dame de Villiers et autres, représentée par le comte de Damas de Crux.

Dame Marguerite-Charlotte *de Menou-Dodard*, dame du fief des Chazeaux et autres, représentée par J.-M. Gascoing de Demeurs.

Dame Marie-Anne *Mérat*, veuve de Barthélemy *Guillaume de Sermizelles*, chevalier, lieutenant-général d'épée au bailliage d'Avallon, représentée par E. de Borne de Grandpré.

Dame Louise-Charlotte *de Méru*, comtesse *du Ligondeʒ*, dame de Salle, Bernay et autres, représentée par le marquis de Bonnay.

Dame Gabrielle *Millot de Montjardin*, dame de Poussery, représentée par M. Girard de Montifault.

Lazare-René *de Moncorps du Chénoy*, chevalier, seigneur de La Motte-Jousserand et autres, représenté par J.-B.-C. Richard de Soultrait.

Edme-Antoine *de Moncorps*, seigneur de Coulangeron et autres, représenté par le comte de Longueville.

Louis-Laurent-Joseph, comte *de Montagnac*, lieutenant-colonel d'infanterie.

Demoiselle Jeanne *de Montagu*, dame de la seigneurie de La Garde, représentée par C.-P. Marion de Givry.

Louis *de Moraches*, marquis de Myennes, représenté par C. de La Barre.

Dame Anne-Geneviève *More*, veuve de Jean-François-Gabriel *d'Estutt*, écuyer, seigneur de Blanay, ladite dame au nom de ses enfants mineurs, propriétaires de la terre et seigneurie de Blanay, représentée par le comte de Longueville.

Jules-César *Le Muet de Thurigny*, écuyer, seigneur de la poté et baronnie d'Asnois, représenté par J.-C. de Bèze.

N

Claude *Nault de Champagny*, maréchal des camps et armées du roi, seigneur de Trézillon.

Michel-Claude *de Neuchèses*, chevalier, baron de Neuchèses, seigneur de Saint-Georges et Tronsec, représenté par le comte de La Roche-Loudun.

Jean-Louis, baron *de Neuchèses*, seigneur du Deffend, représenté par J.-B. de Voisins.

De Neuchèses, voyez *des Champs du Pravier*.

Pierre-Henri *de Nourry*, chevalier, seigneur de Chaumigny et Vroux en partie, capitaine de grenadiers au régiment du colonel-général, chevalier de Saint-Louis, représenté par le comte de Langeron.

O

Dame Louise-Jeanne-Guyonne *Ogier d'Ivry*, comtesse *du Crest*, dame de Villaine, Neuvelle, Grandry et autres, représentée par J.-J. de Voisins.

P

Claude *de Pagani*, chevalier, seigneur de La Chaise, représenté par C.-L.-F. Rapine de Sainte-Marie.

De Pagani, voyez *de Champs*.

De Pagani, voyez *de Charry*.

Bertrand *Paignon*, curé de la paroisse de Lichy, propriétaire du fief de Chézal, représenté par J. du Crest.

Guillaume *Le Pain*, écuyer, seigneur de Charly et Bois-Mercier.

Henry-François *Le Pain de Bussy*, chevalier, seigneur de Soultrait.

Guillaume *de Palierne*, écuyer, seigneur de Beaugy.

Jean-Pierre *de Palierne de Saux*, écuyer, seigneur de Saux, représenté par le précédent.

Philippe-Charles-François *Paparel de Vitry*, chevalier, seigneur d'Agnon et autres, chevalier de Saint-Louis, ancien capitaine de cavalerie.

Charles-Louis-David *Le Peletier*, comte *d'Aunay*, colonel, inspecteur du régiment de colonel-général cavalerie.

Louis-Michel *Le Peletier de Saint-Fargeau*, président à mortier en la cour du parlement de Paris, seigneur de Pesselière, Montbafault et La Mothe-les-Vaux, représenté par le précédent.

De Percy, voyez *Grassin*.

Jean-Jacques *Pierre*, chevalier, seigneur de Saincy, Frânay et autres, représenté par J. du Crest.

Pierre-Jacques-François *de La Pigue*, chevalier, seigneur en partie de Bulcy, représenté par le baron de La Bussière.

Charles-Armand-Auguste *Pons*, vicomte *de Pons*, seigneur de Champlemy, Neuville et Les Conges, représenté par E.-J. de Damas-Crux.

Guillaume *Potrelot de Grillon*, écuyer, seigneur de Montécot, représenté par J.-J.-N. de Bèze.

Potrelot de Grillon, voyez *du Sarray*.

Antoine-Charles, comte *de Pracomtal*, maréchal des camps et armées du roi, seigneur de Châtillon et Bernière.

Léonor-Anne-Gabriel, marquis *de Pracomtal*, seigneur de Vesvres, représenté par le précédent.

Charles *des Prés*, marquis de Montaguenan et Limozane au royaume de Naples, seigneur de Roche-sur-Aron.

Gaspard-Antoine, comte *de Prévost*, chevalier, seigneur de Germancy, Crécy, Le Chanay et autres, chevalier de Saint-Louis, représenté par A.-C. de Champs.

Jean-Alexandre, marquis *de Prévost de La Croix*, chevalier, seigneur de Lamenay en partie, de Ris et autres, capitaine de dragons.

Claude-Charles *Prisye de La Marche*, écuyer, seigneur de Froidfond.

Dame Françoise-Léontine *de Prunelé*, dame de Fonfaye, La Celle-sur-Loire, Dregny et Sauvigny, représentée par le comte de Sérent.

Q

Antoine-Robert, marquis *du Quesnay*, seigneur de Moïaches.

Dame Marie-Thérèse *du Quesnay*, chanoinesse comtesse *de Leigneux*, dame en partie du fief de Dirol, représentée par le comte de Damas-Crux.

Jean-Marc *Quesnay de Beauvoir*, écuyer, seigneur de Beauvoir et Beaurepaire, ancien gendarme de la garde ordinaire du roi.

Blaise-Guillaume *Quesnay*, écuyer, seigneur de Saint-Germain-en-Viry, représenté par le précédent.

R

Alexandre-Ambroise, comte *de Rafélis*, seigneur des Doraux.

De Rafélis, voyez *de Bar*.

Claude-Louis-François *Rapine*, chevalier, seigneur de Sainte-Marie, Saint-Martin et autres.

Angélique-Louis-Marie *de Rémigny de Joux*, marquis de Rémigny, seigneur de Cigogne, Dumflun et autres.

Antoine-Henri *de Rémigny de Joux*, chevalier de l'ordre de Saint-Jean de Jérusalem.

Jean-Baptiste-Charles *Richard de Soultrait*, écuyer, seigneur de Fleury-sur-Loire et autres, chevalier de Saint-Louis.

De La Rivière, voyez *Chevalier*.

Étienne, comte *de Laroche-Loudun*, chevalier, seigneur de Lupy.

Ambroise-Polycarpe *de La Rochefoucauld*, duc *de Doudeauville*, co-seigneur du marquisat de Villequiers et Montfaucon, représenté par le marquis d'Espeuilles.

Balthazard *de Roland*, chevalier, seigneur d'Arbourse et Curiot, représenté par le marquis du Quesnay.

Marcellin *de Rolland*, chevalier, seigneur d'Arbourse, représenté par le vicomte Fournier de Quincy.

Le Roy, voyez *de La Duz*.

S

Joseph-Louis, marquis *de Saint-Phalle*, seigneur, baron de Cudot, Beaulieu et autres.

Jean-Vincent, chevalier *de Saint-Phalle*, seigneur de Champagne, chevalier de Saint-Louis, représenté par le précédent.

Philibert-François *Sallonier de La Mothe*, écuyer, lieutenant des maréchaux de France.

François *Sallonier de Montviel*, chevalier, seigneur de Chapeau, représenté par J.-B. Truitié de Varreux.

Paul-François *Sallonier*, écuyer, seigneur de Mont et de Chaligny.

Demoiselle Claude-Geneviève *Sallonier d'Avrilly*, dame des fief et seigneurie de La Brosse, représentée par P.-B. Marion de La Môle.

Dame Magdelaine *du Sarray de Grillon*, dame de la seigneurie du Plessis, représentée par J.-J.-N. de Bèze.

Charles-François *de Saulieu de Saincaize*, chevalier de Saint-Louis, seigneur des grand et petit Marais.

François *de Saulieu*, chevalier, ancien officier au régiment de Limosin infanterie.

Charles-François *de Saulieu de La Chomonerie*, chevalier, chevalier de Saint-Louis.

De Saulieu, voyez *Brisson*.

Paul-Augustin *Save*, chevalier, seigneur d'Ougny et Arleuf, représenté par F.-M. de Champs de Saint-Léger.

Dame Marie-Anne-Simonne *de Scorailles*, comtesse *de Busseuil*, dame de Villette, représentée par M. Girard de Montifault.

Armand-Sigismond-Félicité-Marie, comte *de Sérent*, seigneur de Mhère et Vaucloix.

T

Elie-Charles *de Talleyrand-Périgord*, prince *de Chalais*, seigneur marquis de Vandenesse, représenté par le comte de Damas d'Anlezy.

Pierre *Thevenet*, curé de Lamenay, seigneur de Maulais, représenté par le marquis de Prévost.

Charles *de Thyard de Bissy*, comte *de Thyard*, lieutenant-général des armées du roi et chevalier de ses ordres, baron de Vaux, représenté par le comte de Langeron.

François-Emmanuel, vicomte *de Toulongeon*, seigneur de Sosay, représenté par A. de Courvol.

Dame Marie-Anne *de La Tournelle*, comtesse *de Courvol*, dame de Reugny, représentée par L.-A. de Courvol.

François *de Toury*, chevalier, seigneur de Moclot, représenté par le marquis de Saint-Phalle.

Jean-Baptiste *Truitié de Varreux*, chevalier, seigneur de Villecourt, Monceaux, Mirebeau et autres, lieutenant du roi de la province de Nivernois.

Simon *de Turpin*, écuyer.

U

Amable-Charles, comte *des Ulmes*, seigneur de Torcy, Beaulon et autres, représenté par F.-M. de Champs de Saint-Léger.

Guillaume *des Ulmes*, chevalier, seigneur de Trougny, représenté par E. de La Bussière.

V

Philippe *de Veilhan*, chevalier.

Charles *de La Venne de La Montoise*, écuyer.

Jacques-François *de La Venne de Sichamps*, écuyer, seigneur de Sanizy, représenté par le précédent.

Charles-Florimond *de La Venne*, chevalier, lieutenant au régiment de Barrois.

Pierre-Florimond *de La Venne de Passençay*, écuyer, ancien officier d'infanterie.

Jacques-Florimond *de La Venne*, écuyer, seigneur de Choulot.

Antoine *de La Venne,* chevalier, seigneur de Saint-Maurice, représenté par P.-F. de La Venne de Passençay.

Barthélemi *du Verne,* maréchal des camps et armées du roi, seigneur de Villiers et Réveillon, représenté par J.-C. du Verne de La Varenne.

Louis-Alexandre *du Verne de Praîle*, chevalier, seigneur de Giverdy, capitaine de dragons, écuyer de Monseigneur le comte d'Artois, représenté par le comte de Langeron.

Jean-Claude *du Verne*, chevalier, seigneur de La Varenne.

Louis - Charles - Claude *du Verne,* chevalier, seigneur d'Orgue, lieutenant des vaisseaux du roi et chevalier de Saint-Louis, représenté par J.-C. de Bèze.

Louis-Philippe *du Verne de Marancy*, chevalier, seigneur de Marancy et autres, capitaine d'infanterie, chevalier de Saint-Louis.

Dame Marie-Émilie *Vesure*, marquise *de Tracy*, dame du fief de L'Épineau, représentée par J.-M. Gascoing de Demeurs.

Antoine-Louis-François *de Viel*, marquis *d'Espeuilles*, capitaine de dragons, seigneur d'Espeuilles, Varigny, Fuzilli et autres.

Antoine-Pierre *de Viel*, comte *de Lunas*, capitaine de cavalerie, seigneur de Marigny, La Montagne et autres.

Antoine - François *de Villars*, écuyer, seigneur de Fabiargues, commissaire des classes de la marine.

Pierre *de Virgille*, écuyer, seigneur de Mezeray; François *de Virgille*, écuyer, seigneur de Saint-Michel, et Honoré *de Virgille*, chevalier, seigneur de Clameron et des Boutards, représentés par François de Saulieu de Saincaize.

Cérice-François-Melchior, comte *de Vogué*, maréchal des camps et armées du roi, seigneur d'Aubenas et Fours, représenté par C. Nault de Champagny.

Jean-Baptiste *de Voisins*, écuyer, chevalier novice des ordres royaux et militaires de Saint-Lazare et de Notre-Dame-du-Mont-Carmel.

Jean-Joseph *de Voisins*, chevalier, capitaine au régiment d'Agenois.

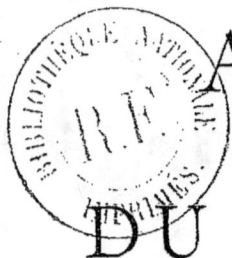

ARMORIAL

DU NIVERNAIS.

Lors de la conquête romaine, le pays qui forma plus tard la province du Nivernais faisait partie du territoire des Éduens, sauf une petite portion, au nord-ouest, qui était du pays des Sénonais. Vers l'an 500, ce territoire passa sous la domination des Francs. A partir de cette époque, notre province changea souvent de maîtres, par suite de partages, jusqu'à l'avénement des Carlovingiens. Le Nivernais se dessina alors sur la carte des Gaules. Ses limites primitives furent celles du diocèse de Nevers ; mais l'adjonction de la baronnie de Donzy et d'une partie du comté d'Auxerre vint beaucoup augmenter l'étendue de la province, qui se composait de cinq contrées principales : les Amognes, le Bazois, le Donziois, le Morvand et la Puisaye, et de quatre autres moins importantes : le Pays entre Loire et Allier, les Vallées ou Vaux d'Yonne, les Vaux de Montenoison et les Vaux de Nevers.

On comptait dans le Nivernais trente-deux châtellenies, réduites à vingt-quatre dès la fin du XVIIe siècle.

Voici l'énumération de ces châtellenies :

BILLY-SUR-OISY (canton de Clamecy). Cette châtellenie fut réunie à celle de Corvol-l'Orgueilleux à la fin du XVIIe siècle. Elle comprenait un fort petit nombre de fiefs qui se trouvaient au nord-ouest du canton de Clamecy.

CERCY-LA-TOUR (canton de Fours). Cette châtellenie comprenait soixante-dix-huit fiefs (1) situés dans le canton de Fours et dans le sud du canton de Châtillon ; elle fut réunie, au XVIIIe siècle, à la châtellenie de Decize.

CHAMPALLEMENT (canton de Brinon). Cette châtellenie avait dans son ressort seize fiefs seulement qui se trouvaient à peu près au centre du canton de Brinon.

CHAMPVERT (canton de Decize). Châtellenie qui comprenait trente-trois fiefs situés dans la partie nord-est du canton de Decize.

CHARRIN (canton de Fours). Petite châtellenie réunie fort anciennement à celle de Decize.

CHATEAUNEUF-AU-VAL-DE-BARGIS (canton de Donzy). Châtellenie qui comprenait la partie sud du canton de Donzy, la partie sud du canton de Pouilly et la partie nord du canton de Prémery. Cinquante-cinq fiefs en dépendaient.

CHATEAUNEUF-SUR-ALLIER (hameau de la commune de Mars). Cette châtellenie comprenait presque tout le canton de Saint-Pierre-le-Moustier, la partie sud-ouest du canton de Nevers et la partie sud-ouest de celui de Dornes. Cinquante fiefs en faisaient partie.

---

(1) Nous n'avons pas la prétention de donner d'une manière tout à fait positive le nombre des fiefs qui dépendaient de chacune des châtellenies de la province, ce nombre varia selon les époques ; mais il nous a paru utile d'ajouter, quand nous avons pu le faire, ce renseignement pris dans un registre des taxes, malheureusement incomplet, des fiefs du Nivernais en 1689.

CHATEL-CENSOIR (département de l'Yonne, canton de Vézelay). Petite châtellenie qui comprenait quelques fiefs situés au nord du canton de Vézelay.

CLAMECY (chef-lieu d'arrondissement). Cette châtellenie, composée de soixante-trois fiefs, comprenait la plus grande partie du canton de Clamecy.

CORVOL-L'ORGUEILLEUX (canton de Varzy). Cette châtellenie avait dans son ressort peu considérable trente-quatre fiefs situés au nord-est du canton de Varzy et au sud-ouest de celui de Clamecy.

COSNE (chef-lieu d'arrondissement). Treize fiefs seulement, situés dans la partie sud du canton de Cosne, dépendaient de cette châtellenie.

CUFFY (canton de La Guerche, Cher). Les fiefs assez nombreux de cette châtellenie se trouvaient dans la partie est du canton actuel de La Guerche.

DECIZE (chef-lieu de canton de l'arrondissement de Nevers). L'une des plus importantes châtellenies du duché qui avait dans son ressort, en 1689, cent quarante-neuf fiefs situés dans la partie sud-est du canton de Decize, dans le nord du même canton et dans la plus grande partie du canton de Dornes.

DONZY (chef-lieu de canton de l'arrondissement de Cosne). Cette châtellenie comprenait cent quatre-vingt-quatre fiefs ; elle s'étendait dans presque tout le canton de Donzy, dans la partie ouest de celui de Varzy, dans la partie est de celui de Cosne, et dans la partie nord-ouest de celui de Pouilly.

DRUYES (canton de Courson, Yonne). Petite châtellenie dont les fiefs se trouvaient dans la partie sud du canton de Courson et dans la partie est du canton de Coulanges-sur-Yonne.

ENTRAINS (canton de Varzy). Châtellenie comprenant quarante-cinq fiefs situés pour la plupart dans le département de l'Yonne, au sud du canton de Saint-Sauveur-en-Puisaye.

ESTAIS (canton de Coulanges-sur-Yonne, Yonne). Les fiefs de cette châtellenie se trouvaient dans la partie ouest du canton de Coulanges et dans la partie sud-est du canton de Saint-Sauveur (Yonne).

GANNAY (canton de Chevagnes, Allier). Petite châtellenie réunie fort anciennement à celle de Decize.

LIERNAIS (Côte-d'Or). Châtellenie anciennement réunie à celle de Saint-Brisson.

LUZY (chef-lieu de canton de l'arrondissement de Château-Chinon). Châtellenie qui comprenait quatre-vingt-quatorze fiefs situés dans la partie sud-est du canton de Luzy.

LA MARCHE (canton de La Charité). Châtellenie dont la juridiction s'étendait sur vingt-neuf fiefs situés dans la partie sud-ouest du canton de La Charité, dans la partie sud de celui de Pouilly et dans la commune de Germigny, au nord-est de celui de Pougues.

METZ LE-COMTE (canton de Tannay). Cette châtellenie comprenait vingt-sept fiefs situés dans la partie nord du canton de Tannay et dans la partie sud-est de celui de Clamecy.

MONCEAUX-LE-COMTE (canton de Tannay). C'était le chef-lieu de la châtellenie de Monceaux-le-Comte et Neuf-fontaines, dont la circonscription très-étendue comprenait la partie nord du canton de Corbigny, la partie est du canton de Brinon, le sud du canton de Tannay et le nord de celui de Lormes. Cent quatre-vingt-huit fiefs dépendaient de cette importante châtellenie, à laquelle avait été réunie celle de Neuffontaines.

MONTENOISON (canton de Prémery). Cette châtellenie avait dans son ressort cent trente fiefs ; elle comprenait presque toute l'étendue des cantons de Prémery et de Brinon-les-Allemands, le nord-ouest du canton de Pougues, le nord-ouest du canton de Saint-Saulge et une partie des cantons de Varzy et de La Charité.

MONTREUILLON (canton de Château-Chinon). Cette châtellenie avait dans son ressort cent seize fiefs ; sa circonscription comprenait la partie sud-est du canton de Corbigny, la partie nord-est du canton de Châtillon et une portion considérable du canton de Château-Chinon.

MOULINS-ENGILBERT (chef-lieu de canton de l'arrondissement de Château-Chinon). Cette châtellenie avait dans son ressort cent quarante-cinq fiefs ; sa circonscription comprenait à peu près l'étendue du canton actuel de Moulins-Engilbert, une petite partie du canton de Château-Chinon et la partie nord-est de celui de Luzy.

NEUFFONTAINES (canton de Tannay). Cette petite châtellenie fut réunie au XVIIe siècle à celle de Monceaux-le-Comte.

NEVERS (chef-lieu du département). Cette châtellenie avait dans son ressort quatre-vingt-neuf fiefs situés dans le canton de Nevers, dans la partie est de ceux de Pougues et de Saint-Pierre-le-Moustier, dans une petite partie de celui de La Charité et dans une partie de celui de Saint-Benin-d'Azy.

SAINT-BRISSON (canton de Montsauche). Cette châtellenie, réunie à celle de Liernais, comprenait un territoire maintenant partagé entre les départements de la Nièvre (partie nord-est du canton de Montsauche et partie est du canton de Lormes) et de la Côte-d'Or (canton de Liernais). Les fiefs de cette châtellenie étaient au nombre de cinquante-neuf.

SAINT-SAULGE (chef-lieu de canton de l'arrondissement de Nevers). Cette châtellenie comprenait quarante-huit fiefs situés dans le canton actuel de Saint-Saulge et dans les parties sud-ouest du canton de Châtillon et sud-est de celui de Saint-Benin-d'Azy.

SAINT-SAUVEUR (arrondissement d'Auxerre, Yonne). Les fiefs de cette châtellenie se trouvaient dans les cantons de Saint-Sauveur et de Saint-Fargeau (Yonne).

SAINT-VERAIN (canton de Saint-Amand). Cent quatre fiefs relevaient de cette châtellenie, dont le ressort s'étendait sur le canton de Saint-Amand, la partie nord du canton de Cosne et quelques paroisses comprises dans les départements du Loiret et de l'Yonne.

SAVIGNY-POIL-FOL (canton de Luzy). Le ressort de cette châtellenie s'étendait sur la moitié ouest du canton de Luzy et sur la partie sud-est du canton de Fours. Les fiefs qui dépendaient de cette châtellenie furent partagés entre les châtellenies de Luzy et de Cercy-la-Tour.

COMTES ET DUCS DE NEVERS.

Les historiens ne sont pas d'accord sur le temps auquel notre province eut des seigneurs particuliers; il n'entre pas dans le plan de cet ouvrage de discuter leurs opinions. Nous nous contenterons de donner la suite de nos Comtes et Ducs héréditaires telle que l'a publiée Mgr Crosnier dans le *Bulletin* de la Société nivernaise (1), rectifiant les listes de ces seigneurs données d'une façon plus ou moins inexacte par les divers auteurs.

Notre livre étant un ouvrage héraldique, il ne peut y avoir d'intérêt à mentionner ici des Comtes amovibles d'une époque antérieure à l'usage des armoiries. Nous ne commencerons donc notre énumération qu'à la fin du Xe siècle, par Landry, seigneur de Metz-le-Comte, qui lui-même n'eut jamais de blason, mais qui peut être considéré comme l'auteur de la première maison de Nevers.

Nous décrirons les armoiries des Comtes et Ducs de Nevers et celles de leurs femmes, indiquant sommairement par suite de quels événements le Nivernais passa dans les illustres familles qui le possédèrent.

C'est à tort que nous avons attribué au comté de Nevers des armoiries particulières dans la première édition de l'*Armorial;* l'étude des sceaux du pays, des premières éditions de ses coutumes, des monuments des diverses époques, nous a prouvé que notre province n'eut jamais d'autre blason que celui de ses seigneurs.

MAISON DE NEVERS.

LANDRY, seigneur de Metz-le-Comte et de Monceaux, devint comte de Nevers et d'Auxerre en 992, par son mariage avec *Mahaut*, fille d'Otte-Guillaume, comte de Nevers, puis de Bourgogne, et d'Ermentrude de Roucy (992-1028).

RENAUD Ier DE NEVERS, fils du précédent, épousa *Adelaïde de France*, fille du roi Robert (1028-1040).

GUILLAUME Ier DE NEVERS, comte de Nevers et d'Auxerre, fils aîné de Renaud, devint aussi comte de Tonnerre, en 1045, par son mariage avec *Hermengarde*, fille de Renaud, comte de Tonnerre et de Bar-sur-Seine. Il abdiqua en 1079; mais il continua à porter le titre de comte de Nevers, et il reprit le comté comme tuteur de son petit-fils en 1089 (1040-1100).

RENAUD II DE NEVERS, comte de Nevers et d'Auxerre par suite de l'abdication de son père, marié à *Ide-Raymonde*, fille d'Artaud, comte de Lyon, puis à *Agnès de Beaugency* (1079-1089).

GUILLAUME II DE NEVERS, comte de Nevers et d'Auxerre, puis de Tonnerre, épousa *Adelaïde,* et se fit Chartreux en 1147 (1109-1147).

GUILLAUME III DE NEVERS, comte de Nevers, d'Auxerre et de Tonnerre, fils aîné de Guillaume II, eut pour femme *Ide de Carinthie* (1147-1161).

GUILLAUME IV DE NEVERS, comte de Nevers et
d'Auxerre, fils aîné de Guillaume III, épousa *Éléonore
de Vermandois* (1), comtesse de Saint-Quentin, dame de
Valois, fille de Raoul Ier, comte de Vermandois, dont il
n'eut point d'enfants. Il mourut en Terre-Sainte, laissant
son frère pour successeur. C'est sans doute lui qui, le premier de sa famille, porta le blason que nous allons décrire
(1161-1168).

*D'azur, semé de billettes d'or, au lion de même, armé et lam-
passé de gueules, brochant sur le tout.* — Pl. I.

Histoire des grands officiers de la couronne.

Le plus ancien monument qui offre ce blason est le contre-sceau de la
comtesse Mahaut de Courtenay, fille de Pierre de Courtenay et d'Agnès
de Nevers, dernière descendante de la première race des comtes de
Nevers. Ce contre-sceau, qui figure au revers d'un sceau équestre de la
Comtesse, porte un écu à *un lion sur un champ billeté.* (V. un dessin
de ce contre-sceau dans les *Mémoires concernant l'histoire d'Auxerre*
de l'abbé Lebeuf, 2e éd., t. III, p. 164.) Les sceaux des comtes de
Nevers ancêtres d'Agnès, dont les Archives de l'Yonne possèdent de
fort beaux exemplaires, ne présentent aucun emblème héraldique. (V. ces
sceaux dans les *Mémoires* de l'abbé Lebeuf.) Nous verrons plus loin
que les villes de Nevers et de Clamecy adoptèrent le blason de ces premiers Comtes.

GUY DE NEVERS, comte de Nevers et d'Auxerre, eut pour
femme *Mahaut de Bourgogne* (2), fille unique de Raymond
de Bourgogne, veuve d'Eudes III, seigneur d'Issoudun
(1168-1176).

Armoiries semblables.

GUILLAUME V DE NEVERS, comte de Nevers et
d'Auxerre sous la tutelle de sa mère Mahaut, mourut sans

(1) *Échiqueté d'or et d'azur.* (Sainte-Marthe, Histoire de la maison de France.)
(2) *Bandé d'azur et d'or de six pièces, à la bordure de gueules.* (Histoire des
grands officiers de la couronne.)

2

alliance, dernier de sa race, laissant pour unique héritière sa sœur Agnès (1176-1181).

Armoiries semblables.

Agnès de Nevers, comtesse de Nevers et d'Auxerre, sous la tutelle de Philippe-Auguste jusqu'à son mariage avec *Pierre de Courtenay* (1181-1184).

Armoiries semblables.

⚜ ⚜ ⚜

MAISONS

DE COURTENAY, DE DONZY, DE FOREZ, DE CHATILLON ET DE BOURBON.

Pierre de Courtenay, fils de Pierre de France, fils lui-même de Louis-le-Gros et d'Élisabeth, dame de Courtenay, devint comte de Nevers et d'Auxerre par son mariage avec *Agnès de Nevers.* Il fut comte de Tonnerre en 1191, puis empereur de Constantinople. Ayant perdu sa femme en 1192, il conserva le comté de Nevers comme tuteur de sa fille, jusqu'au mariage de cette dernière (1184-1199).

D'or, à trois tourteaux de gueules. — Pl. I.

Histoire des grands officiers de la couronne. — *Histoire généalogique de la maison royale de Courtenay,* etc.

Pierre de Courtenay avait abandonné le blason de son père pour prendre celui de la maison de Courtenay. Les sceaux de ce prince, reproduits dans l'*Histoire de la maison de Courtenay* (preuves, p. 13, 14 et 15) et, d'une manière plus exacte, dans Lebeuf (t. III, p. 119 et 154), le représentent à cheval, revêtu du harnois militaire, brandissant une épée et portant un écu à *trois tourteaux;* un écu semblable se trouve au contre-sceau.

Mahaut de Courtenay, sous la tutelle de son père de 1192 à 1199, époque de son mariage avec *Hervé de Donzy* mort en 1223, laissant une fille, Agnès, mariée en 1221 à *Guy de Châtillon*, comte de Saint-Pol. Agnès mourut la même année que son père, et Guy, son époux, en 1226. Ils laissèrent deux enfants en bas âge : *Gaucher* et *Yolande*, qui héritèrent de leurs droits sur les comtés de Nevers, d'Auxerre et de Tonnerre et sur la baronnie de Donzy. Mahaut, devenue veuve, épousa en secondes noces, en 1226, *Guy, comte de Forez*, dont elle n'eut point d'enfants. Après la mort de ce second mari, en 1241, elle gouverna d'abord elle-même ses états ; puis, cette même année, elle abandonna à son petit-fils Gaucher de Châtillon le comté de Nevers, ne se réservant que les comtés d'Auxerre et de Tonnerre. Elle mourut en 1257.

Armoiries semblables.

Hervé de Donzy, baron de Donzy, comte de Gien, seigneur de Cosne et comte de Nevers par son mariage avec *Mahaut de Courtenay*, puis comte d'Auxerre et de Tonnerre en 1218, à la mort de Pierre de Courtenay (1199-1222).

D'azur, à trois pommes de pin d'or. — Pl. I.

Histoire des grands officiers de la couronne. — Histoire du Nivernois.

Coquille, dans son *Histoire du Nivernois* (p. 158), décrit ainsi le sceau du comte Hervé : « Le seel dudit Herué a la figure d'vn homme à » cheual ayant l'espée nuë en main, auec l'escu aux armes de Neuers, et » au contre-seel, qui s'appelle *Secretum*, sont les armes de Donzy, qui » semblent estre de trois pommes de pin. » Nous n'avons point vu ce sceau que mentionne l'*Inventaire des sceaux* de M. Douët d'Arcq (t. Ier, p. 402), comme ayant pour contre-sceau un écu à *un chef vaire*. Il existe aussi aux Archives de France un sceau d'Hervé de Donzy, appendu à une charte de 1209, qui porte un écusson chargé de trois objets fort peu distincts, de pommes de pin sans doute, et de deux fleurs de lys ; ces fleurs de lys, que l'on ne retrouve nulle part ailleurs aux armes de ce Comte, avaient sans doute été prises à cause de la parenté de Mahaut avec la maison de France.

GUY, COMTE DE FOREZ, comte de Nevers, d'Auxerre et de Tonnerre et baron de Donzy, par son mariage avec la comtesse *Mahaut*, comme tuteur des enfants d'Agnès de Donzy (1226-1241).

De gueules, au dauphin pâmé d'or, lorré et peautré d'azur. — Pl. I.

Histoire des grands officiers de la couronne.

C'est ainsi que les auteurs relativement modernes décrivent le blason des comtes de Forez ; mais ces armes étaient tout simplement un *dauphin d'or en champ de gueules.* On les trouve figurées de cette manière à la voûte de la curieuse salle de la Diana, à Montbrison, monument presque contemporain de Guy IV. (V. l'important travail de M. le duc de Persigny sur la Diana, dans la *Revue historique,* 1869, p. 57.) Au château de Sury-le-Comtal, en Forez, des peintures à fresque, du premier quart du XIVe siècle, offrent un treillissé rempli de casques en forme de calotte profonde et d'écussons de Forez dont le dauphin est d'argent ; mais sans doute la couleur primitive de ces meubles héraldiques avait disparu et, lors de la restauration des peintures, on jugea à propos de les repeindre en blanc. (V. une note de nous sur ce château dans le *Bulletin des comités historiques,* année 1852, p. 57.) Tous les sceaux des comtes de Forez, reproduits d'une façon si remarquable comme exactitude dans l'*Histoire des comtes de Forez* de La Mure, récemment publiée par M. de Chantelauze, offrent un dauphin.

GAUCHER DE CHATILLON, baron de Donzy et seigneur des dépendances de cette baronnie, devint comte de Nevers après l'abandon que lui fit de ce comté Mahaut, son aïeule. Il fut tué à la bataille de La Massoure, sans avoir eu d'enfants de *Jeanne de Boulogne* (1), fille de Philippe de

(1) *De France, au lambel de gueules de trois pendants.* (Histoire des grands officiers de la couronne.)

France, dit Hurepel, comte de Clermont-en-Beauvoisis, et il laissa ses biens à sa sœur Yolande, femme du sire de Bourbon (1241-1250).

De gueules, à trois pals de vair, au chef d'or. — Pl. I.

Histoire des grands officiers de la couronne.

Le sceau de Gaucher de Châtillon et celui de sa femme sont décrits dans l'*Inventaire des sceaux* de M. Douët d'Arcq (t. Ier, p. 533). L'écu de Jeanne de Boulogne y est figuré : *De France, au lambel de cinq pendants.*

ARCHAMBAUD VII, sire de Bourbon, comte de Nevers et baron de Donzy, par son mariage avec *Yolande de Châtillon* (1249).

D'or, au lion de gueules, à l'orle de huit coquilles d'azur. — Pl. I.

Histoire des grands officiers de la couronne. — Armorial du Bourbonnais. — Histoire des comtes de Forez et des ducs de Bourbon de La Mure, t. III, pièces supplémentaires, p. 143.

⚜ ⚜ ⚜

MAISONS DE BOURGOGNE ET DE FRANCE.

EUDES DE BOURGOGNE, fils de Hugues IV duc de Bourgogne, comte de Nevers et baron de Donzy par son mariage avec *Mahaut de Bourbon*, seconde fille d'Archambaud VII et d'Yolande de Châtillon, devint comte d'Auxerre et de Tonnerre à la mort de la comtesse Mahaut de Courtenay, bisaïeule de sa femme (1250-1269).

Bandé d'azur et d'or de six pièces, à la bordure engrêlée de gueules. — Pl. I.

Histoire des grands officiers de la couronne.

Les ducs de Bourgogne de la première race portaient : *Bandé d'azur et d'or de six pièces, à la bordure de gueules*, Eudes brisa d'une bordure engrêlée, afin de différencier son blason de celui de son père qui lui survécut. Cette bordure engrêlée se remarque sur le sceau d'Eudes et sur les monnaies frappées par ce seigneur. (V. notre *Numismatique nivernaise*, p. 59.)

YOLANDE DE BOURGOGNE, fille aînée d'Eudes, fut comtesse de Nevers sous la tutelle de son père jusqu'à son mariage avec *Jean-Tristan*, fils de saint Louis, en 1265 ou 1266. Devenue veuve en 1270, Yolande se remaria, l'année suivante, avec *Robert de Flandre* (1262-1265).

Armoiries semblables.

Le sceau de cette princesse, dont le contre-sceau porte l'écu à la bordure engrêlée, est reproduit dans la planche 22 du *Genealogia comitum Flandriæ* d'Olivier de Vrée.

JEAN DE FRANCE, dit *Tristan*, quatrième fils de saint Louis, comte de Nevers et baron de Donzy, par son mariage avec *Yolande de Bourgogne* (1265-1270).

D'azur, semé de fleurs de lys d'or, à la bordure de gueules. — Pl. I.

Histoire des grands officiers de la couronne.

⚜ ⚜ ⚜

MAISON DE FLANDRE.

ROBERT DE FLANDRE, dit *de Béthune*, veuf de Catherine d'Anjou, devint comte de Nevers et baron de Donzy par son mariage avec *Yolande de Bourgogne* (1271-1280).

D'or, au lion de sable, armé et lampassé de gueules, au lambel de gueules. — Pl. I.

Histoire des grands officiers de la couronne.

Le P. Anselme donne à Robert de Béthune l'écu de Flandre sans brisure, parce qu'il ne le mentionne que comme comte de Flandre ; mais Robert brisait les armes de sa famille d'un lambel du vivant de son père ; or, comme il n'était plus comte de Nevers quand il devint comte de Flandre et chef de sa maison, tous ses monuments nivernais doivent porter le lambel. Le *Sigilla comitum Flandriæ* d'Olivier de Vrée donne (p. 49, 50 et 51) les dessins de plusieurs sceaux de Robert comme comte de Nevers, et toujours le lion de Flandre y est chargé d'un lambel tantôt à cinq, tantôt à trois pendants. Il en est de même sur les monnaies nivernaises de ce seigneur. (V. notre *Numismatique nivernaise.*)

Louis Ier DE FLANDRE, comte de Nevers et baron de Donzy après la mort de sa mère, d'abord sous la tutelle de son père. Il épousa *Jeanne de Rethel* (1), fille et unique héritière de Hugues IV, comte de Rethel (1280-1321).

Armoiries semblables.

Louis Ier étant mort avant son père, dut naturellement briser toujours son blason d'un lambel, comme on le voit sur les sceaux et sur les monnaies de ce prince. (V. *Invent. des sceaux*, t. Ier, p. 404, et *Numismatique nivernaise*, p. 75 et suiv.)

Louis II DE FLANDRE, dit *de Crécy*, comte de Flandre, de Nevers et de Rethel et baron de Donzy, marié à *Marguerite de France* (2), fille de Philippe-le-Long (1321-1346).

D'or, au lion de sable, armé et lampassé de gueules.

Histoire des grands officiers de la couronne.

Louis II et son fils Louis III, ayant été comtes de Flandre et chefs de leur maison en même temps que comtes de Nevers, portèrent leur blason sans brisure.

---

(1) *De gueules, à trois râteaux démanchés d'or.* (Histoire des grands officiers de la couronne.)

(2) *D'azur, semé de fleurs de lys d'or.* (Histoire des grands officiers de la couronne.)

Louis III de Flandre, dit *de Male*, comte de Flandre, de Nevers et de Rethel et baron de Donzy. Le roi Philippe de Valois érigea en sa faveur les comtés de Nevers et de Rethel, avec la baronnie de Donzy, en pairie, par lettres données à Moncel-les-Ponts, le 27 août 1347. Il épousa *Marguerite de Brabant* (1), fille de Jean III, duc de Brabant, dont il n'eut qu'une fille, Marguerite, mariée premièrement à *Philippe de Rouvre*, dernier duc de l'ancienne maison de Bourgogne, puis à *Philippe de France*, quatrième fils du roi Jean. Louis de Male donna à sa fille pour dot les comtés de Nevers et de Rethel et la baronnie de Donzy. Le Nivernais passa ainsi dans la maison de France-Bourgogne.

Armoiries semblables.

⚜ ⚜ ⚜

MAISON DE FRANCE-BOURGOGNE.

Philippe de France, dit *le Hardi*, duc de Bourgogne et de Brabant, comte de Flandre, d'Artois, de Nevers et de Rethel, baron de Donzy, pair de France, par son mariage avec *Marguerite de Flandre*, fille et unique héritière de Louis de Male (1369-1392).

Écartelé : aux 1 et 4, d'azur semé de fleurs de lys d'or, à la bordure componée d'argent et de gueules, qui est de Bourgogne-moderne ; *et aux 2 et 3, bandé d'azur et d'or de six pièces, à la bordure de gueules,* qui est de Bourgogne-ancien. — Pl. I.

Le sceau du comte Philippe, décrit à la page 404 de l'ouvrage de M. Douët d'Arcq, offre, sur un champ semé de fleurs, la représentation

---

(1) *De sable, au lion d'or, armé et lampassé de gueules.* (Histoire des grands officiers de la couronne.)

équestre du Comte : la housse du cheval est fleurdelysée ; dans le champ, les écus de Rethel et de Bourgogne-Comté, plus le mot *Joiep* deux fois répété. Voici la légende en lettres minuscules gothiques : s. PHILIPPI : COMITIS *niver*NESIS : ET : REGISTESTENSIS : ET : BARONIS : DONZIACENSIS. Au contre-sceau, un écu *semé de France à une bordure* et cette légende : 9TS *(contra sigillum) philippi comitis niver*NEN ET REGISTESTN AC BARONIS DONZIACENSIS.

JEAN-SANS-PEUR, duc de Bourgogne, porta le titre de comte de Nevers de 1392 à 1401.

Armoiries semblables à celles de son père, avec l'écu de Flandres sur le tout. — Pl. I.

PHILIPPE DE BOURGOGNE, troisième fils de Philippe-le-Hardi, comte de Nevers et de Rethel et baron de Donzy, par suite du partage des états de son père et de sa mère (1401-1415). Il épousa : 1° *Isabelle de Coucy* (1), fille d'Enguerrand VII, sire de Coucy, comte de Soissons ; 2° *Bonne d'Artois* (2), fille aînée de Philippe d'Artois, comte d'Eu, qui administra le comté de Nevers pendant la minorité de ses enfants, jusqu'à son mariage avec PHILIPPE-LE-BON, duc de Bourgogne, lequel prit, de 1424 à 1435, le titre de comte de Nevers, comme tuteur des enfants de sa femme.

D'azur, semé de fleurs de lys d'or, à la bordure componée d'argent et de gueules. — Pl. I.

CHARLES DE BOURGOGNE, comte de Nevers et de Rethel, baron de Donzy, pair de France par lettres patentes de 1459, érigeant de nouveau Nevers en comté-

---

(1) *Fascé de vair et de gueules.* (Histoire des grands officiers de la couronne.)

(2) *D'azur, semé de fleurs de lys d'or, au lambel de trois pendants de gueules, brochant sur le tout, chaque pendant chargé de trois châteaux d'or.* (Histoire des grands officiers de la couronne.)

3

pairie, succéda à son père lors de sa majorité, et mourut sans laisser d'enfants de *Marie d'Albret* (1), fille aînée de Charles II, sire d'Albret (1435 1464).

Armoiries semblables. — Pl. I.

Les archives de la Nièvre possèdent un sceau de ce prince, de 1450, dont l'écu, *semé de France, à la bordure componée,* est tenu par un ange.

JEAN DE BOURGOGNE, dit *de Clamecy,* comte de Nevers, de Rethel, d'Etampes et d'Eu, baron de Donzy, après son frère Charles, obtint de Louis XI, en 1474, des lettres confirmant l'érection en pairie du comté de Nevers. Il fut marié trois fois : 1° à *Jacqueline d'Ailly* (2), fille aînée de Raoul d'Ailly, seigneur de Péquigny ; 2° à *Paule de Brosse* (3), fille de Jean de Brosse, comte de Penthièvre ; 3° à *Françoise d'Albret* (4), fille d'Arnaud-Amanieu d'Albret, seigneur d'Orval (1464-1491).

D'azur, à trois fleurs de lys d'or, à la bordure componée d'argent et de gueules. — Pl. I.

L'*Histoire des grands officiers de la couronne* donne à Jean de Clamecy un écusson *écartelé* de Bourgogne - moderne, de Rethel, d'Artois et de Brabant, mais ce prince ne porta jamais que l'écu décrit plus haut, tel qu'on le retrouve, tenu par deux anges et timbré d'un heaume, avec une fleur de lys double pour cimier, sur son sceau figuré dans la planche 118 du *Genealogia comitum Flandriæ.* Nous avons publié dans notre *Numismatique*

(1) *Écartelé : aux 1 et 4, d'azur, à trois fleurs de lys d'or ; et aux 2 et 3, de gueules plein.* (Histoire des grands officiers de la couronne.)

(2) *De gueules, à deux rameaux d'alizier d'argent, passés l'un dans l'autre, au chef échiqueté d'argent et d'azur de trois traits.* (Histoire des grands officiers de la couronne.)

(3) *Écartelé : aux 1 et 4, d'hermine,* qui est de Bretagne ; *et aux 2 et 3, d'azur, à trois gerbes ou brosses d'or, liées de gueules,* qui est de Brosse. (Histoire des grands officiers de la couronne.)

(4) *Écartelé : aux 1 et 4, d'azur, à trois fleurs de lys d'or ; et aux 2 et 3, de gueules, à la bordure engrêlée d'argent,* qui est d'Albret-Orval. (Histoire des grands officiers de la couronne.)

nivernaise un curieux jeton de Jean de Clamecy, qui dut être frappé vers 1490 et que nous reproduisons. Ce jeton porte au droit l'écu de Bourgogne - Nevers avec la légende SE BIEN AN VIEN SE BIEN AN VIEN sur quatre rubans, entre grènetis ; puis au revers, avec la même légende, quatre branches noueuses arquées et symétriquement disposées, de manière à former une croix. Ces bâtons noueux, qui rappellent l'un des emblêmes des ducs de Bourgogne Philippe-le-Bon et Charles-le-Téméraire, devinrent en quelque sorte propres aux comtes et ducs de Nevers successeurs de Jean de Clamecy, dont ils accompagnèrent fréquemment les armoiries, comme nous le verrons plus loin.

Le blason du comte Jean se voit sculpté, parti de celui de sa troisième femme, sur la bordure d'un fort beau rétable en pierre de la cathédrale de Nevers ; nous l'avons encore retrouvé dans les bâtiments de l'ancienne Chambre des comptes ducale, au château de Chevenon ; au-dessus de l'une des portes de la commanderie de Feuilloux (commune de Neuville-lez-Decize), et à Saint-Pierre-le-Moustier.

⚜ ⚜ ⚜

MAISONS D'ALBRET ET DE CLÈVES.

Jean d'Albret-Orval, marié à *Charlotte de Bourgogne* (1), fille du dernier lit de Jean de Clamecy, prit, en 1491, après la mort de son beau-père, le titre de comte de Nevers et de Rethel, que lui disputa immédiatement Engilbert de Clèves.

Écartelé : aux 1 et 4, de France ; et aux 2 et 3, de gueules à la bordure engrêlée d'argent. — Pl. I.

Histoire des grands officiers de la couronne.

(1) *Armoiries semblables à celles de Jean de Clamecy.*

Nous possédons de Jean d'Albret-Orval un jeton sur lequel ce seigneur prend le titre de comte de Nevers ; voici le dessin et la description de cette pièce :

IEHAN. DALEBRET. CONTE. DE : NEVERS entre filets ; dans le champ, les armes d'Albret-Orval. ℞ ✝ ET. DERETEL. SEIGNEVR. DORVAL. entre filets ; dans le champ, une croix à branches égales, dans un orle quadrilobé.

La maison d'Albret, fort ancienne en Gascogne, portait autrefois *de gueules plein* ; Arnaud-Amanieu, sire d'Albret, épousa en 1368 Marguerite de Bourbon, fille de Pierre Ier, duc de Bourbon ; à l'occasion de cette alliance, Charles VI lui permit d'écarteler ses armes de celles de France. (Paillot, *Science des Armoiries.*) La branche des seigneurs d'Orval ajoutait la bordure engrêlée comme brisure.

ENGILBERT DE CLÈVES, comte de Nevers, d'Auxerre, de Rethel et d'Etampes, pair de France, par héritage de sa mère Élisabeth de Bourgogne, fille du comte Jean. Il prit le titre de comte de Nevers en même temps que Jean d'Albret son compétiteur à la riche succession de son grand-père. Engilbert obtint du roi Louis XII, au mois de mai 1505, de nouvelles lettres d'érection du comté de Nevers en pairie, qui furent enregistrées le 18 août suivant. Il avait été réglé l'année précédente, d'après l'avis du Roi, que les fils du duc de Clèves, Charles et Louis, épouseraient les deux filles aînées de Jean d'Orval ; qu'à Marie, l'aînée de ces princesses, appartiendrait le comté de Nevers ; à Hélène, la seconde, le comté de Rethel, et enfin à Charlotte, la troisième, la baronnie de Donzy. Un seul de ces mariages eut lieu, celui de Charles de Clèves, qui devint ainsi définitivement comte de Nevers. (Voir, au sujet de ces contestations entre les maisons d'Albret et de Clèves, notre *Numismatique nivernaise* (p. 107 et suiv.). Engilbert de Clèves avait épousé *Charlotte de Bourbon-Vendôme* (1) (1491-1506).

Écartelé : aux 1 et 4, parti de gueules, au ray d'escarboucle, pommeté et fleurdelysé d'or de huit pièces, enté en cœur d'argent, à l'escarboucle de sinople, qui est de Clèves, *et d'or, à la fasce échiquetée d'argent et de gueules de trois traits*, qui est de La Mark ; *et aux 2 et 3, d'azur, à trois fleurs de lys d'or, à la bordure componée d'argent et de gueules*, qui est de Bourgogne-Nevers. — Pl. I.

Les armes de la maison de Clèves ne portaient que le ray d'escarboucle (*Genealogia comitum Flandriæ*, pl. 89); la branche des comtes d'Aten ou d'Altemberg, depuis comtes de La Mark et ducs de Clèves, ajouta l'écu de La Mark à son blason primitif (*Genealogia comitum Flandriæ*, pl. 112 et 119.) Les comtes et ducs de Nevers, issus de cette branche, écartelèrent de Bourgogne-Nevers, comme nous le verrons par leurs sceaux et leurs jetons ; ils ajoutèrent même d'autres écartelures fort nombreuses qui n'étaient pas fixées d'une manière régulière ; ainsi, d'après l'*Histoire des grands officiers de la couronne*, Engilbert de Clèves portait : *Écartelé : aux 1 et 4, contrécartelé, au 1 de gueules, au ray d'escarboucle, pommeté et fleurdelysé d'or de huit pièces, enté en cœur d'argent, à l'escarboucle de sinople*, qui est de Clèves ; *au 2, d'or, à la fasce échiquetée d'argent et de gueules de trois traits*, qui est de La Mark ; *au 3, d'azur, semé de fleurs de lys d'or, au lambel de gueules de trois pendants, chaque pendant chargé de trois châteaux d'or*, qui est d'Eu-Artois ; *au 4, de sable, au lion d'or, armé et lampassé de gueules*, qui est de Brabant ; *et aux 2 et 3, contrécartelé : aux 1 et 4, d'azur, à trois fleurs de lys d'or, à la bordure componée d'argent et de gueules*, qui est de Bourgogne-moderne ; *au 2, de gueules, à trois râteaux démanchés d'or*, qui est de Rethel ; *au 3, écartelé d'azur, à trois fleurs de lys d'or et de gueules, à la bordure engrêlée d'argent*, qui est d'Albret-Orval.

___

(1) *D'azur, à trois fleurs de lys d'or, à la bande de gueules, chargée de trois lionceaux d'argent, brochant sur le tout.* (Hist. des grands officiers de la couronne.)

CHARLES DE CLÈVES, fils d'Engilbert, comte de Nevers, d'Auxerre (1), de Rethel et d'Eu, pair de France, en vertu de l'arrêt de Louis XII relatif à la succession de Jean de Bourgogne, eut pour femme *Marie d'Albret-Orval*, fille aînée de Jean d'Albret, sire d'Orval (1506-1521).

Armoiries semblables.

Le jeton de la Chambre des comptes de Nevers dont voici le dessin, fut sans doute fabriqué vers 1507 ou 1508 ; il est aux armes de Charles de Clèves et a beaucoup de rapports, comme style, avec le jeton du comte Jean d'Albret. Les légendes incorrectes sont très-compréhensibles, et le type du droit n'a pas besoin d'être expliqué ; mais il convient de dire quelques mots de celui du revers, qui offre le casque et le cimier des armes de la maison de Clèves tels que nous les trouvons sur le sceau d'Adolphe de Clèves, seigneur de Ravestein, donné par Olivier de Vrée à la page 122 du *Genealogia comitum Flandriæ.* Dans l'ouvrage de J.-B. Maurice sur le blason des chevaliers de la Toison-d'or, les armes de ce même Adolphe de Clèves sont timbrées d'un casque en forme de mufle de taureau, orné d'une couronne ducale au bandeau échiqueté d'argent et de gueules, pareil à celle de notre jeton ; ce bandeau rappelle les armoiries de La Mark qui portent *une bande échiquetée.*

MARIE D'ALBRET-ORVAL, veuve de Charles de Clèves, porta le titre de comtesse, puis de duchesse de Nevers, et gouverna le Comté comme tutrice de ses enfants (1521-1537).

Écartelé : aux 1 et 4, contrécartelé, d'azur, à trois fleurs de lys d'or, et de gueules, à la bordure engrêlée d'argent, qui est d'Albret-

---

(1) Les comtes de Nevers continuaient à porter parfois le titre de comte d'Auxerre, bien que depuis longtemps ils n'eussent plus la jouissance de ce comté.

Orval; *et aux 2 et 3; d'azur, à trois fleurs de lys d'or, à la bordure componée d'argent et de gueules,* qui est de Bourgogne-Nevers. — Pl. I.

Le sceau de Marie d'Albret, dont nous connaissons aux Archives de la Nièvre une assez bonne empreinte, porte un écu à ce même blason, parti de celui de son mari, timbré d'une couronne de comte et accosté de quatre plumes entrelacées deux à deux. La légende, placée sur un ruban qui contourne l'écusson, est: s MARIE DALEBRET CONTESSE DE NEVERS.

Plusieurs autres monuments donnent encore le blason et les emblêmes de Marie d'Albret : mentionnons d'abord le frontispice de l'édition de 1535 des *Coustumes du Nyvernoys,* où l'écu en losange de la Comtesse, timbré d'une couronne de comte, est posé sur deux bâtons en sautoir et compris entre deux plumes. Un jeton offre ce même type avec la légende : ✝ MA : DEALBRE. COM. NIVER. ET : DROCE *(maria de albret comitissa nivernensis et drocensis)*; et, au revers, une croix fleurdelysée, cantonnée de huit palmes entrelacées deux à deux, entourée de cette légende peu correcte : ✝ CRVCEM : TVAN : ADORANVS : DOMINE.

Voici enfin le dessin d'un second jeton de la comtesse Marie, au revers

duquel les plumes, qu'elle affectionnait comme emblême, et les bâtons noueux sont entrelacés d'une façon assez élégante. Nous n'avons pas besoin de décrire cette pièce, que Marie fit reproduire, avec le titre et la couronne de duchesse, après l'érection du Nivernais en duché; mais il y a lieu d'appeler l'attention sur l'importance que les princes héritiers de Jean de Clamecy attachaient au quartier de Bourgogne-Nevers, signe de leurs prétentions sur le comté de Nivernais, qu'ils faisaient toujours figurer dans leur blason; puis nous devons dire quelques mots des plumes qui se mêlent aux bâtons noueux sur les petits monuments que nous venons de signaler. Nous avons expliqué l'origine de ces bâtons, proposons maintenant une conjecture au sujet des plumes. Il existe à Nevers de curieuses tapisseries brodées, dit-on, pour la cathédrale, par la comtesse Marie d'Albret et par les dames de sa cour, et, dans tous les cas, données par cette princesse; ces tapisseries représentent plusieurs scènes des martyres de saint Cyr et de sainte Julitte, patrons du diocèse; leur bordure est ornée de bâtons noueux et de plumes entrelacés, avec la devise PERENNIS VITA SUCCEDET PENE DEFICIENT qui paraît avoir été celle de Marie. Il est fort possible que le mot *pene* de la devise qui, en ne tenant pas compte de l'orthographe, veut dire plumes aussi bien que peines, ait motivé l'adoption des plumes. De pareils *rébus* étaient fort en usage à cette époque, et cette explication nous paraît assez admissible. (V. Montaigne, *Essais*, liv. II, ch. xii, et Ménestrier, *Origine des ornements des armoiries*, p. 252.)

FRANÇOIS Ier DE CLÈVES, duc de Nevers, pair de France, comte d'Auxerre, d'Eu, de Rethel et de Beaufort, marquis d'Isles, baron de Donzy et de Rosoy, souverain de Château-Renaud et de Boisbelle, seigneur d'Orval, de Saint-Amand, de Coulommiers et de Lesparre. Marie d'Albret, mère de ce prince, et *Marguerite de Bourbon – Vendôme* (1), sa femme, fille de Charles de Bourbon, duc de Vendôme, obtinrent du roi François Ier l'érection du comté de Nevers en duché-pairie, pour lui et pour ses hoirs tant mâles que femelles, par lettres données à Paris au mois de janvier 1538, enregistrées au Parlement le 17 février suivant (1537-1562).

Armoiries semblables à celles de Charles de Clèves.

Nous connaissons de ce prince deux jetons, dont le premier fut sans doute frappé à l'occasion de sa joyeuse entrée dans la ville de Nevers le

12 février 1549 ; en voici le dessin et la description : † FRANCOYS : DVC : DE : NYVERNOYS entre légers grènetis. Écu *écartelé : aux 1 et 4,* parti de Clèves et de La Mark ; *et aux 2 et 3*, de Bourgogne - Nevers, l'écu timbré d'une couronne ducale ; ℟ † SIT : NOMEN : DOMINI : BENEDICTVM entre légers grènetis. Écu renfermant un cygne placé sur des ondes et ayant une couronne passée au col.

Un armorial du XVIIe siècle fait descendre la maison de Clèves de Marcus Curtius qui se dévoua pour la république romaine. D'autres

---

(1) *D'azur, à trois fleurs de lys d'or, à la bande de gueules brochant sur le tout.* (Histoire des grands officiers de la couronne.)

auteurs, sans remonter aussi haut, assignent à cette famille une origine fabuleuse. Voici ce que Vincent de Beauvais raconte, à ce sujet, dans son *Miroir historial*, citant lui-même un ancien historien nommé Helinandus : « Un jour que plusieurs seigneurs étoient rassemblés pour » un tournoi dans un château des bords du Rhin, au diocèse de Cologne, » on vit paroître sur le fleuve une nacelle qu'un cygne tiroit par le col » avec une chaîne d'argent et dans laquelle étoit un chevalier inconnu » armé de toutes pièces. La nacelle aborda et disparut avec le cygne » aussitôt que le chevalier fut descendu sur la rive. Cependant le cheva-» lier, ayant fait de grands et non pareils faits d'armes, demanda et » obtint en mariage une fille de grande maison dont il eut plusieurs » enfants. Au bout de quelques années le cygne et la nacelle s'étant » présentés, le chevalier, qu'on appeloit Hélias, y remonta et s'éloigna » rapidement ; depuis on n'en entendit plus parler. » C'est de ce cheva-lier Hélias que les généalogistes font descendre la maison de Clèves, qui prit des cygnes pour supports de ses armes et pour l'un de ses emblêmes. Lors de l'entrée du duc François à Nevers, la ville lui fit présent « d'un cygne d'argent ayant au col une couronne dorée ou » estoient ses armoiries. Ce cygne tiroit avec une petite chaîne d'or un » navire d'argent sur lequel estoit un chevalier aussi d'argent. » (*Inven-ventaire des archives de Nevers*, par Parmentier, t. II, p. 170.) Le chevalier Hélias, le cygne et la nacelle sont sculptés en plusieurs endroits de la façade du château Ducal de Nevers, terminée par les Clèves.

L'autre jeton de François de Clèves offre un blason très-compliqué :

FRANCOYS DVC DE NYVER-NOYS entre filets. Dans le champ, un écu parti de trois traits, coupé d'un, ce qui donne huit quar-tiers : *au 1*, de Clèves ; *au 2*, de La Mark ; *au 3*, d'Eu-Artois ; *au 4*, de Brabant ; *au 5*, premier de la pointe, de Dreux ; *au 6*, de Rethel ; *au 7*, de Bourgogne-Nevers, *et au 8*, d'Albret-Orval. L'écu timbré d'une couronne ducale et entouré du collier de l'ordre de Saint-Michel. Cet écusson est composé de diverses écartelures dont nous allons donner l'origine. Le duc joignait aux quartiers de Clèves et de La Mark, blason de sa famille, ceux d'Eu-Artois et de Brabant, comme comte d'Eu et à cause de Bonne d'Artois, l'une de ses grand'mères ; celui de Rethel, comme possesseur de ce comté ; enfin ceux de Bourgogne-

4

Nevers, d'Albret-Orval et de Dreux, à cause de sa mère. ℞. †. SIT. NOMEN. DOMINI BENEDICTVM entre filets. Cygne posé sur deux branches noueuses entrelacées et enflammées.

Nous voyons reparaître sur ce jeton les bâtons noueux, seulement ils sont enflammés, sans doute en souvenir des flammes des briquets, emblème des ducs de Bourgogne.

FRANÇOIS II DE CLÈVES, duc de Nevers, pair de France, comte d'Auxerre, d'Eu et de Rethel, baron de Donzy et de Rosoy, seigneur d'Orval, de Saint-Amand et de Lesparre, épousa *Marie de Bourbon* (1), comtesse de Saint-Paul et duchesse d'Estouteville, fille de François de Bourbon, comte de Saint-Paul (1562-1563).

Armoiries semblables.

Nous avons un jeton du duc François II sur lequel ce seigneur joint

aux armes et aux titres de sa famille le blason et le titre de duc d'Estouteville qui lui appartenaient du chef de sa femme. L'écusson du droit est *écartelé: aux 1 et 4, contrécartelé au 1 parti* de Clèves et de La Mark; *au 2, parti* d'Eu-Artois et de Brabant; *au 3*, de Bourgogne-Nevers; *au 4, parti* de Rethel et de Clèves; *et aux 2e et 3e grands quartiers contrécartelé* de Bourbon et d'Estouteville. Le type du revers est presque le même que celui du dernier jeton du duc François Ier. La légende, à peu près identique au 130e vers du VIe livre de l'*Énéide*, fait allusion à l'origine fabuleuse de la maison de Clèves. La date 1561, qui se trouve sur ce jeton, peut paraître singulière; mais il faut expliquer que les historiens qui fixent la mort du duc François Ier au 13 février 1562, ont suivi le nouveau

---

(1) *Écartelé: aux 1 et 4, d'azur, à trois fleurs de lys d'or, à la bande de gueules, chargée de trois lionceaux d'argent, brochant sur le tout,* qui est de Bourbon-Vendôme; *et aux 2 et 3, d'argent, à cinq fasces de gueules, et un lion de sable, armé, lampassé et accollé d'or, brochant sur le tout,* qui est d'Estouteville. (Histoire des grands officiers de la couronne.)

style, adoptant le 1ᵉʳ janvier pour le premier jour de l'année, tandis que, d'après l'ancien style, qui faisait commencer l'année seulement à Pâques, François Iᵉʳ de Clèves est bien réellement mort en 1561, et son fils a pu porter le titre de duc de Nivernois cette même année jusqu'à la veille de Pâques. Le jeton en question fut donc fabriqué du 14 février au 28 mars 1561, ancien style.

JACQUES DE CLÈVES, duc de Nevers par succession de son frère François mort sans enfants, épousa *Diane de La Mark* (1), fille de Robert IV de La Mark, duc de Bouillon, dont il ne laissa point de postérité (1563-1564).

Armoiries semblables.

HENRIETTE DE CLÈVES, duchesse de Nevers après ses frères (1564-1565), puis après la mort de son mari (1595-1601).

Armoiries semblables.

⚜ ⚜ ⚜

MAISON DE GONZAGUE-CLÈVES.

LOUIS DE GONZAGUE, troisième fils de Frédéric, premier duc de Mantoue, devint duc de Nevers, de Donzy et de Rethel par son mariage avec Henriette de Clèves. L'*Inventaire des titres de Nevers* de l'abbé de Marolles nous apprend que l'une des conditions du mariage avait été que le prince de Gonzague et ses descendants ajouteraient à leur nom et à leurs armes le nom et les armes de Clèves, ce qui fut observé fidèlement (1565-1595).

(1) *D'or, à la fasce échiquetée d'argent et de gueules de trois traits, au lion issant de gueules en chef.* (Histoire des grands officiers de la couronne.)

Écartelé : au 1, d'argent, à la croix pattée de gueules, cantonnée de quatre aigles de sable, membrées et becquées de gueules, qui est de Mantoue, *la croix chargée d'un écusson de gueules, au lion d'or, écartelé d'or, à six fasces de sable*, qui est de Lombardie-Gonzague ; *aux 2 et 3, coupé, le premier parti de trois traits : au premier, de gueules, au ray d'escarboucle pommeté et fleurdelysé d'or de huit pièces, enté en cœur d'argent, à l'escarboucle de sinople*, qui est de Clèves ; *au second, d'or, à la fasce échiquetée d'argent et de gueules de trois traits*, qui est de La Mark ; *au troisième, d'azur, semé de fleurs de lys d'or, au lambel de gueules de quatre pendants, chacun d'eux chargé de trois châteaux d'or*, qui est d'Eu-Artois ; *au quatrième, de sable, au lion d'or, armé et lampassé de gueules*, qui est de Brabant ; *le second, coupé parti de deux traits : au premier, semé de France, à la bordure componée d'argent et de gueules*, qui est de Bourgogne-moderne ; *au second, de gueules, à trois râteaux démanchés d'or*, qui est de Rethel ; *au troisième, de France, écartelé de gueules, à la bordure engrêlée d'argent*, qui est d'Albret-Orval ; *au 4, coupé d'un trait, parti de deux, au premier, d'or, à l'aigle éployée de sable*, qui est de l'Empire ; *au second, d'argent, à la croix potencée d'or, cantonnée de quatre croisettes de même*, qui est de Jérusalem ; *au troisième, d'or, à quatre pals de gueules*, qui est d'Arragon ; *au quatrième, fascé d'or et de sable, au cancerlin de sinople posé en bande*, qui est de Saxe-moderne ; *au cinquième, d'azur semé de croix recroisetées au pied fiché d'or, et deux bars adossés de même*, qui est de Bar ; *au sixième, de gueules, à la croix d'or, cantonnée de quatre fusils adossés de même*, qui est de Constantinople ; *sur le tout de ce quatrième grand quartier, d'argent, au chef de gueules*, qui est de Montferrat ; *et, sur le tout des quatre grands quartiers, de France, à la bordure de gueules, chargée de huit besants d'argent*, qui est d'Alençon. — Pl. I (1).

Histoire des grands officiers de la couronne.

Nous donnons ces armoiries telles que les portaient les ducs de Nevers de la maison de Gonzague, avec toutes les écartelures qu'ils avaient ajoutées à leur écusson primitif et qu'ils disposèrent quelquefois autrement. Voici ce que dit l'*Armorial* de Magneney des armes particulières des Gonzague : « D'argent à la croix pattée de gueules cantonnée

(1) Nous ne donnons dans notre planche que le dessin des armes de Gonzague-Mantoue.

» de quatre aigles de sable becqués et membrés de gueules, qui
» est l'escu de Mantoue, donné le 22 septembre 1433 par l'empereur
» Sigismond à François de Gonzague, créé premier marquis héréditaire
» de Mantoue, et vicaire perpétuel du Saint-Empire, pour marque de
» laquelle investiture il abolit les antiennes armes de Mantoue, qui
» estoient de sable à trois moutons d'argent accornez et clarinez d'or;
» la croix chargée en cœur d'un escu escartelé aux 1 et 4 fascé d'or et
» de sable de huit pièces ou de six selon les autres, qui est de Gonza-
» gue ; aux 2 et 3 de gueules au lion d'or, armé et lampassé de sable,
» qui est de Lombardie escu que portoit Guy de Gonzague, seigneur
» de Lombardie, père de Louis de Gonzague, qui prist l'an 1328 le
» tiltre de seigneur de Mantoue, du depuis Frédéric de Gonzague, pre-
» mier duc de Mantoue et prince du Saint-Empire, ayant espousé Mar-
» guerite de Paléologue, marquise de Montferrat, il adjousta à son escu
» les armes de l'empire de Grèce, celles de la ville de Constantinople,
» Montferrat, de Hiérusalem, Arragon, Saxe, et du depuis de Bar et
» d'Alençon, telles que les portoit Ludovic de Gonzague, prince de
» Mantoue, créé chevalier des deux ordres de France par le roy Henri III
» et gouverneur de Champaigne, père de Charles de Gonzague de
» Clèves, du présent duc de Nevers et de Rethelois. »

Deux jetons vont nous donner des exemples de la manière dont étaient

disposées les armoiries de Louis de Gonzague.

Le mont Olympe, entouré d'une couronne formée par les deux branches noueuses enflammées déjà expliquées, qui occupe le droit du premier de ces jetons, était le cimier des armes des Gonzague; le mot *fides* était leur devise. On trouve ce mont surmonté de l'autel, et cette devise sur tous les monuments des ducs de la maison de Gonzague.

Le second jeton est le plus ancien de ceux qui furent frappés, de 1579 à 1722, à l'occasion d'une fondation du duc Louis et de sa femme, établie en 1574, pour doter et marier chaque année soixante jeunes filles

pauvres et sages de leurs États (1). Nous ferons observer que, dans presque tous les monuments qui donnent les armes des ducs Louis et
Charles Ier de Gonzague, le blason particulier de la famille, c'est-à-dire
le petit écusson aux trois fasces de sable, qui est sur le tout de la croix de
Mantoue, est brisé d'une bande. En effet, jusqu'à l'extinction de la
branche aînée des Gonzague, en 1627, la branche cadette de Nevers dut
se distinguer par une brisure.

CHARLES Ier DE GONZAGUE-CLÈVES, héritier des seigneuries de son père depuis 1595, devint, à la mort de sa mère,
duc de Nevers, de Donzy et de Rethel, etc. Il épousa, en
1604, *Catherine de Lorraine* (2), fille de Charles, duc de
Mayenne (1601-1637).

Armoiries semblables.

(1) Voir, pour l'explication et la description complète de ces jetons et de tous
ceux dont nous parlerons dans cet ouvrage, notre *Essai sur la numismatique
nivernaise.*

(2) *Écartelé : aux 1 et 2, coupé de 4 en chef et de 4 en pointe ; au 1, fascé d'argent et de gueules de huit pièces,* qui est de Hongrie ; *au 2, semé de France, au
lambel de trois pendants de gueules, brochant sur le tout,* qui est d'Anjou-Sicile ;
au 3, d'argent, à la croix potencée d'or, cantonnée de quatre croisettes de même,
qui est de Jérusalem ; *au 4, d'or, à quatre pals de gueules,* qui est d'Arragon ; *au
5, 1 de la pointe, d'azur, semé de France, à la bordure de gueules,* qui est d'Anjou ;
au 6, d'azur, au lion contourné d'or, armé et lampassé de gueules, qui est de
Gueldres ; *au 7, d'or, au lion de sable, armé, lampassé et couronné de gueules,*
qui est de Juliers ; *au 8, d'azur, semé de croisettes recroisetées au pied fiché
d'or, à deux bars adossés de même,* qui est de Bar ; *sur le tout, d'or, à la
bande de gueules, chargée de trois alérions d'argent, et un lambel de trois
pendants de gueules, brochant sur les huit quartiers,* qui est de Lorraine-Guise ;
*et aux 2 et 3, contrécartelé : aux 1 et 4, de France, à la bordure engrêlée d'or
et de gueules, et aux 2 et 3, d'azur, à une aigle d'argent, becquée, membrée et couronnée d'or,* qui est d'Est-Ferrare. (Histoire des grands officiers de la couronne.)

Telles sont les armoiries singulièrement compliquées que le
P. Anselme attribue à Catherine de Lorraine ; mais le jeton
dont voici le dessin prouve que
la duchesse de Nevers portait
un blason un peu différent avec
moins d'écartelures.

Le sceau du duc Charles Ier, dont nous avons vu une empreinte assez fruste de 1620 aux Archives de la Nièvre, porte un écu *écartelé : au 1*, de Mantoue, *la croix chargée d'un écu composé de neuf quartiers peu distincts; au 2*, d'Alençon ; *au 3*, de Bourgogne-Nevers ; *au 4*, de Clèves, *chargé en cœur* de La Mark, *et, sur le tout*, d'Albret-d'Orval. L'écu entouré des colliers des ordres du Roi et timbré d'une couronne ducale, avec le mont Olympe pour cimier, et les deux mots FIDES et OLYMPOS, le dernier en caractères grecs.

Charles de Gonzague émit des monnaies comme prince souverain d'Arches ; voici un double tour- nois sur lequel, au revers du buste du duc, figure l'écusson simple des Gonzague, avec la brisure de branche cadette.

Outre les produits de ce mon- nayage, nous ne connaissons pas moins de douze jetons frappés, de 1608 à 1615, par notre Duc, portant les armes, emblêmes et devises de ce seigneur. Nous donnons le dessin de trois de ces petits monuments pour faire connaître leurs types divers et les dispositions variées des quartiers du blason des Gonzague. Les plus anciens jetons sont de 1608 ; sur l'un, le blason ducal, écartelé de Gonzague-Mantoue avec brisure, d'Alençon, de Bourgogne-Nevers et de Clèves- La Mark , avec Albret-Orval, sur le tout, figure au revers du buste rayonnant d'Henri IV entouré d'une devise imitée d'un vers de l'*Iliade*.

Un autre jeton de 1608 porte le même blason et un revers composé d'un soleil dardant ses rayons sur le globe du monde, avec la devise NEC. EGREDIOR. NEC. RETRO- GRADIOR. Le jeton de 1610, que nous reproduisons, est au même type ; mais la devise, fort incorrecte ici, est celle que le duc Charles paraît avoir définitivement adoptée. Jacques de Bie, dans sa *France métallique* (p. 119), donne cette explication de l'emblême et de la devise : « NEC. RETROGRADIOR. NEC. » DEVIO. Par cet emblême, composé d'vn grand soleil lumineux, qui

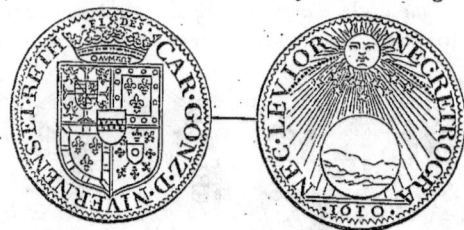

» fait le cours autour du zodiaque, le duc nommé a voulu tesmoigner;
» qu'il ne degeneroit point de la vertu de ses ayeulx , et ne se destour-
» noit du droit sentier, imitant ce grand flambeau du monde, qui
» suit tousiours sa continuelle carriere, sans retrograder ny se four-
» uoyer. » Sur ce jeton l'écu d'Albret-Orval disparaît, et c'est celui de
La Mark qui le remplace.

En 1613, nous trouvons une nouvelle disposition des armoiries du
Duc : l'écu de Saxe est placé
sur le tout et la brisure du
blason des Gonzague dis-
paraît, bien que l'extinction
de la branche aînée de la
famille n'ait eu lieu qu'en
1627, par la mort du duc
Vincent II de Mantoue. Au
revers paraît le nouvel emblème du dextrochère, compris entre deux
branches d'olivier et surmonté d'un soleil, sans doute emprunté à la
maison de Lorraine. (Voir, au sujet de cet emblème, notre *Numismatique
nivernaise*, page 156.) Enfin, un jeton de 1615 a pour droit le buste du
Duc et pour revers un écu semblable à celui du jeton précédent.

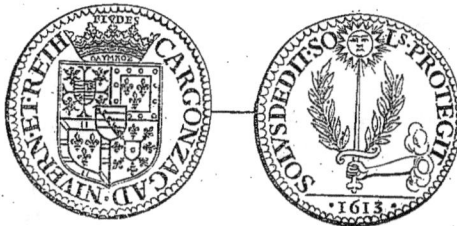

CHARLES II DE GONZAGUE-CLÈVES, duc de Nevers, de
Mayenne et de Rethelois, pair de France, prince souverain
d'Arches et de Charleville, prince de Porcien, marquis
d'Isles, duc de Mantoue et de Montferrat, petit-fils de
Charles Ier (1), sous la tutelle de Marie de Gonzague, sa
mère, pendant sa minorité. En 1659, il vendit au cardinal
Mazarin le Nivernais et le Donziais, et il se retira dans ses
états d'Italie, dont son fils fut dépouillé, en 1708, par
l'empereur d'Autriche Joseph Ier. Il avait épousé Isabelle-
Claire d'Autriche (2), fille de l'archiduc Léopold, comte
de Tyrol (1637-1659).

Armoiries semblables.

(1) Charles, fils de Charles Ier, marié à sa cousine Marie de Gonzague, devint
en 1627 duc de Mantoue et de Montferrat, du chef de sa femme, après la mort du
duc Vincent, son beau-père, mais il ne posséda jamais le Nivernais, étant mort
avant son père.

(2) *De gueules, à la fasce d'argent.* (Histoire des grands officiers de la couronne.)

Dans un armorial manuscrit du Nivernais, conservé à la Bibliothèque nationale, que nous citerons souvent dans le cours de cet ouvrage, les armes du duc Charles II sont ainsi représentées : *Parti, au premier, de Mantoue, et sur le tout, parti de 2 et coupé de 2 traits, ce qui forme 9 quartiers : au 1, de l'Empire ; au 2, de Lombardie ; au 3, de Gonzague ; au 4, de Jérusalem ; au 5, d'Arragon ; au 6, de Montferrat; au 7, de Saxe-moderne ; au 8, de Bar, et au 9, de Constantinople; au deuxième parti, écartelé : au 1, de Bourgogne-Nevers; au 2, de Clèves, enté en cœur, de La Mark ; au 3, de Brabant ; au 4, de Rethel, et sur le tout, de Charleville.* L'écu surmonté d'une couronne ducale, avec le mont Olympe pour cimier, et les deux devises FIDES et OLYMPOS, est entouré du collier de l'ordre de la Rédemption, institué en 1608 par Vincent de Gonzague, duc de Mantoue, et dont Charles devint grand-maître en prenant possession du duché de Mantoue.

Le grand sceau de Charles II porte un écusson disposé autrement et encore plus compliqué : Il est *écartelé : aux 1 et 4, du premier parti du blason ci-dessus, et aux 2 et 3, coupé, le chef parti de trois traits, ce qui donne quatre quartiers : Clèves, La Mark, Eu-Artois et Brabant ; la pointe tiercée,* de Bourgogne-Nevers, de Rethel et d'Albret-Orval ; *sur le tout,* de Charleville. Les ornements extérieurs de l'écu semblables à ceux décrits ci-dessus. En 1651, Charles II avait fait fabriquer à Arches ce jeton, dont le type rappelle l'un de ceux de son bisaïeul, dont nous avons donné le dessin.

⚜ ⚜ ⚜

MAISONS MAZARINI ET MANCINI.

JULES MAZARINI, cardinal, duc de Nevers et de Donzy, pair de France, ayant acheté en 1659 le duché de Nivernais, auquel le Donziais avait été incorporé dès le mois de février 1552, obtint du roi Louis XIV de nouvelles lettres de duché-pairie pour Nevers ; il mourut le 9 mars 1661, sans les avoir fait enregistrer (1659-1661).

D'azur, à la hache consulaire d'or, liée d'argent, et une fasce de gueules, chargée de trois étoiles du second émail, brochant sur le tout. — Pl. I.

Histoire des grands officiers de la couronne.

PHILIPPE-JULIEN MANCINI-MAZARINI, duc de Nevers et de Donzy, pair de France. Le cardinal Mazarin, son oncle maternel, l'avait institué, en 1661, son héritier dans les duchés de Nevers et de Donzy, à condition que lui et ses descendants porteraient le nom et les armes de *Mancini-Mazarini.* Louis XIV donna à Philippe-Julien de nouvelles lettres de confirmation du duché-pairie de Nevers et de Donzy au mois de janvier 1676, puis des lettres de surannation le 29 avril 1692. Il avait épousé *Diane-Gabrielle de Damas de Thianges* (1), fille de Claude-Léonor de Damas, marquis de Thianges, dont il eut un fils (1661-1707).

Écartelé : aux 1 et 4, d'or, à la hache consulaire d'or, liée d'argent, et une fasce de gueules, chargée de trois étoiles d'or, brochant sur le tout, qui est de Mazarini; *et aux 2 et 3, d'azur, à deux poissons d'argent en pal,* qui est de Mancini. — Pl. I.

Histoire des grands officiers de la couronne.

Nous trouvons ce blason, placé sur un manteau de pair et timbré

d'une couronne ducale, au revers d'un jeton de Nevers de 1694. Les sceaux des Ducs de la maison de Mancini offrent tous ce même type, sauf que les successeurs de Philippe-Julien timbrèrent ordinairement leurs armes d'une couronne de prince.

(1) *Écartelé : aux 1 et 4, d'or, à la croix ancrée de gueules,* qui est de Damas; *et aux 2 et 3, fascé, ondé, enté d'argent et de gueules,* qui est de Rochechouart. (Lainé, *Archives généalogiques de la noblesse de France.*)

PHILIPPE-JULES-FRANÇOIS MANCINI-MAZARINI, duc de Nevers et de Donzy, pair de France par succession de son père, devint, en 1709, grand d'Espagne de première classe, prince de Vergagne et du Saint-Empire, noble vénitien, baron romain, etc., par suite de son mariage avec *Marie–Anne Spinola* (1), fille aînée et héritière de Jean-Baptiste Spinola, prince de Vergagne et du Saint-Empire, grand d'Espagne de première classe. Louis XV confirma, par lettres du 24 août 1720, son duché-pairie de Nevers, dont il se démit, en 1730, en faveur de son fils ; il conserva cependant jusqu'à sa mort le titre de duc de Nevers (1707-1730).

Armoiries semblables.

LOUIS-JULES-BARBON MANCINI-MAZARINI, duc de Nevers et de Donzy, pair de France, grand d'Espagne de première classe, prince du Saint-Empire, noble vénitien, baron romain, par démission du duc Philippe-Jules-François. Il avait pris le titre de duc de Nivernais pour se distinguer de son père, que l'on nommait toujours le duc de Nevers. Marié deux fois, d'abord à *Hélène–Françoise-Angélique Phélypeaux de Pontchartrain* (2), fille de Louis Phélypeaux, comte de Pontchartrain, puis à *Marie-Thérèse de Brancas de Forcalquier* (3), il n'eut que deux filles : la comtesse de Gisors et la duchesse de Brissac. Il mourut, dernier de son nom, le 25 février 1798, dépouillé par cette révolution dont il pouvait se

(1) *D'or, à la fasce échiquetée d'argent et de gueules de trois traits, surmontée d'une épine de sable, posée en pal, la tête en haut.* (Histoire des grands officiers de la couronne.)

(2) *D'azur, semé de quartefeuilles d'or, au franc quartier d'hermine.* (Histoire des grands officiers de la couronne.)

(3) *D'azur, au pal d'argent, chargé de trois tours de gueules, et accosté de quatre pattes de lion affrontées d'or, mouvantes des flancs de l'écu.* (Histoire des grands officiers de la couronne.)

reprocher d'avoir aidé les progrès par ses liaisons avec la
secte des philosophes. Le duché de Nevers était devenu
le département de la Nièvre ; son dernier seigneur
s'appelait le *citoyen* Mancini-Nivernois ; et, dans sa séance
du *primidi,* 11 *brumaire de l'an II de la république
une et indivisible*, la Convention avait fait fouler aux
pieds par ses huissiers et porter à la monnaie nationale
cette couronne que, près de trois siècles auparavant,
François Ier avait posée sur la tête du premier de nos
Ducs (1730-1790).

COMTES ET DUCS DE NEVERS.

MAISON DE NEVERS.

Mᵒⁿ DE FLANDRE.

JEAN DUC DE BOURGOGNE.

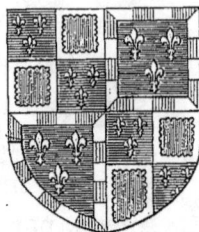
MARIE D'ALBRET.

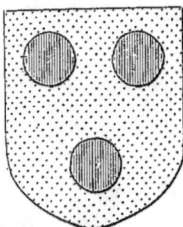
Mᵒⁿ DE COURTENAY.

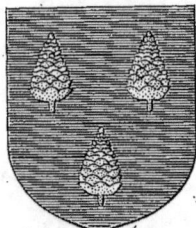
Mᵒⁿ DE DONZY

GUY DE FOREZ.

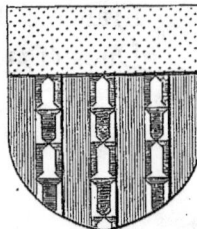
GAUCHER DE CHATILLON.

ARCH. DE BOURBON.

Mᵒⁿ DE BOURGOGNE.

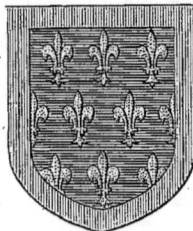
JEAN DE FRANCE.

Mᵒⁿ DE FLANDRE.

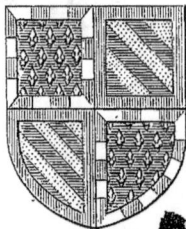
PH. DUC DE BOURGO...

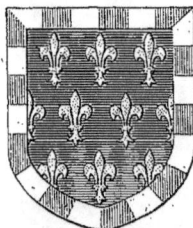
Mᵒⁿ DE BOURGOGNE-NEVERS.

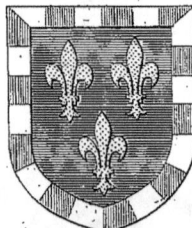
J. DE BOURGOGNE-NEVERS.

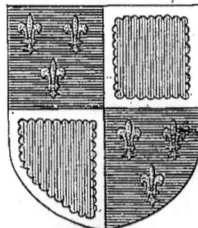
JEAN D'ALBRET-ORVAL.

Mᵒⁿ DE CLÈVES-NEVERS.

Mᵒⁿ DE GONZAGUE-CLÈVES.

Cᴬˡ MAZARINI.

Mᵒⁿ DE MANCINI-MAZARINI.

CLERGÉ.

ÉVÊCHÉ DE NEVERS. Érigé au commencement du VIe siècle.

De gueules, à trois châteaux d'or, accompagnés de cinq fleurs de lys de même posées en sautoir. — Pl. II.

Armorial manuscrit des évêchés de France, aux estampes de la Bibliothèque nationale. — Cotignon ; *Catalogue historial des evesques de Nevers.*

Les trois châteaux qui figurent dans ce blason sont sans doute l'emblême des trois fiefs d'Urzy, de Parzy et de Prémery, anciennes seigneuries des évêques de Nevers qui portaient le titre de comte de Prémery. On trouve aussi quelquefois ces armoiries figurées : *De gueules, à trois châteaux d'or, au chef de France.* Nous ne connaissons aucun monument ancien portant le blason de l'évêché de Nevers.

✠ ✠ ✠

CHAPITRE DE SAINT-CYR DE NEVERS. Institué au IXe siècle par l'évêque Hériman, il fut d'abord composé de quarante chanoines. L'église de Saint-Cyr appartenait au Chapitre, qui était seigneur temporel de domaines considérables.

D'azur, au saint Cyr au naturel, monté sur un sanglier de même, accompagné de trois fleurs de lys d'or. — Pl. II.

Le plus ancien sceau du chapitre de Nevers, que l'on trouve employé dès les premières années du XIIIe siècle et qui servait encore au

XVII°, porte une représentation de saint Cyr, vu à mi-corps, sortant de nuées et tenant une palme; on lit autour en lettres capitales gothiques : † SIGILLVM CAPITVLI SANCTI CERICI NIVERNIS : au revers, figure sainte Julitte, mère de saint Cyr, nimbée, avec cette légende : † SANCTA IVLITTA MATER EIVS. A la fin du XV° siècle, l'usage était venu de représenter le petit saint Cyr, patron de la cathédrale de Nevers, monté sur un sanglier, et la hure de cet animal, comme nous le verrons plus loin, prenait place parmi les emblêmes héraldiques du Chapitre et de ses dignitaires; voici pour quelle raison : Michel Cotignon raconte, dans son *Catalogue historial des evesques de Nevers*, que « Charles le » Chauue, dormant et pensant estre à la chasse tout seul en des boys, il » luy sembla voir vn grand sanglier furieux, et fort eschauffé; venant » droit à luy pour l'offencer, dont ayant grand peur, et s'estant mis à » prier Dieu, s'apparut à luy vn enfant nud, qui luy dit que s'il luy » vouloit donner vn voile pour se couurir, il le déliureroit du mal, et » de la mort que ceste feroce beste luy alloit porter. Ce que luy ayant » promis, iceluy enfant prit ledit sanglier, monta dessus, luy mena, » et luy fit tuer de son espée. » Un vitrail de l'église cathédrale représentait cette légende, que l'on retrouve sculptée sur un chapiteau de la même église, sur une porte à Saint-Pierre-le-Moûtier, et peinte dans l'une des verrières de l'église de Saint-Saulge. Les méreaux de la cathédrale, dont voici les dessins, ont pour type l'un, la vision de Charles-le-Chauve, l'autre, seulement une hure.

_Michel Cotignon décrit ainsi les armes de l'Église de Nevers : « D'vn » costé, le portraict dudit S. Cire sur vn sanglier, et de l'autre, trois » fleurs de lys. »

Mgr Crosnier a bien voulu nous montrer un sceau de la cathédrale de Nevers, probablement de la fin du XVII° siècle, qui offre, sur un champ fleurdelysé, la représentation de saint Cyr sur le sanglier, avec cette légende, en lettres capitales romaines, entre grênetis : S. CYRICVS. INSIG. ECCL. NIVERN. PATRONVS. Un autre sceau de la même église, appliqué à un acte de 1724 conservé au secrétariat de l'évêché, porte, au milieu de cette légende : SIGILLUM INSIGN. ECCL. NIVERNENSIS, un écusson en accolade *d'azur, semé de fleurs de lys d'or, au saint Cyr sur un sanglier brochant sur le tout.* Au frontispice d'un diurnal de l'église de Nevers, imprimé en 1789, le saint Cyr est sur champ d'azur et accompagné de trois fleurs de lys ; c'est de cette manière que le saint patron de la cathédrale est représenté sur le blason actuel du Chapitre (1).

✠ ✠ ✠

DOYENNÉ DE NEVERS. Le doyen était le premier dignitaire du Chapitre.

D'azur, semé de fleurs de lys d'or, à la hure de sanglier de même brochant sur le tout. — Pl. II.

L'Armorial manuscrit de la généralité de Moulins donne ce blason tel que nous venons de le décrire, mais parti de celui du doyen Pinet (1693-1707), qui portait *d'azur, à trois pommes de pin d'or.* On retrouve des hures de sanglier alternées avec des gerbes de bled, meuble héraldique des armoiries de la famille Bogne, dans l'ornementation de la grille du chœur de la cathédrale de Nevers, donnée par le doyen Bogne (1653-1693), ou du moins placée du temps de ce dignitaire.

✠ ✠ ✠

ÉVÊQUES DE NEVERS.

SAINT EULADE, au commencement du VIe siècle, fut le premier évêque de Nevers ; nous ne donnerons la liste de ses successeurs qu'à partir du XIIIe siècle, époque où les

(1) Nous devons à M. l'abbé Boutillier, curé de Coulanges-lez-Nevers, la communication de divers sceaux qui ont servi à rectifier certains blasons donnés d'une manière inexacte dans la première édition de *l'Armorial.* Nous prions M. Boutillier de recevoir l'expression de notre gratitude.

armoiries devinrent d'un usage général. Nous n'avons pu, malgré nos recherches, retrouver le blason de tous nos prélats; espérons que de nouveaux renseignements permettront de combler ces lacunes.

Il ne peut entrer dans notre plan d'écrire ici même un court sommaire de la vie des évêques de Nevers; nous nous contenterons des détails généalogiques et héraldiques que comporte cet ouvrage, renvoyant nos lecteurs à la notice que Mgr Crosnier a consacrée aux successeurs de saint Eulade, dans sa *Monographie de la cathédrale de Saint-Cyr.*

GUILLAUME dit DE SAINT-LAZARE, l'un de nos évêques les plus éminents, qui suivit le comte Hervé de Donzy à la croisade, ouvre glorieusement notre série. Nous manquons de renseignements sur sa famille. Son sceau porte la figure d'un évêque debout, vu de face, mitré, crossé et bénissant, avec cette légende : SIGILLVM WILLELMI. NIVERNENSIS EPISCOPI ; au contre-sceau la tête de saint Cyr (1201 ?-1221).

GERVAIS DE CHATEAUNEUF, fils de Gervais, seigneur de Châteauneuf-en-Thimerais, et de Marguerite de Donzy, appartenait à l'une des plus grandes familles féodales du Perche, éteinte à la fin du XIIIe siècle (1221-1223).

De.....,à deux lions. — Pl. II.

Le *Dictionnaire de la noblesse*, dans la notice consacrée aux Châteauneuf, ne parle point du blason de ces seigneurs; ce blason nous est connu par la description d'un sceau de cette famille, du XIIIe siècle, donnée dans l'*Inventaire des titres de Nevers* (col. 606).

RENAUD (1223-1230).

RAOUL DE BEAUVAIS (1232-1239).

Robert Cornu, fils de Simon Cornu, seigneur de Ville-neuve, et d'une sœur d'Henri Clément, maréchal de France (1240-1253).

D'argent, à la bande de gueules. — Pl. II.

Album du Nivernais.

Nous donnons ce blason sous toutes réserves, comme les autres blasons que nous connaissons seulement par l'*Album du Nivernais*. La Chesnaye-des-Bois rattache à tort, nous le pensons du moins, Robert Cornu et ses parents qui furent archevêques de Sens, à la famille Le Cornu de Balivière, de la province de Normandie. Le sceau de Robert Cornu porte la représentation d'un évêque, vu de face, mitré, crossé et bénissant, avec une figure de saint Cyr au contre-sceau. (Douët d'Arcq, *Inventaire des sceaux*, t. II, p. 527.) M. Quantin a fait connaître, dans le *Bulletin de la Société de sphragistique* (t. Ier, p. 320 et 321), les sceaux des trois archevêques de Sens de cette famille, aucun de ces sceaux ne porte d'armoiries.

Henri Cornu, neveu du précédent, fut élu évêque de Nevers, mais il ne prit pas possession de son siége, ayant été appelé, en 1254, à succéder à Gilles Cornu, archevêque de Sens, son oncle (1253-1254).

Armoiries semblables.

Guillaume de Grand-Puy (1255-1261).

Robert de Marzy (1261-1275). Entre ce prélat et le suivant, les auteurs du *Gallia christiana* placent un autre évêque qu'ils nomment Gilles de Château-Renard ou de Château-Renaud ; Parmentier, dans son *Histoire manus-crite des évêques de Nevers*, combat et rejette cette opinion. Il est probable que le siége de Nevers resta vacant jusqu'en 1285.

Gilles du Chatelet, d'une illustre famille de Lorraine (1285-1294).

D'or, à la bande de gueules, chargée de trois fleurs de lys d'argent dans le sens de la bande. — Pl. II.

Histoire des grands officiers de la couronne. — Duchesne, *Généalogie de la maison du Châtelet.*

6

JEAN DE SAVIGNY (1295-1315).

De gueules, à trois lionceaux contournés d'argent, couronnés de même.

Album du Nivernais.

Même observation qu'à l'article de Robert Cornu. Il existait au XIIIᵉ siècle, en Nivernais, une famille noble qui prenait son nom du fief de Savigny-sur-Canne, et dont nous ne connaissons pas les armoiries. Nous ignorons si l'évêque appartenait à cette famille. Le sceau de Jean de Savigny, décrit dans l'*Inventaire des sceaux des archives de l'Empire* (t. II, p. 527), offre la représentation du prélat crossé, mitré et bénissant, placé sous des ornements d'architecture, accosté à dextre d'une fleur de lys et, à sénestre, de deux clefs en sautoir. Les fleurs de lys, comme les croissants et les étoiles, se trouvent souvent sur les sceaux; mais il n'en est pas de même des clefs, et nous ne serions pas éloigné de voir, dans ces clefs en sautoir, un emblême héraldique particulier au prélat. Il est à remarquer qu'au XIIIᵉ siècle les évêques mettaient rarement un écu sur leur sceau, tandis que souvent ils y faisaient figurer des *meubles* héraldiques empruntés à leur blason. Citons comme exemple le sceau de Guy de Mello, évêque d'Auxerre, presque contemporain de Jean de Savigny, sur lequel deux des merlettes des armes de Mello accostent la figure épiscopale. (Voir la nouvelle édition des *Mémoires* de l'abbé Lebeuf, t. Iᵉʳ, p. 425.) Quoi qu'il en soit de nos conjectures et faute de renseignements suffisants, nous adoptons le blason donné par l'*Album du Nivernais*.

GUILLAUME BEAUFILS, d'une famille de La Charité-sur-Loire (1315-1319).

PIERRE BERTRAND, fils d'un médecin d'Annonay et d'Agnès dite L'Empereur, docteur en droit civil et canon, chanoine et doyen du Puy, avocat au Parlement de Paris et conseiller d'État, devint évêque de Nevers, puis fut transféré au siège d'Autun et nommé cardinal en 1331 (1319-1323).

D'or, au chevron d'azur, chargé de trois fleurs de lys du champ, et accompagné de trois roses de gueules. — Pl. II.

Chevillard, *Armorial de 1698*. (Bibl. nat., cab. des est., n° 490.) — Trudon, *Nouveau traité de la science pratique du blason.* — H. de Fontenay, *Sceaux et armoiries des évêques d'Autun. (Revue nobiliaire*, t. III, p. 391.)

La Chesnaye-des-Bois, dans ses *Recherches sur les fleurs de lys*, dit que le champ de ces armes est d'argent et que les fleurs de lys sont une concession de Philippe de Valois ; Paillot indique le champ comme étant d'or et parle aussi de la concession royale. Si cette concession eut lieu sous Philippe de Valois, Bertrand, ayant quitté le siége de Nevers en 1323, ne dut porter les emblêmes royaux sur son blason que comme évêque d'Autun. Nous ne connaissons aucun sceau de Pierre Bertrand, ni aucun monument portant ses armoiries que nous donnons telles qu'elles sont décrites dans les auteurs (1).

PIERRE BERTRAND sans doute parent du précédent (1325-1329).

BERTRAND (1329-1333).

JEAN MANDEVILAIN ou DE MANDEVILLE devint évêque d'Arras, puis de Châlons-sur-Marne (1333-1334).

L'*Histoire des grands officiers de la couronne* ne lui consacre que quelques mots au chapitre des Évêques-Pairs de Châlons et ne donne point ses armoiries.

PIERRE BERTRAND, neveu du cardinal Bertrand mentionné ci-dessus, se nommait du Colombier ; il prit le nom et les armes de son oncle. Il fut évêque d'Arras, puis cardinal-évêque d'Ostie en 1344 (1335-1339).

Armoiries semblables à celles de Pierre Bertrand.

Le *Dictionnaire de la noblesse* mentionne une famille Bertrand du Colombier, dont les armes étaient : *D'argent, au chevron d'azur, accompagné de trois roses de même et chargé de colombes du champ* (sic). Il y a la plus grande analogie entre ces armes et celles de Pierre Bertrand Ier.

(1) La ressemblance de nom, dit Mgr Crosnier, a jeté une grande confusion dans la chronologie des évêques qui suivent. La plupart de nos historiens ne s'appuient que sur des probabilités ; nous suivons, à peu de chose près, l'opinion de Parmentier.

ALBERT ACCIAJOLI, d'une famille patricienne de Florence, nommé par le pape Benoît XII, ne prit jamais possession de son siége (1340).

BERTRAND DE FUMEL, d'une famille noble du Quercy (1340-1360).

D'or, à trois pointes ou fumées d'azur, mouvantes de la pointe de l'écu. — Pl. II.

Paillot. — *Dictionnaire de la noblesse.*

RENAUD DE MOULINS appartenait probablement à une famille, originaire de Moulins-Engilbert, qui donna au siége d'Évreux deux prélats, dont l'un devint évêque-pair de Noyon ; cette famille a son article dans l'*Armorial* (1360-1361).

PIERRE AYCELIN DE MONTAIGU, d'une noble famille d'Auvergne, fut appelé à l'évêché de Laon en 1370, puis nommé cardinal par le pape Clément VII (1361-1370).

De sable, à trois têtes de lion arrachées d'or, lampassées de gueules. — Pl. II.

Histoire des grands officiers de la couronne. — Bouillet, *Nobiliaire d'Auvergne.*

JEAN DE NEUFCHATEL, d'une des plus illustres familles du comté de Bourgogne. Ce prélat fut transféré en 1372 à l'évêché de Toul, puis, en 1385, nommé cardinal par Clément VII, son parent, dont il devint le camérier ; il fut enfin évêque d'Ostie et de Velletri. C'est lui qui a été connu sous le nom de cardinal de *Toul* et non de *Tulle*, comme l'a écrit Coquille (1370-1372).

De gueules, à la bande d'argent. — Pl. II.

Maurice, *Le blason des chevaliers de la Toison-d'Or*, etc.

PIERRE DE VILLIERS, d'une famille de Champagne, était confesseur du roi Charles V et provincial du collége de

Navarre quand il fut appelé au siége de Nevers, qu'il quitta pour celui de Troyes (1372-1375).

Les nobiliaires et armoriaux mentionnent plusieurs familles champenoises du nom de Villiers, mais nous ne savons si notre Évêque peut être rattaché à l'une de ces familles.

PIERRE DE JAUCOURT-DINTEVILLE, d'une noble famille originaire de Champagne, établie en Bourgogne et en Nivernais, fut chancelier de Bourgogne (1375-1380).

De sable, à deux léopards d'or. — Pl. II.

D'Hozier, *Armorial général.*

MAURICE dit DE COULANGES du lieu de sa naissance, religieux dominicain, fut confesseur des rois Charles V et Charles VI et pénitencier du pape Clément VII (1390-1394).

Sa tombe, très-effacée, se voit encore dans le chœur de la cathédrale de Nevers.

PHILIPPE FROMENT, neveu du précédent et, comme lui, religieux dominicain d'Auxerre, fut d'abord évêque de Bethléem (1394-1400).

ROBERT DE DANGEUL, d'une famille du pays chartrain, était en même temps archidiacre de Paris, chanoine de Chartres, conseiller et aumônier du roi Charles VI et de Philippe-le-Hardi, duc de Bourgogne (1401-1430).

Burelé d'argent et d'azur de huit pièces, à la bande de sable brochant sur le tout. — Pl. II.

Dictionnaire de la noblesse.

L'*Album du Nivernais* donne pour armes à cet évêque : *Palé d'azur et d'or, au chef de gueules chargé d'une rose d'argent.*

PIERRE DE POUGUES, d'une ancienne famille du Nivernais, fut élu par les chanoines en 1430, mais non consacré (1430).

JEAN GERMAIN naquit à Cluny et non aux environs de
Luzy, comme le dit Coquille ; ses parents étaient de condition très-modeste et son père fut affranchi par son seigneur.
Ce prélat était doyen du chapitre de Dijon et chancelier de
l'ordre de la Toison-d'Or, quand le pape Martin V le
nomma à l'évêché de Nevers qu'il quitta six ans après
pour celui de Châlon-sur-Saône (1430-1436).

D'azur, à la fasce d'or, accompagnée de trois étoiles de même. —
Pl. II.

Mémoires de la Société d'histoire et d'archéologie de Châlon-sur-Saône (t. IV,
p. 400).

Le blason de Jean Germain, placé sur une crosse en pal, se voit
sculpté au-dessus de sa tombe, restituée en 1780, dans l'ancienne
église cathédrale de Châlon. (Voir l'intéressante notice de M. l'abbé
Bugniot sur Jean Germain, dans les *Mémoires de la Société de
Châlon* cités plus haut ; un dessin des armoiries du prélat et de la
statue tombale de son père accompagne la notice.) Un écusson de ce
même prélat est conservé au musée lapidaire de Cluny ; il se trouvait
sans doute dans l'église abbatiale.

JEAN VIVIEN (1436-1445).

De....., au sautoir engrêlé. — Pl. II.

La *France pontificale* de M. Fisquet attribue à cet évêque les
armes suivantes : *D'azur, flanché (?) d'argent, au sautoir engrêlé de
gueules, accompagné en chef et en pointe de deux tours d'or et en
flanc de deux lions affrontés de sable.* Nous ne savons où M. Fisquet a
trouvé ce blason décrit d'une façon peu compréhensible.

Nous avons découvert aux Archives départementales de la Nièvre
un sceau, fort mutilé et effacé, de l'évêque Vivien *(Sigillum camere
episcopi)*, appendu à une charte de 1438, qui porte un écu à un *sautoir
engrêlé*, peut être accompagné en pointe d'un objet impossible à déterminer ; cet écu tenu par un ange.

JEAN D'ESTAMPES, de la famille des seigneurs de Salle-
bris, des Roches et d'Ardelou, en Berry, fut élu par le

Chapitre conformément à la pragmatique, et sacré le 20 novembre 1445 ; mais le pape Eugène IV, qui ne reconnaissait pas la pragmatique-sanction, avait nommé de son côté à l'évêché de Nevers Jean Tronson, archidiacre de Cambray ; ce dernier avait pour lui la protection du duc de Bourgogne et celle du comte de Nevers, l'autre était soutenu de toute l'autorité du roi Charles VII ; cette discussion ne cessa qu'en 1448, par la mort et la dispersion des principaux partisans de Jean Tronson (1445-1461).

D'azur, à deux girons d'or appointés en chevron, au chef d'argent, chargé de trois couronnes ducales de gueules. — Pl. II.

Histoire des grands officiers de la couronne.

Les armoiries de ce prélat décorent une console dans une chapelle de l'église paroissiale de Livry, près de Saint-Pierre-le-Moûtier. Il existe aux Archives de la Nièvre un fragment du sceau de Jean d'Estampes, appendu à une charte de 1448 ; ce fragment est la partie inférieure de l'empreinte, sur laquelle on voit la figure d'un évêque, mitré et crossé, agenouillé dans une niche.

PIERRE DE FONTENAY, neveu du précédent, était d'une ancienne famille du Berry établie en Nivernais (1461-1499).

Palé d'argent et d'azur, au chevron de gueules brochant sur le tout. — Pl. II.

Thaumas de La Thaumassière, *Histoire du Berry.*

Les armes de l'évêque de Fontenay sont sculptées au milieu d'ornements d'un charmant travail, en partie brisés, qui décorent le portail méridional de la cathédrale de Nevers, dit *Porte de Loire.* On les retrouve aussi à la chapelle voisine de ce portail fondée par Pierre de Fontenay.

FERDINAND D'ALMEÏDA, prélat portugais, déjà évêque de Ceuta, fut nommé évêque de Nevers à la recommandation de Louis XII, mais il ne voulut pas quitter la cour de

Rome à laquelle il était attaché, et ne se fit pas confirmer dans cette nomination (1500).

Écartelé : aux 1 et 4, d'or, à six billettes de gueules percées du champ, posées 2, 2, 2; et aux 2 et 3, d'argent, au sautoir de gueules, chargé de cinq écussons d'or. — Pl. II.

Album du Nivernais.

PHILIPPE DE CLÈVES, fils de Jean Ier, duc de Clèves, comte de La Mark et d'Élisabeth de Bourgogne, frère d'Engilbert de Clèves, comte de Nevers, était abbé de Saint-Martin de Nevers. Il réunit les évêchés de Nevers, d'Autun et d'Amiens (1500-1504).

Écartelé : aux 1 et 4, parti de gueules, au ray d'escarboucle pommeté et fleurdelysé d'or de huit pièces, enté en cœur d'argent, à l'escarboucle de sinople, qui est de Clèves, et d'or, à la fasce échiquetée d'argent et de gueules de trois traits, qui est de La Mark; et aux 2 et 3, d'azur, à trois fleurs de lys d'or, à la bordure componée d'argent et de gueules, qui est de Bourgogne-Nevers. — Pl. III.

MM. Harold de Fontenay et de Marsy, dans leurs armoriaux des évêques d'Autun et d'Amiens *(Revue nobiliaire*, nouv. série, t. III, p. 400, et t. III, p. 268), ont donné ces armoiries d'une manière un peu différente, introduisant, le premier, un quartier de Bourgogne-ancien, le second, un quartier *d'argent, à trois bandes d'azur*, dont il serait difficile d'expliquer l'origine. Aucun monument du temps ne nous donnant les armes de notre prélat, il nous semble tout naturel de lui attribuer le blason de la branche de Clèves-Nevers qui nous est connu par les jetons décrits ci-dessus.

ANTOINE DE FEURS, fils de Jean de Feurs, d'une famille du Mâconnais, et d'Antoinette de Sachins, doyen de Lyon, et Imbert de La Platière, doyen de Nevers, se disputèrent, jusqu'en 1507, le siége épiscopal qu'ils durent céder à Jean Bohier. Antoine de Feurs avait prêté serment entre les mains du Roi en 1505, mais il ne put prendre que le titre d'élu, n'ayant jamais été sacré; il mourut en 1507. Nous le

EVÊCHÉ ET EVÊQUES DE NEVERS

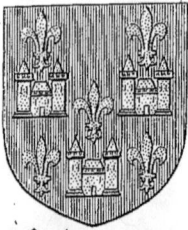

EVÊCHÉ DE NEVERS

CHAPITRE DE NEVERS

DOYENNÉ DE NEVERS

MGR CH. AUG. FORCADE

JEAN GERMAIN

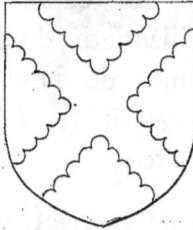

JEAN VIVIEN

PIERRE DE FONTENAY

ANTOINE DE FEURS

GERVAIS DE CHÂTEAUNEUF

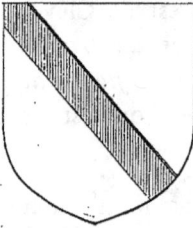

ROBERT CORNU

GILLES DU CHÂTELET

JEAN DE SAVIGNY

PIERRE BERTRAND

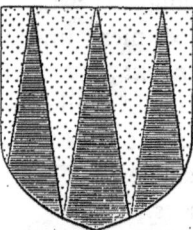

BERTRAND DE FUMEL

PIERRE AYCELIN DE MONTAIGU

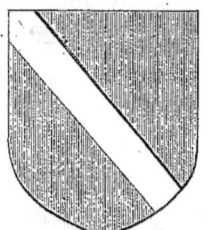

JEAN DE NEUFCHÂTEL

PIERRE DE DINTEVILLE

ROBERT DE DANGEUL

JEAN D'ETAMPES

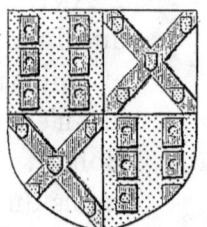

FERDINAND D'ALMEÏDA

Imp. Butière Frères

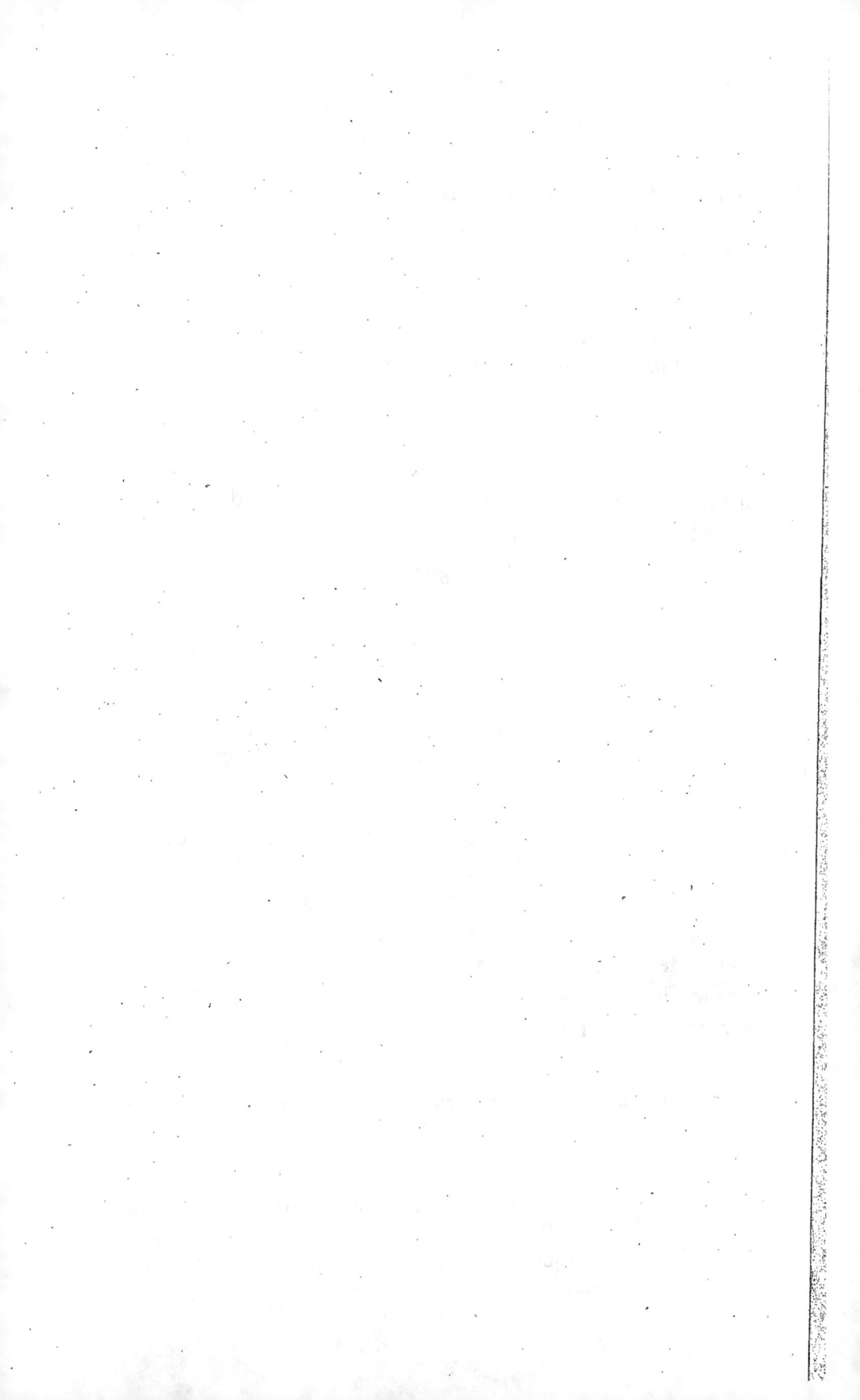

comptons toutefois au nombre de nos Évêques, suivant en cela le *Gallia christiana* et les notices de Mgr Crosnier et de M. Fisquet (1505-1507).

Losangé d'or et de sable. — Pl. II.

Steyert, *Armorial du Lyonnais, Forez et Beaujolais.* — Morel de Voleine et comte de Charpin, *Recueil de documents pour servir à l'histoire de l'ancien gouvernement de Lyon.*

JEAN BOHIER, chanoine et chantre de l'église de Paris, d'une famille d'Auvergne, neveu par sa mère du cardinal du Prat, et frère d'Antoine Bohier, archevêque de Bourges et cardinal (1508-1512).

D'or, au lion d'azur, au chef de gueules. — Pl. III.

Paillot.

M. l'abbé Boutillier nous a signalé un sceau de l'évêque Jean Bohier, appendu à une charte de 1511 des Archives de la Nièvre ; ce sceau rond, fort mutilé, porte un écu, aux armes du prélat telles que nous venons de les décrire, placé sur une crosse en pal, et accosté de deux rinceaux ; on lit autour, en lettres minuscules gothiques : SIGILLU. JOHANNIS. EPISCOPI. NIVERNENSIS.

IMBERT DE LA PLATIÈRE, le même que nous avons vu disputer le siége de Nevers à Antoine de Feurs, était fils de Philibert de La Platière, seigneur de Frasnay-les-Chanoines, et de Marie de Fontenay, sœur de l'évêque Pierre de Fontenay ; il appartenait à l'ancienne et noble famille des seigneurs des Bordes et de Bourdillon, en Nivernais. Il fut le dernier évêque élu par le Chapitre (1512-1518).

D'argent, au chevron de gueules, accompagné de trois anylles ou fers de moulin de sable. — Pl. III.

Vulson de La Colombière, *La science héroïque.*

On trouve dans le manuscrit de la collection Gaignières intitulé Extraits des titres de Bourgogne et de Nivernois (nº 658), le dessin d'un sceau de cet Évêque : l'écu porte un chevron accompagné de trois sortes de rocs d'échiquier.

JACQUES D'ALBRET-ORVAL, fils naturel de Jean d'Albret,
sire d'Orval, comte de Dreux, fut nommé, par François Ier,
au siége de Nevers vacant depuis plus d'un an. Il était abbé
commendataire de Saint-Basile de Reims et de Noirlac et
doyen de Châlons-sur-Marne. Le Roi lui avait accordé des
lettres de légitimation (1519-1539).

*Écartelé : aux 1 et 4, de France; et aux 2 et 3, de gueules,
à la bordure engrêlée d'argent. — Pl. III.*

Un fragment du sceau de Jacques d'Albret, aux Archives de la Nièvre,
offre le quatrième quartier de l'écu, où figurent trois fleurs de lys. Les
armes de ce prélat, posées sur une crosse en pal et entourées de bâtons
noueux, se voyaient, il y a quelques années, dans l'une des verrières
du chœur de la cathédrale de Nevers. On les retrouve plusieurs fois
sculptées à l'ancien château des évêques de Nevers à Prémery. Enfin
elle figurent sur le titre d'un processionnal de 1535 possédé par
M. Boutillier.

CHARLES DE BOURBON-VENDÔME, frère cadet d'Antoine
de Bourbon, roi de Navarre, et beau-frère de François de
Clèves, duc de Nevers. Ce prince, né à La Ferté-sous-
Jouarre en 1523, ne garda le siége de Nevers que comme
administrateur, n'ayant pas l'âge requis pour être sacré.
Nommé évêque de Nevers en 1539, il joignit à ce premier
titre celui d'évêque de Saintes en 1544; il fut ensuite
évêque de Beauvais, cardinal, archevêque de Rouen, légat
d'Avignon, pair de France, commandeur de l'ordre du
Saint-Esprit. Il posséda les abbayes de Saint-Denis, de
Saint-Germain-des-Prés, de Saint-Ouën, de Jumièges,
de Corbie, de Vendômé, de La Couture, de Signy,
d'Orcamp, de Montebourg, de Valemont, de Perseigne,
de Saint-Germer, de Châteliers, de Froidmont, de Saint-
Étienne de Dijon, de Saint-Lucien de Beauvais, de Saint-
Michel-en-l'Erm, etc. C'est lui que le duc de Mayenne
fit roi de la ligue, en 1589, sous le nom de Charles X
(1539-1548).

D'azur, à trois fleurs de lys d'or, au bâton de gueules péri en bande. — Pl. III.

Histoire des grands officiers de la couronne.

JACQUES-PAUL SPIFAME, d'une famille du parlement de Paris, fut recteur de l'Université de cette ville, président de la chambre des enquêtes, maître des requêtes et conseiller d'État, enfin évêque de Nevers en 1548 ; il assista en cette qualité aux états-généraux de Paris de 1557. L'année suivante, il résigna son évêché à Gilles Spifame, son neveu, embrassa la réforme de Calvin et s'enfuit à Genève, où sa conduite et ses intrigues le rendirent suspect ; il y eut la tête tranchée le 25 mars 1566 (1548-1558).

De gueules, à l'aigle éployée d'argent. — Pl. III.

Dictionnaire de la noblesse.

Nous possédons une empreinte assez peu distincte du sceau de cet Évêque, qui est rond et sur lequel se voit un écusson ogival, à *une aigle*, posé sur une crosse en pal ; la légende, entre filets, porte en lettres capitales romaines : s. IACOBI. SPIFAME. NIVER(*nensis episcopi*).

GILLES SPIFAME, neveu du précédent, fils de Gaillard Spifame, trésorier général de France, et de Anne de Marle, était, avant son élévation à l'épiscopat, chanoine et official de Nevers, avec le titre de vicaire général, doyen de Saint-Marcel de Paris, prévôt de Chablis et abbé de Saint-Paul de Sens (1559-1578).

Mêmes armoiries que le précédent.

ARNAUD SORBIN, dit de *Sainte-Foi*, naquit en Quercy de parents pauvres. Le cardinal d'Armagnac lui donna la cure de Sainte-Foi, dont il retint le nom. Célèbre par son éloquence, il vint à Paris en 1567, et Charles IX le choisit pour son prédicateur ordinaire ; Henri III le nomma à l'évêché de Nevers (1578-1606).

De....., au chevron, chargé de deux étoiles et accompagné en pointe d'un chêne arraché, au chef chargé d'une étoile, accostée de deux glands tigés et feuillés. — Pl. III.

Nous décrivons ce blason d'après un sceau fort bien conservé d'Arnaud Sorbin, appendu à une charte de 1600 qui fait partie de notre collection de documents originaux sur le Nivernais. Le sceau rond porte un écusson ogival, compris entre deux branches d'olivier, surmonté d'une mitre et d'une crosse tournée en dedans. Voici la légende : † ARNALDVS. SORBINVS. NIVERNENSIS. EPISCOPVS ; le contre-sceau offre un écusson, semblable à celui du sceau, plus petit et sans légende. Nous ne savons où les auteurs de l'*Album du Nivernais* ont pu découvrir l'écusson, tout à fait de fantaisie, dont ils ont gratifié Sorbin et que nous avions eu la malencontreuse idée d'admettre dans la première édition de l'*Armorial.*

EUSTACHE DU LYS, fils de Pierre du Lys, écuyer, gouverneur du Hurepoix, et d'Élie de Saint-Phalle, d'une ancienne famille du Nivernais, était trésorier du chapitre de Nevers et aumônier ordinaire de Henri IV, quand il fut promu à l'épiscopat. Il avait été député du clergé de Nevers aux états de Blois (1606-1643).

D'azur, à trois chiens courants d'or, l'un sur l'autre, et une fleur de lys de même en chef. — Pl. III.

Le roy d'armes, du P. de Varennes.

Le sceau de l'évêque du Lys est au même type que celui de son prédécesseur. Les armes que nous venons de décrire s'y trouvent sur un écusson entre deux rinceaux, avec la mitre et la crosse tournée en dedans. Voici la légende : † EVSTACHIVS. DV. LYS. EPISCOPVS. NIVERNENSIS. Le même blason est gravé sur la tombe d'Eustache du Lys, dans l'une des chapelles du chevet de la cathédrale de Nevers.

EUSTACHE DE CHÉRY, fils de Nicolas de Chéry, écuyer, seigneur de Montgazon, et de Marguerite du Lys, neveu du précédent, était trésorier de l'église de Nevers et curé de Poiseux quand il fut sacré évêque de Philadelphie, en 1634, et nommé coadjuteur de Nevers. Son oncle étant mort neuf ans plus tard, il lui succéda. Puis, en 1666, il résigna l'évêché de Nevers à Édouard Valot, ne se réservant que le prieuré de Saint-Révérien et le château de Prémery, où il mourut en 1669 (1643-1666).

D'azur, au chevron d'or, accompagné de trois roses d'argent, boutonnées d'or. — Pl. III.

D'Hozier, *Armorial général.* — *Armorial* de Dubuisson.

Paillot donne aux Chéry trois quintefeuilles au lieu de trois roses ; mais nous adoptons l'opinion de d'Hozier, nous dirons pour quelles raisons à l'article de la famille de Chéry. Ce sont bien du reste trois roses que porte l'écu du sceau d'Eustache de Chéry, dont nous possédons la matrice originale ; cet écu est surmonté d'une mitre, d'une crosse et du chapeau épiscopal que nous voyons figurer pour la première fois au-dessus des armoiries de nos Évêques. Voici la légende dont le commencement est indiqué par une rose : EVSTACHIVS. DE. CHERY. EPISCOPVS. NIVERNENSIS. Le petit cachet de cet Évêque porte bien aussi les trois roses dans un écu surmonté seulement du chapeau.

ÉDOUARD VALOT, fils d'Antoine Valot, premier médecin de Louis XIV, était prieur commendataire de Saint-Révérien avant de monter sur le siége de Nevers. En 1705, il se démit de son évêché en faveur d'Édouard Bargedé (1666-1705).

D'azur, au chevron, accompagné en chef de deux étoiles et en pointe d'un rameau de chêne portant trois glands, le tout d'or. — Pl. III.

Armorial de la généralité de Moulins.

Le sceau de cet Évêque porte le blason ci-dessus, l'écu surmonté d'une mitre, d'une crosse et d'un chapeau.

ÉDOUARD BARGEDÉ, né à Corbigny, était fils de Gaspard Bargedé, bailli de l'abbaye de cette ville. Il devint vicaire général, official, puis grand-chantre de l'église de Nevers, enfin coadjuteur d'Édouard Valot, auquel il succéda (1705-1719).

De gueules, à la bande d'or, chargée d'un lion de sable, accompagnée de trois trèfles du second émail, deux en chef et un en pointe. — Pl. III.

L'*Armorial* de Jacques Chevillard charge l'écusson de l'évêque Bargedé de trois croisettes, au lieu des trois trèfles que nous donnons d'après le sceau du prélat. Édouard Bargedé est le premier évêque de Nevers qui ait adopté pour ses armoiries le type encore usité de nos jours : l'écu, posé sur un cartouche, est surmonté d'une couronne de comte entre la mitre et la crosse ; au-dessus se trouve le chapeau à glands. La légende ne donne plus que le nom de baptême du prélat, qui se qualifie comte de Prémery ; il est le seul de nos Évêques qui ait pris cette qualification sur son sceau.

CHARLES FONTAINE DES MONTÉES, fils d'Aimé Fontaine, seigneur des Montées, et de Françoise Bayetet de Mérouville, appartenait à une riche famille d'Orléans ; il fut doyen de cette ville, abbé de Saint-Cyran-en-Brenne, au diocèse de Bourges, et conseiller d'honneur au parlement de Paris (1719-1740).

D'or, au rencontre de cerf de sable. — Pl. III.

Armoriaux de Chevillard et de Dubuisson.

GUILLAUME D'HUGUES, fils de François d'Hugues, baron de Beaujeu, et de Françoise de Castellane de Salerne, d'une noble famille de la Provence, originaire du Languedoc, était vicaire général d'Embrun quand il fut appelé au siége de Nevers, qu'il abandonna pour devenir archevêque de Vienne (1740-1751).

D'azur, au lion d'or, chargé de trois fasces de gueules et surmonté de trois étoiles du second émail. — Pl. III.

L'État de la Provence, de l'abbé Robert de Briançon.

Les sceaux de l'évêque d'Hugues portent ce blason, surmonté de la couronne ducale, de la crosse, de la mitre et du chapeau.

JEAN-ANTOINE TINSEAU, fils d'Alexandre-Antoine Tinseau, conseiller au parlement de Besançon, et d'Agnès

Gilbert, d'une famille de robe de la Franche-Comté, fut chanoine de Besançon, puis official et vicaire général de la même église, abbé de Bithanie, puis évêque de Belley et de Nevers (1751-1782).

De gueules, au dextrochère issant d'une nuée, tenant trois branches d'hysope, le tout d'or. — Pl. III.

Le sceau de l'évêque Tinseau est chargé d'un écusson ovale, aux armes décrites ci-dessus, surmonté d'une couronne de marquis, accostée d'une mitre et d'une crosse, et du chapeau épiscopal. La famille de Tinseau existe encore ; elle porte pour armes, d'après les armoriaux modernes, *un dextrochère d'or tenant un rameau à trois branches de même,* sur un champ de gueules. Ce rameau devrait être de saule ou de thym, par allusion au nom de la famille, mais l'*Histoire de l'Université du comté de Bourgogne,* de Labbey de Billy (t. II, p. 408), nous apprend que sur le portrait d'Antoine Tinseau, trisaïeul de l'Évêque, étaient peintes ses armes ainsi figurées : *De gueules, au bras et à la main de carnation mouvant de senestre, tenant trois branches d'hysope,* avec cette devise : *Altri tempi altre cure.*

PIERRE DE SÉGUIRAN, fils de Jean-Baptiste de Séguiran, avocat général à la Chambre des comptes d'Aix, d'une ancienne famille de Provence, fut grand-vicaire de Narbonne, puis coadjuteur de Jean-Antoine Tinseau ; mais il ne fut sacré qu'après la mort de ce prélat (1782-1789).

D'azur, au cerf élancé d'or. — Pl. III.

L'*État de la Provence,* de l'abbé Robert de Briançon.

LOUIS-JÉRÔME DE SUFFREN DE SAINT-TROPEZ, d'une famille noble de la Provence, fut vicaire général de Marseille, prévôt de la collégiale de Saint-Victor de cette même ville, enfin évêque de Sisteron pendant vingt-cinq ans. Il n'occupa que peu de temps le siége de Nevers ; ayant refusé de prêter serment à la constitution civile du clergé, il préféra l'exil à la honte d'une apostasie, et il mourut à Turin en 1796 (1789-1791).

D'azur, au sautoir d'argent, cantonné de quatre têtes de léopard d'or. — Pl. III.

L'*État de la Provence,* de l'abbé Robert de Briançon.

Guillaume Tollet, curé de Vandenesse, fut nommé évêque constitutionnel du département de la Nièvre le 23 février 1791 ; mais un décret, de 1792, de la Convention nationale ayant supprimé le traitement du clergé il se retira dans son ancienne cure, où il mourut en 1805.

L'évêché de Nevers ne fut pas maintenu par le concordat. De 1801 à 1823, le département de la Nièvre dépendit, pour le spirituel, du diocèse d'Autun. Une bulle du pape Pie VII, datée du 10 octobre 1822, rétablit le siége de Nevers et confirma la nomination faite par le Roi de l'abbé Millaux.

Jean-Baptiste-François-Nicolas Millaux, né à Rennes en 1756, s'exila pour ne pas prêter serment à la constitution civile du clergé. Il fut supérieur du grand séminaire, puis chanoine et vicaire général de Rennes. Appelé à occuper le siége de Nevers, il fut sacré à Paris le 6 juillet 1823 et, le 31 du même mois, il fit son entrée solennelle dans sa ville épiscopale (1823-1829).

De gueules, à la croix alaisée d'argent, au chef cousu d'azur, chargé d'une colombe essorante du second émail, portant dans son bec un rameau d'olivier de même. — Pl. III.

Nous décrivons les armoiries de cet Évêque, comme celles de plusieurs de ses successeurs, d'après leurs sceaux, sur lesquels les émaux des champs sont seuls indiqués. C'est donc un peu au hasard que nous donnons les couleurs des meubles de ces blasons.

Charles de Douhet d'Auzers, d'une famille noble de l'Auvergne, était chanoine, vicaire général et official d'Amiens quand il fut nommé évêque de Nevers (1829-1834).

EVÊQUES.

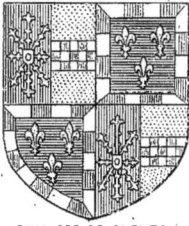

PHILIPPE DE CLÈVES.

JEAN BOHIER.

IMBERT DE LA PLATIÈRE.

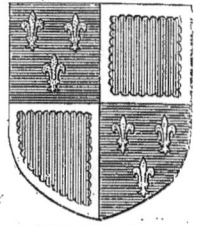

JACQUES D'ALBRET-ORVAL.

CHARLES DE BOURBON-VENDÔME.

JACQUES PAUL SPIFAME.

ARNAUD SORBIN.

EUSTACHE DU LYS.

EUSTACHE DE CHÉRY.

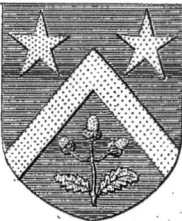

EDOUARD VALOT.

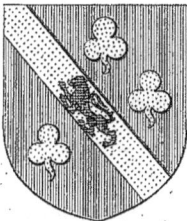

EDOUARD BARGEDÉ.

CHARLES FONTAINE DES MONTÉES.

GUILLAUME D'HUGUES

ANTOINE TINSEAU

PIERRE DE SÉGUIRAN

LOUIS JÉRÔME DE SUFFREN.

J.B.F. NICOLAS MILLAUX

CHARLES DE DOUHET D'AUZERS

PAUL NAUDO

DOM. AUGUSTIN DUFÊTRE

*Écartelé : aux 1 et 4, d'azur, à la tour d'argent ; et aux 2 et 3,
de gueules, à la licorne saillante d'argent. — Pl. III.*

Bouillet, *Nobiliaire d'Auvergne*.

PAUL NAUDO, né dans le département des Pyrénées-
Orientales, était supérieur du grand séminaire de Perpignan
et vicaire général de ce diocèse. Il quitta l'évêché de
Nevers pour l'archevêché d'Avignon en 1842 (1834-1842).

*D'azur, à l'ancre d'argent, au chef cousu de gueules, chargé de
trois croisettes pattées du second émail. — Pl. III.*

DOMINIQUE-AUGUSTIN DUFÊTRE, né à Lyon en 1796,
était vicaire général de Tours quand il fut nommé évêque
de Nevers. Mgr Crosnier a consacré un volume à la vie si
noblement remplie de ce prélat, l'un des grands prédica-
teurs de notre temps. Mgr Dufêtre mourut à Nevers le
6 novembre 1860.

*D'azur, au lévrier d'argent, courant sur le globe du monde de
même, tenant dans sa gueule un flambeau de sable, allumé de gueules,
au chef cousu de même, chargé de trois étoiles du second émail. —
Pl. III.*

Ces armes sont, à peu de chose près, celles de l'ordre de Saint-
Dominique ; Mgr Dufêtre les avait adoptées en mémoire de son saint
patron ; elles convenaient d'ailleurs à sa vie de missionnaire.

Mgr THÉODORE-AUGUSTIN FORCADE, né à Versailles le
2 mars 1816, fut sacré à Hong-Kong, en Chine, évêque
de Samos *in partibus infidelium*, le 21 février 1847, puis
transféré à la Basse-Terre (Guadeloupe), le 6 avril 1853,
puis à Nevers le 11 décembre 1860. Il a été appelé à
l'archevêché d'Aix par décret du 21 mars 1873 et préconisé
le 25 juillet suivant.

*Écartelé : au 1, de gueules, au lion d'or ; au 2, coupé, en chef
d'azur, à dix losanges d'argent rangés 5 et 5, et en pointe, d'azur,
au lion léopardé d'argent ; au 3, d'argent, à cinq losanges d'azur*

8

en bande ; et au 4, d'argent, à deux épées de gueules en sautoir. — Pl. II.

Le blason décrit ci-dessus est celui de la famille champenoise d'Avantoy de Beaumont, éteinte dans celle de Mgr Forcade.

Mgr Thomas-Casimir-François de Ladoue, cent sixième successeur de saint Eulade, est né à Saint-Sever, en 1817, d'une ancienne famille de la Gascogne. Il fut vicaire·général d'Amiens et d'Auch, puis nommé évêque de Nevers par décret du 18 juin 1873, préconisé le 25 juillet de la même année, et sacré le 21 septembre suivant dans le sanctuaire de Notre-Dame de Lourdes.

Écartelé : au 1, d'argent, au lion de gueules ; au 2, d'azur, à trois larmes d'argent ; au 3, d'azur, à trois fasces ondées d'argent, et au 4, d'argent, à la merlette de sable. — Pl. XXIX.

⚜ ⚜ ⚜

ÉVÊQUES DE BETHLÉEM.

L'hôpital de Panthenor fut fondé à Clamecy, en 1147, par Guillaume II, comte de Nevers. Le comte Guillaume IV, ayant suivi Louis-le-Jeune en Palestine en 1168, fut atteint de la peste à Ptolemaïde ; se voyant sur le point de mourir, il choisit Bethléem pour le lieu de sa sépulture, et il légua à cette église l'hôpital de Panthenor, avec la chapelle et les biens qui en dépendaient, afin que l'évêque de Bethléem pût s'y réfugier s'il venait à être chassé de son siége par les infidèles. Guy Ier, frère de Guillaume, approuva ces dispositions.

Guillaume IV mourut à Ptolemaïde ; son corps fut, selon son désir, transporté à Bethléem, et un demi-siècle plus tard, Régnier, évêque de Bethléem, ayant dû quitter la

Terre-Sainte, vint, probablement à la suite du comte Hervé de Donzy, s'établir à Panthenor, qui prit le nom de Bethléem.

Les évêques de Bethléem-lez-Clamecy, toujours considérés à Rome comme les successeurs des évêques de Bethléem en Palestine, furent pendant plusieurs siècles nommés par les Souverains Pontifes. A dater du concordat passé entre Léon X et François Ier, la nomination de ces prélats fut dévolue aux comtes et ducs de Nevers, qui jouirent, jusqu'à la Révolution, du droit de présenter au Pape des Évêques de leur choix, sauf l'approbation royale.

Les évêques de Bethléem des XIIIe, XIVe et XVe siècles étaient presque tous des religieux d'extraction fort modeste, appartenant aux ordres de Saint-Dominique et de Saint-François ; leur chronologie n'a rien de bien certain, malgré les savantes recherches de Mgr Crosnier, publiées dans la *Semaine religieuse* du diocèse de Nevers (VIe année, 1869), et celles de M. Chevalier-Lagénissière, auteur d'une *Histoire de l'évêché de Bethléem* ; nous n'avons pu retrouver que bien peu de leurs blasons.

RÉGNIER est le premier évêque de Bethléem-lez-Cla— mecy dont on trouve le nom dans les documents historiques. Une charte de la comtesse Mahaut, de 1223, confirme en sa faveur la donation de l'hôpital de Panthenor et de ses dépendances (1223).

Un sceau de ce prélat, appendu à un acte sans date des Archives de France, dans lequel les prélats de la Terre-Sainte demandent du secours au roi Philippe-Auguste, offre un évêque debout avec cette légende : † S RAINERII EPISCOPI BETHLEEMITANI. *(Collection des sceaux des Archives de l'Empire, t. III, p. 518.)*

GODEFROY ou GEOFFROI, surnommé *de Præfectis*, chapelain d'Innocent IV, mentionné en 1245 et 1251.

THOMAS AGNI, dit *de Leontio* et *de Lentini*, religieux dominicain, transféré en 1267 au siége de Cosenza en Calabre, puis nommé patriarche de Jérusalem (1255-1267).

GAILLARD D'OURSAULT, religieux dominicain, prieur de Tarascon (1267-1279).

HUGUES DE CURTIS OU DE CURCIS, Napolitain, évêque de Troja au royaume de Naples (1279-1297 ?).

Les Archives de France possèdent un fragment d'un sceau de cet Évêque, appendu à une donation aux Frères-Prêcheurs de Paris, de 1292. Ce fragment porte les restes d'un sujet légendaire, sans doute d'une adoration des mages et des bergers, avec cette légende : s. F....., HVGONIS ORD..... PI. BETH..... *(Sigillum fratris Hugonis ordinis..... episcopi Bethleemitani.)* Au revers, une étoile dans un quadrilobe et cette légende : ✝ VIDIMVS STELLAM..... *(Collection des sceaux des Archives de l'Empire,* t. III, p. 518.)

PIERRE DE SAINT-MAIXENT, religieux dominicain (1300?).

WULFRAN D'ABBEVILLE, dominicain (1301 ? 1316 ?).

JEAN HEGLESCLIFF, dominicain anglais, quitta le siége de Bethléem pour celui de Connor en Irlande, en 1322, puis fut transféré à Landaff, en Angleterre (1316 ?-1322).

GÉRARD DE GISORS (1321).

PIERRE, évêque de Segni en 1346, fut transféré à Bethléem l'année suivante (1347-1355).

DURAND (1361).

ADHÉMAR DE LA ROCHE, dominicain (1363-1379).

De..... à l'étoile à six rais. — Pl. IV.

Le blason que nous venons de décrire figure sur le sceau d'Adhémar, dont une empreinte assez bien conservée est appendue à une charte de janvier 1364 (1365 nouveau style) des Archives de la métropole de Lyon. Le sceau elliptique porte une représentation de l'adoration des mages et de celle des bergers, et; au-dessous, la figure de l'Évêque agenouillé, crossé et mitré, ayant devant lui un écu ogival chargé d'une étoile à six rais. Voici ce que l'on peut lire de la légende, en lettres capitales gothiques : s. FRIS ADHEMARI D *(e rv)* PPE EPI BETHLEMI..... Le type de ce sceau est à peu près le même que celui de l'évêque Hugues de Curtis décrit ci-dessus, sauf que, sur ce dernier monument, il n'y a point d'écusson. L'étoile était peut-être, non point le blason particulier d'Adhémar de La Roche, mais bien l'emblème héraldique de l'évêché de Bethléem.

GUILLAUME dit DE VALAN du lieu de sa naissance, dominicain, d'une famille d'Auxerre, conseiller et con- fesseur du duc de Bourgogne, puis confesseur de Charles VI, passa, en 1388, au siége d'Évreux (1379-1388).

D'après la *France pontificale*, les armoiries de ce prélat étaient : *D'azur, au chevron d'argent, chargé de deux tourteaux de gueules, accompagné en chef d'une étoile d'or, et, en pointe, d'un croissant de même.* L'*Armorial de l'Yonne* de M. Déy mentionne une famille de Vallan dont les armes avaient quelques rapports avec celles que nous venons de décrire. Nous pensons que l'évêque de Bethléem n'avait aucun rapport avec cette famille auxerroise, relativement moderne.

JEAN DE GENENCE, dominicain flamand (1391).

GUILLAUME MARTELET, doyen de Nevers (1392-1394).

PHILIPPE FROMENT, dominicain d'Auxerre, devint évêque de Nevers (1394-1395).

JEAN LAMI, frère mineur, transféré en 1407 au siége de Sarlat (1395-1407).

JEAN ARNAULT et LANFRANC, le premier, religieux corde- lier, nommé par le clergé de France; le second, du diocèse de Vienne, institué par le Pape italien (1407- 1409).

Gérard, religieux dominicain (1409-1411).

Michel Le Doyen, religieux franciscain (1411-1412).

Jean Marchant, dominicain, né à Sens ; c'est sous son épiscopat que Charles VI confirma les dons faits à l'église de Bethléem (1412-1422).

Laurent Pignon, dominicain, originaire de Sens, était confesseur du duc de Bourgogne (1423-1428 ?). Il quitta le siége de Bethléem pour celui d'Auxerre.

D'azur, à trois pommes de pin d'or. — Pl. IV.
Mémoires concernant l'histoire d'Auxerre.

Le dessinateur des planches de la nouvelle édition des *Mémoires* de l'abbé Lebeuf s'est trompé en donnant à Laurent Pignon, dans l'une des planches du tome II consacrées aux blasons des évêques d'Auxerre, les armoiries de la famille Pinon, du parlement de Paris, à laquelle l'évêque de Bethléem était tout à fait étranger. Le texte de ces *Mémoires* nous fait connaître (t. II, p. 57) le véritable blason du prélat, qui est figuré à la première page d'un pontifical d'Auxerre, de 1436, conservé à la Bibliothèque nationale (mss lat. 1222).

Jean de La Roche, religieux franciscain, maître en théologie de la faculté de Toulouse, fut transféré à Cavaillon (1428 ?-1433).

Dominique, frère mineur et maître en théologie (1433 ?-1436).

Arnaud-Guillaume de Limone, carme, confesseur du duc de Bourgogne (1436-1457).

Étienne Pillerand, religieux franciscain (1457-1464 ?)

Antoine Buisson, carme, vicaire général d'Autun, fut coadjuteur du cardinal Rolin, évêque de ce même diocèse (1464-1477).

JEAN PILORY, dominicain, était vicaire général de Louis de Gaucourt, évêque d'Amiens, dont il devint le coadjuteur (1477-14...).

BERTRAND ALBERGEY, religieux franciscain, conseiller et confesseur du Roi, fut évêque *in partibus* de Daria, vicaire général *in pontificalibus* de l'évêque de Mende, puis coadjuteur de Charles de Bourbon, évêque de Clermont (1484-1489 ?)

PIERRE DE SAINT-MAXIMIN, provincial des Frères-Prêcheurs, est mentionné par le *Gallia christiana*, qui toutefois ne lui donne pas de rang dans la suite des évêques de Bethléem (1489).

HUBERT LIÉNARD, docteur en théologie, fut ensuite évêque de Daria (1492).

JACQUES HEMERÉ, chanoine de Notre-Dame de Sales, au diocèse de Bourges, appartenait à une famille noble du Berry (1492-1498).

D'azur, au chevron d'or, chargé de trois coquilles de gueules, accompagné de trois soucis feuillés du second émail. — Pl. IV.

Histoire du Berry, par le P. Labbe.

Le P. Labbe rapporte (p. 132) que Jacques Hemeré, évêque de Bethléem en 1497, portait les armes décrites ci-dessus avec la devise : *Post tenebras spero lucem.*

JEAN L'APÔTRE ou DE L'APOSTOLE, religieux augustin, était confesseur du *commun* à la cour du roi Charles VIII (1498-1501).

ANTOINE CRENEL ou DE CRINEL, religieux de l'ordre des Humiliés, conseiller et premier chapelain du roi Louis XII et abbé de Notre-Dame-de-l'Étoile au diocèse de Poitiers (1501-1512).

MARTIN BAILLEUX, surnommé *le Doux*, religieux cordelier et professeur de théologie, était évêque d'Arcadie (1512-1523).

PHILIBERT DE BEAUJEU, d'une famille noble de la Franche-Comté, établie en Nivernais, était prieur de Saint-Germain d'Auxerre, abbé de Saint-Sever, au diocèse d'Aire, et de La Faise, au diocèse de Bordeaux, conseiller et aumônier de la Reine. Après sa nomination à l'évêché de Bethléem, on le trouve suffragant et vicaire général de l'évêque d'Auxerre, doyen de Notre-Dame de Tonnerre, puis de la collégiale d'Avallon (1524-1555).

Écartelé : aux 1 et 4, de gueules, à quatre burelles d'argent ; et aux 2 et 3, de..... au sautoir cantonné de quatre étoiles. — Pl. IV.

Nous décrivons ce blason d'après un sceau de Philibert de Beaujeu, de 1527, dessiné dans un manuscrit de la Bibliothèque nationale. (Extraits des titres de Bourgogne et de Nivernais, coll. Gaignières, n° 658.) Le même manuscrit, dont nous avons reproduit une partie à la suite de l'*Inventaire des titres de Nevers*, donne une autre description du sceau du même Évêque, d'après laquelle le second et le troisième quartier de l'écusson auraient porté un *chevron accompagné de trois étoiles*. Il est probable que la seconde empreinte était fruste, et que, la partie supérieure des quartiers en question étant effacée, l'auteur de la description n'en aura vu que le bas qui, en effet, offre alors un chevron. M. Chevalier-Lagénissière, dans son *Histoire de l'évêché de Bethléem*, dit que la porte du tombeau de l'évêque de Beaujeu, dans l'église de Bethléem, est surmontée d'un écu écartelé des quatre burelles et du sautoir cantonné d'étoiles. Nous discuterons, à l'article de la famille de Beaujeu, quelles étaient en réalité les armoiries de cette famille, qui portait aussi les noms de du Colombier et de Montcoquier.

Les cinq évêques dont les noms suivent ont été élus mais non consacrés, sans qu'on en connaisse bien le motif, qui fut sans doute le refus du Saint-Siége d'accorder aux ducs de Nevers le privilége concédé aux rois de France de nommer aux évêchés.

Dominique Philelin, chanoine de Nevers, nommé par le duc de Nevers en 1555.

Urbain Reversy ou *Reversey*, du diocèse d'Angers, préchantre de Sens en 1558.

Antoine Trusson, de l'ordre de Saint-Augustin, abbé de Toussaints-en-l'Isle au diocèse de Châlons-sur-Marne, en 1560.

Charles Bourbonnat, d'une famille bourgeoise de Nevers, chanoine régulier de Germenay, de l'ordre de Saint-Augustin, en 1568.

Simon Jourdain, prieur de Saint-Gildard de Nevers, en 1583.

LOUIS DE CLÈVES, fils naturel de François de Clèves, abbé de Saint-Michel de Tréport, fils lui-même d'Engilbert de Clèves, prieur de La Charité et administrateur de l'hôpital de Panthenor de 1591 à 1601, fut nommé évêque de Bethléem par le duc de Nevers en 1601, mais il ne reçut ses bulles qu'en 1605 et il fut consacré seulement en 1606 (1601-1609).

Écartelé : aux 1 et 4, de gueules, au ray d'escarboucle, pommeté et fleurdelysé d'or de huit pièces, enté en cœur d'argent, à l'escarboucle de sinople, parti d'or, à la fasce échiquetée d'argent et de gueules de trois traits ; et aux 2 et 3, d'azur, à trois fleurs de lys d'or, à la bordure componée d'argent et de gueules, le tout brisé d'un filet de sable en barre. — Pl. IV.

Abrégé historique du prieuré de la ville de La Charité.

ÉRARD DE ROCHEFORT, nommé par Charles de Gonzague en 1609, ne reçut pas ses bulles et ne fut pas sacré. Il était à la fois abbé de Vézelay, de Saint-Léonard de Corbigny et de Cervon, et doyen d'Autun.

JEAN DE CLÈVES, neveu de l'évêque Louis de Clèves, fils de Louis, bâtard de Clèves, seigneur de Fontaine, et de Marguerite du Sauzay, était chanoine régulier de Saint-Augustin, abbé de Toussaints et prieur de La Charité (1615-1619).

Écartelé : aux 1 et 4, d'azur, à trois fleurs de lys d'or, à la bande de gueules, chargée de trois lionceaux d'argent, brochant sur le tout, qui est de Bourbon-Vendôme; *et aux 2 et 3, contrécartelé, aux 1 et 4, parti de gueules, au ray d'escarboucle, pommeté et fleurdelysé d'or de huit pièces, enté en cœur d'argent, à l'escarboucle de sinople,* qui est de Clèves, *et d'or, à la fasce échiquetée d'argent et de gueules de trois traits,* qui est de La Mark ; *et aux 2 et 3, écartelé d'azur, à trois fleurs de lys d'or, et de gueules, à la bordure engrêlée d'argent,* qui est d'Albret-Orval. — Pl. IV.

Bernot de Charant attribue à cet Évêque le même blason que celui de Louis de Clèves. L'*Histoire des grands officiers de la couronne* lui donne pour armes : *Écartelé : aux 1 et 4, parti* de Clèves et de La Mark ; *au 2, contrécartelé* de Bourgogne-Nevers et de Flandre ; *et au 3,* de Bourbon-Vendôme, *avec un filet de sable brochant sur tout l'écusson.* Deux monuments contemporains de notre Évêque nous font connaître son blason véritable : le plus ancien est une belle plaque de cheminée, datée de 1607, conservée au château du Busset en Bourbonnais ; l'écu y est *écartelé : aux 1 et 4, contrécartelé d'un parti* de Clèves et de La Mark et de Bourgogne-Nevers ; *et aux 2 et 3,* de Bourbon-Vendôme, *avec un filet de sable en barre brochant sur le tout ;* cet écu, posé sur une crosse en pal (Jean de Clèves était alors abbé de Toussaints de Châlon), est tenu par deux anges. L'autre, d'après lequel nous avons donné notre description, se voit, surmonté d'une mitre et d'une crosse et accompagné de la date 1616, sur le manteau d'une cheminée du petit château de Charly, près de Pougues, qui appartenait au prieuré de La Charité.

ANDRÉ DE SAUZÉA, né à Annonay en 1578 d'une ancienne famille forézienne, fut l'élève et l'ami de saint François de Sales ; il se livra avec succès à la prédication à Paris, fut doyen de Belley et recteur du collége d'Autun à Paris (1623-1644).

Fascé d'or et de gueules, au lion de sable brochant sur le tout. — Pl. IV.

Armorial du Forez, par de La Tour-Varan.

JEAN-FRANÇOIS BONTEMPS, docteur en théologie, aumônier et prédicateur du Roi, appartenait sans doute à la famille parisienne de ce nom mentionnée par La Chesnaye des Bois (1644-1651).

D'or, au chêne de sinople, au chef de gueules chargé d'un léopard d'or. — Pl. IV.

Dictionnaire de la noblesse.

CHRISTOPHE D'AUTHIER DE SISGAU, d'une famille de Marseille, fils d'Antoine d'Authier de Sisgau, seigneur de Saint-André, et de Claire de Signier, avait été pourvu d'un bénéfice de l'église de Saint-Victor de Marseille. Nommé évêque de Bethléem en 1651, il se démit de son siége en 1663 (1651-1663).

D'azur, à trois pins arrachés d'or. — Pl. IV.

Nobiliaire du département des Bouches-du-Rhône.

FRANÇOIS DE BATAILLER, religieux capucin, fut abbé commendataire de Jaussels et de Saint-Eusèbe puis de La Bussière (1664-1701).

D'azur, au sautoir d'or, cantonné de quatre étoiles de même. — Pl. IV.

J. Chevillard, *La France chrétienne.—Armorial de la généralité de Paris.*

Louis de Sanlecque, nommé mais non consacré.

CHÉRUBIN-LOUIS LEBEL, religieux récollet, définiteur général de l'ordre de Saint-François, de la famille des seigneurs de La Boissière et de Bussy en Picardie, fut abbé commendataire de Lieu-Restauré (1714-1738).

De sinople, à la fasce d'argent. — Pl. IV.

Armorial manuscrit des évêchés de France. — Dictionnaire de la noblesse.

Louis-Bernard La Taste, né à Bordeaux, prieur des Blancs-Manteaux de Paris, fut, après son élévation à la dignité épiscopale, abbé commendataire de Moiremont, supérieur des Carmélites de Saint-Denis et visiteur général de l'ordre des Carmélites en France (1738-1754).

Charles-Marie de Quelen, d'une noble et ancienne famille de Bretagne, fut curé du Havre, puis abbé commendataire de La Rivour au diocèse de Troyes, avant d'être nommé à l'évêché de Bethléem (1754-1777).

Burelé d'argent et de gueules. — Pl. IV.

D'Hozier, *Armorial de France.*

François-Camille de Duranti de Lironcourt, né à Paris d'une famille d'Alsace, était vicaire général de Laon et aumônier de Madame Sophie de France lorsqu'il fut nommé évêque de Bethléem. Il devint ensuite abbé commendataire de La Rivour. En 1792, il émigra en Angleterre, où il mourut au commencement de notre siècle.

COMMUNAUTÉS RELIGIEUSES.

La plupart des établissements religieux n'avaient point d'armoiries avant la fin du XVIIe siècle. L'ordonnance de Louis XIV sur la police des armoiries, dont nous avons parlé dans notre préface, contraignit ces établissements à faire enregistrer des blasons qui furent composés ou par les communautés elles-mêmes ou par les commissaires chargés de la rédaction de l'*Armorial général*. Souvent on prit pour meubles héraldiques de chacun de ces nouveaux écussons le type du sceau de la communauté, d'autres fois on adopta les armoiries du chef de la maison religieuse, ou l'on se contenta de composer un blason banal. Les armoiries que nous allons décrire donneront des exemples des écussons composés de ces diverses manières.

CHAPITRES.

CHAPITRE DE CHATEL-CENSOIR (Yonne). Ce chapitre remplaça, dans le courant du XIIe siècle, un couvent de Bénédictins affilié à l'abbaye de Vézelay ; il se composait d'un abbé, d'un chantre, d'un trésorier et de huit chanoines. Diocèse d'Autun.

De sable, à quatre chevrons d'or. — Pl. IV.

Armorial de la généralité d'Orléans.

Le sceau de la collégiale de Châtel-Censoir conservé au musée de Nevers, qui semble dater du XVᵉ siècle, porte la figure d'un saint évêque placée sous des ornements d'architecture, avec cette légende en lettres capitales gothiques : s CAPITVLI : ECCLIE COLLEGIATE CASTELCENSORII.

CHAPITRE DE CLAMECY, fondé vers 1075. Il se composait de huit chanoines.

De gueules, à quatre chevrons d'argent. — Pl. IV.

Armorial de la généralité d'Orléans.

CHAPITRE DE COSNE. L'église de Saint-Laurent de Cosne fut fondée en 1012. Guillaume de Seignelay, évêque d'Auxerre, l'agrandit en 1212 et y établit un chapitre. Diocèse d'Auxerre.

Tiercé en barre d'argent, de sinople et de sable. — Pl. IV.

Armorial de la généralité d'Orléans.

CHAPITRE DE DONZY. La première fondation de l'église Saint-Caradheuc de Donzy, due à Hervé Iᵉʳ, baron de Donzy, remonte au XIᵉ siècle ; cette église devint collégiale en 1280. Diocèse d'Auxerre.

D'azur, au saint Caradheuc d'or. — Pl. IV.

Armorial de la généralité d'Orléans.

Il est probable que le sceau du chapitre de Donzy portait une figure de son saint patron.

CHAPITRE DE TANNAY. Plusieurs ecclésiastiques, originaires de Tannay, qui desservaient la paroisse avec le chapelain ou curé, fondèrent et dotèrent ce Chapitre en 1201 ; la fondation fut approuvée par l'Évêque et par le Chapitre de Nevers. La collégiale se composait de douze chanoines et d'un prévôt. Diocèse de Nevers.

De gueules, à quatre chevrons d'or. — Pl. IV.

Armorial de la généralité d'Orléans.

CHAPITRE DE VARZY. Ce chapitre fut fondé, en 1020, dans l'église de Sainte-Eugénie, par Hugues de Châlons, évêque d'Auxerre. Il se composait de dix chanoines. Diocèse d'Auxerre.

D'or, à cinq fasces de sinople. — Pl. IV.

Armorial de la généralité d'Orléans.

CHAPITRE DE VÉZELAY. Gérard de Roussillon et Berthe son épouse, ayant perdu leur fils unique, firent construire au pied de la montagne de Vézelay un monastère dont Ève, leur fille, fut la première abbesse. Ce couvent ne subsista pas longtemps ; les Normands ravagèrent la contrée, pillèrent les églises et outragèrent les religieuses. Le comte Gérard transféra le monastère au sommet de la montagne, et, au lieu des religieuses, y mit des moines du même ordre, qui subsistèrent jusqu'en 1537 ; ils furent alors remplacés par des chanoines séculiers. Diocèse d'Autun.

D'azur, semé de fleurs de lys d'or et de larmes d'argent, au vase du second émail brochant sur le tout. — Pl. IV.

Armorial de la généralité de Paris.

La ville de Vézelay portait des fleurs de lys dans son blason ; le vase de parfums est l'emblème ordinaire de sainte Madeleine ; les larmes furent sans doute ajoutées en souvenir du repentir de la sainte patronne de Vézelay.

⚜ ⚜ ⚜

ABBAYES.

ABBAYE DE SAINT-MARTIN DE NEVERS. Ce monastère existait dès le VIIIe siècle. En 849, Hériman, évêque de Nevers, y établit treize chanoines qui suivirent la règle de saint Chrodegand, jusqu'au moment où un de leurs abbés, nommé Étienne, les soumit à celle de saint Augustin; depuis lors ils prirent le titre de chanoines réguliers. Diocèse de Nevers.

D'or, au cœur enflammé de gueules, traversé par une flèche d'azur en barre, tenu par une main dextre de carnation, parée d'azur, mouvant du flanc senestre de l'écu. — Pl. IV.

Armorial de la généralité de Moulins.

Telles étaient les armoiries *officielles* de l'abbaye de Saint-Martin; mais il paraît que cette communauté en avait d'autres, imitées de son ancien sceau, qu'elle portait de préférence. Ces armes : *De gueules, au saint Martin partageant son manteau de... au chef de France*, l'écu surmonté d'une mitre et d'une crosse, se voient sur un cachet du XVIIIᵉ siècle et sur le frontispice d'un processionnal manuscrit de 1784, qui était à l'usage de cette abbaye, et que M. l'abbé Boutillier a bien voulu nous communiquer. Nous devons aussi à M. Boutillier la connaissance de l'empreinte du sceau de l'un des abbés de Saint-Martin, du XVIᵉ siècle, où se voit un saint Martin partageant son manteau.

ABBAYE DE BELLEVAUX, de l'ordre de Prémontré, fondée en 1188.

D'azur, à la croix pattée d'or, au chef cousu de sinople. — Pl. V.

Armorial de la généralité de Moulins.

Nous possédons quelques empreintes fort mutilées du sceau de l'abbaye de Bellevaux des XIIIᵉ et XIVᵉ siècles, sur lesquelles on remarque une figure, probablement une sainte Vierge sous des ornements d'architecture.

ABBAYE DE BOURRAS. Cette abbaye, de l'ordre de Cîteaux, fut fondée en 1109 par Hugues de Tilly, seigneur de Champlemy, et par Alix de Montenoison, sa femme. Diocèse d'Auxerre.

D'azur, à la fasce, accompagnée en chef de deux fleurs de lys et en pointe d'un pal cometé, le tout d'or. — Pl. V.

Armorial de la généralité de Bourges.

EVÊQUES DE BETHLÉEM

ADH. DE LA ROCHE

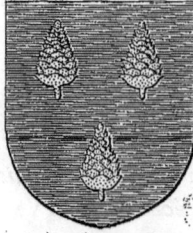

PIGNON

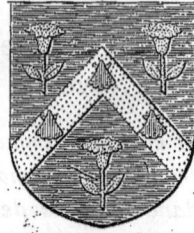

J. HEMERE

PHIL. DE BEAUJEU

LOUIS DE CLEVES

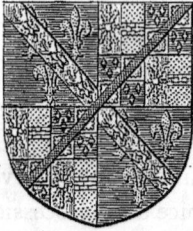

JEAN DE CLEVES

ANDRÉ DE SAUZEA

J.F. BONTEMPS

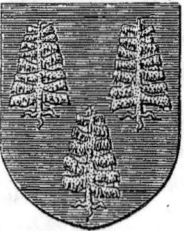

C. D'AUTHIER DE SISGAU

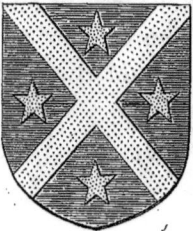

DE. BATAILLER

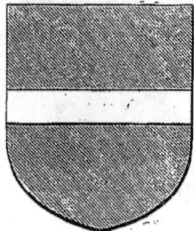

CH. L. LEBEL

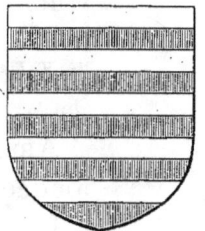

C. M. DE QUELEN

CHAP. DE CHÂTELCENSOIR.

CHAP. DE CLAMECY.

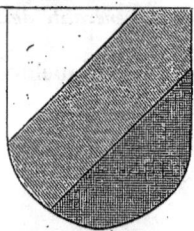

CHAP. DE COSNE.

CHAP DE DONZY.

CHAP. DE TANNAY.

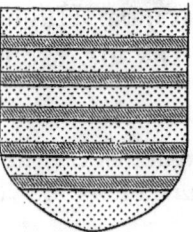

CHAP. DE VARZY.

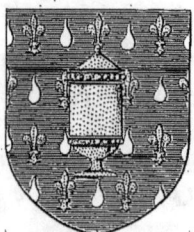

CHAP. DE VEZELAY.

ABB. DE ST. MARTIN.

ABBAYE DE CERVON. Cette abbaye, fondée dans les premières années du VIᵉ siècle, fut fort anciennement sécularisée et érigée en collégiale. Son doyen conserva le titre d'abbé. Diocèse d'Auxerre.

D'azur, au rencontre de cerf, surmonté d'une croisette, le tout d'argent. — Pl. V.

Nous donnons ces armes d'après un cachet de l'abbaye. Un monument plus ancien offre aussi la principale pièce du blason de Cervon; c'est un méreau de plomb de cette abbaye, de 1540, appartenant à M. l'abbé Boutillier. En voici la description : . s. BERTHOLOMÉE entre légers grènetis; dans le champ, un saint Bathélemy. ℞ CERVON. 1540. entre grènetis, une rosette de chaque côté du millésime; dans le champ, un rencontre de cerf.

ABBAYE DE SAINT-LAURENT. On ne sait rien de bien positif sur l'origine de cette abbaye ; quelques auteurs pensent qu'elle fut fondée par une colonie de l'abbaye de Saint-Ciran, du diocèse de Bourges ; quoi qu'il en soit, Robert de Nevers, évêque d'Auxerre, la gouverna selon les règles de saint Augustin, et, en 1084, érigea le monastère en abbaye. Diocèse d'Auxerre.

De gueules, à la crosse d'argent, accostée à dextre d'une S d'or et à senestre d'une L de même. — Pl. V.

Armorial de la généralité de Bourges.

ABBAYE DE SAINT-LÉONARD DE CORBIGNY. C'est à ce monastère, fondé au IXᵉ siècle, que la ville de Corbigny doit son origine. Ordre de Saint-Benoît. Diocèse d'Autun.

D'azur, semé de fleurs de lys d'or, au saint Léonard contourné de carnation, vêtu de sable, en religieux de l'ordre de Saint-Benoît, tenant de la dextre une crosse d'or, debout devant une table d'argent sur laquelle est posée une mitre d'or. — Pl. V.

Née de La Rochelle, Mémoires sur le département de la Nièvre. — Armorial de la généralité de Paris.

Le sceau de la juridiction de l'abbaye de Corbigny, en 1789, portait deux écussons accolés, surmontés d'une couronne de marquis, d'une mitre et d'une crosse tournée en dedans ; l'écusson de droite aux armes de l'abbé, et celui de gauche *d'azur, semé de fleurs de lys d'or*. On sait que les abbés accolaient ainsi leurs armes propres à celles de leur abbaye. Une ancien sceau de la prévôté de cette même abbaye portait, selon Née de La Rochelle, une clef et des chaînes, emblêmes de saint Pierre et de saint Léonard, les deux patrons de la maison.

ABBAYE DE NOTRE-DAME DE NEVERS fondée en 624 par Théodulphe Babolène, abbé de Saint-Maur-les-Fossés. Cette abbaye fut d'abord occupée par des religieuses soumises à la règle de saint Colomban ; au IXe siècle, l'évêque Hériman y appela des Bénédictines.

De gueules, à sept fleurs de lys d'or, posées 4 et 3, au chef cousu d'azur, chargé de trois étoiles d'argent. — Pl. V.

C'est d'après un cachet du XVIIIe siècle que nous donnons les armes de cette abbaye formées, lors du réglement général des armoiries, d'emblêmes héraldiques empruntés à l'écusson de Gabrielle Andrault de Langeron-Maulevrier, abbesse de Notre-Dame à l'époque de ce réglement. On voit aux Archives de la Nièvre une empreinte assez peu distincte du sceau de l'abbesse Françoise de Fontenay (1564-1607), appliquée à un acte de 1597 ; le type de ce sceau est une vierge placée sous des ornements d'architecture, au-dessous, un écu aux armes des Fontenay ; la légende, en capitales romaines, est peu visible ; on ne lit plus que : ... DE NOTRE DAME.

ABBAYE DE NOTRE-DAME DE RÉCONFORT. Cette abbaye de femmes, de l'ordre de Cîteaux, fut fondée vers l'an 1235 par Mahaut, comtesse de Nevers, qui y fut enterrée en 1258. Diocèse de Nevers.

D'azur, à la sainte Vierge d'or. — Pl. V.

Armorial de la généralité de Paris.

✤ ✤ ✤

PRIEURÉS.

PRIEURÉ DE CESSY-LES-BOIS. Il est question de ce prieuré, qui avait alors le titre d'abbaye, dans les statuts de saint Aunaire et de saint Tétrice, évêques d'Auxerre aux VIe et VIIIe siècles. Cette maison, ruinée plusieurs fois, se maintint pourtant jusqu'à la fin du XVIe siècle ; au XVIIe elle devint simple bénéfice. Diocèse d'Auxerre.

D'azur, à la sainte vierge d'or. — Pl. V.

Armorial de la généralité de Bourges.

PRIEURÉ DE LA CHARITÉ. Célèbre prieuré de l'ordre de Cluny fondé entre 1052 et 1059. Le prieur était seigneur temporel de la ville. Diocèse d'Auxerre.

D'azur, à trois bourses ouvertes d'or, liées de même, chacune chargée d'une quintefeuille de gueules, et, en chef, une fleur de lys du second émail. — Pl. V.

Armorial de la généralité de Bourges.

Nous donnons ces armoiries, qui font allusion au nom de la ville, telles qu'elles se trouvent dans l'*Armorial général.* Bernot de Charant les décrit (*Abrégé historique du prieuré de La Charité,* p. 106) sans l'adjonction des quintefeuilles dont il est difficile d'expliquer l'origine, à moins que l'on ne veuille y voir, ce qui est peu probable, un souvenir des armoiries du prieur Miles de Vergy (1262-1273). M. le baron de Bourgoing a retrouvé et placé dans son château de Mouron, près de La Charité, une belle plaque de cheminée des premières années du XVIIe siècle, portant un écu du prieuré avec les trois bourses, sans les quintefeuilles, et la fleur de lys. Nous ne croyons pas que les armes *parlantes* du prieuré soient bien anciennes ; la ville et le monastère eurent sans doute dans l'origine le même blason. Nous avons vu, dans les Archives de la ville de Cluny, une charte de 1400 d'un prieur de La Charité, à laquelle est appendu un fragment de sceau offrant un personnage peu distinct et l'écu *échiqueté, au chef chargé de trois tours,* qui est celui de la ville.

Les sceaux les plus anciens du prieuré de La Charité ont pour type une figure de la sainte Vierge.

La Charité, *fille aînée de Cluny*, était l'un des établissements religieux les plus importants du centre de la France ; comme on a souvent occasion de trouver les armoiries de ses prieurs, il nous a paru utile, pour les recherches archéologiques, de donner ici un armorial de ces ecclésiastiques, dont plusieurs furent de hauts dignitaires de l'Eglise. Nous ne commencerons cette énumération qu'à l'époque où les armoiries furent en usage.

GUILLAUME DE GAUCOURT (1198-1209). *D'hermine, à deux bars adossés de gueules.* (Dictionnaire de la noblesse.)

GEOFFROY (1209-1212).

GUILLAUME (1212-1216).

HUGUES DE BOURBON ? (1216).

ÉLIE DE LOPSEM (1217).

ÉTIENNE (1224-1230).

LANDRY (1235).

THIBAUD (1237-1238).

GUILLAUME DE PONTOISE (1244-1245). *De France, au lambel d'hermine.* (Bernot de Charant.)

JEAN DE LA RIVIÈRE (1249-1262). *De sable, à la bande d'argent.* (Dictionnaire de la noblesse.)

MILES DE VERGY (1262-1273). *De gueules, à trois quintefeuilles d'or.* (Paillot.)

SIMON D'ARMENTIÈRES (1274-1294). *De gueules, à la croix potencée d'argent, cantonnée de quatre besants de même, au chef cousu d'azur, chargé de quatre pals d'or.* (Bernot de Charant).

BERTRAND DE COLOMBIERS (1294-1296). *D'azur, à trois colombes d'argent.* (Bernot de Charant.)

PIERRE DE BEAUJEU (1296-1330). Bernot de Charant attribue les armes des sires de Beaujeu au prieur Pierre, que nous avons vainement cherché dans les généalogies de cette illustre maison, et qui appartenait sans doute à la famille de Beaujeu de Franche-Comté, qui donna un évêque à Bethléem. *De gueules, à quatre fasces d'argent.* (Dictionnaire de la noblesse.)

Jean de Mazières (1333-1335). *D'argent, au chevron de gueules, chargé de trois molettes d'éperon de sable.* (Bernot de Charant.) Cet écusson nous semble fort douteux, ainsi que quelques-uns de ceux donnés par Bernot de Charant, qui paraît avoir attribué à ce prieur les armes de la famille des Mazis, inexactement reproduites du reste.

Guillaume de Poitiers (1336-1342). *D'azur, à six besants d'argent, 3, 2 et 1, au chef d'or.* (Histoire des grands officiers de la couronne.)

Othon de Poitiers (1342-1350). *Mêmes armes.*

Pierre du Puy-Ithier *(de Podio-Itherii)* (1350-1364).

Bernard de Puy-Cendré *(Bernardus de Podio-Cendrati)* (1364-1394).

Valentin du Puy (1394-1420).

Guillaume de Boisvair (1421). *Coupé d'or et de gueules, à un arbre de sinople brochant.* (Steyert, Armorial du Lyonnais, Forez et Beaujolais.)

Guy de Nourry al. de Norris (1421). *De gueules, à la fasce d'or.* (Armorial de Gilles Le Bouvier.)

Jean de Vinselles (1421-142.).

Thibaud Doet al. de Doix de Grivelles (1433-1439). *D'argent, à la bande crénelée de gueules.* (Bernot de Charant.)

Jean Chambellan (1439-1470). *Parti d'or et d'azur, à la cotice de gueules brochant sur le tout.* (Bernot de Charant.)

Philibert de Marafin (1470-1486). *De gueules, à la bande d'or, chargée en chef d'un croissant de sable, accompagnée de six étoiles du second émail.* (Histoire des grands officiers de la couronne.)

Charles, cardinal de Bourbon (1486-1488). *De France, à la bande de gueules brochant sur le tout.* (Histoire des grands officiers de la couronne.)

Antoine de La Roche (1488-1503). *De gueules, au chevron d'or, chargé en pointe d'une coquille de sable, accompagnée en pointe d'une étoile du second émail.* (Bernot de Charant.)

Jean de La Magdelaine de Ragny (1504-1537). *D'hermine, à trois bandes de gueules, celle du milieu chargée de cinq coquilles d'or, chacune des autres de trois.* (Histoire des grands officiers de la couronne.)

Robert, cardinal de Lénoncourt, premier prieur commendataire (1538-1561). *D'argent, à la croix engrêlée de gueules.* (Histoire des grands officiers de la couronne.)

Philippe, cardinal de Lenonçourt (1561-1591). *Armoiries semblables.*

Benoit Jacquet (1591-1595). *De gueules, à trois coquilles d'argent.* (Bernot de Charant.)

Louis de Clèves, aussi évêque de Bethléem (1595-1606). Voir ci-dessus la description de ses armoiries.

Jean de Clèves, évêque de Bethléem (1606-1619). Voir ci-dessus ses armoiries.

Charles de Gonzague de Clèves, fils du duc de Nevers Charles (1619-1625). *Armoiries semblables à celles de son père.*

Jean Passelaigue (1625-1629). *D'argent, au chevron de gueules, accompagné en chef de deux cœurs de même, chargés d'un nom de Jésus d'or, et, en pointe, d'un navire de sable, équipé et voilé de gueules, flottant sur des ondes de sinople.* (Bernot de Charant.)

Alphonse-Louis, cardinal du Plessis de Richelieu, archevêque de Lyon (1629-1646). *D'argent, à trois chevrons de gueules.* (Histoire des grands officiers de la couronne.)

Pierre Payen des Landes (1646-1664). *D'azur, à trois pains d'or.* (Bernot de Charant.)

Jean al. Jacques Martineau (1663-1664). *D'azur, à trois tours d'argent.* (De La Baune, *Panegyricus augustissimi galliarum senatui.)*

Nicolas Colbert, évêque d'Auxerre (1664-1665). *D'or, à la couleuvre ondoyante en pal d'azur.* (Histoire des grands officiers de la couronne.)

Jacques-Nicolas Colbert, archevêque de Rouen (1665-1707). *Armoiries semblables.*

Frédéric-Constantin de La Tour d'Auvergne., comte d'Oliergues, dit *le prince Frédéric,* grand-doyen de l'église de Strasbourg, prieur du Pont-Saint-Esprit et de Nantua, grand-prévôt de Liége, etc. (1707-1732). *Écartelé : aux 1 et 4, d'azur, semé de fleurs de lys d'or, à la tour d'argent, maçonnée de sable, brochant sur le tout,* qui est de La Tour ; *au 2, d'or, à trois tourteaux de gueules,* qui est de Boulogne ; *au 3, coticé d'or et de gueules,* qui est de Turenne ; *et, sur le tout, d'or, au gonfanon de gueules*, qui est d'Auvergne, *parti de gueules, à la fasce d'argent*, qui est de Bouillon. (Bernot de Charant.) L'*Histoire des grands officiers de la couronne* donne le même blason brisé d'un lambel de gueules.

FRÉDÉRIC-JÉRÔME DE LA ROCHEFOUCAULD, cardinal, archevêque de Bourges, grand aumônier de France, etc. (1732-1748). *Écartelé : aux 1 et 4, de gueules, à la bande d'argent*, qui est de Roye; *aux 2 et 3, d'or, au lion d'azur*, qui est de Roucy; *et, sur le tout, burelé d'argent et d'azur, à trois chevrons de gueules brochant sur le tout, le premier écimé*, qui est de La Rochefoucauld. *(Histoire des grands officiers de la couronne.)*

DOMINIQUE DE LA ROCHEFOUCAULD (de la branche de Barbezieux), cardinal, archevêque de Rouen, etc. (1748-1757). *Écartelé : aux 1 et 4, de La Rochefoucauld; aux 2 et 3, d'or, à l'écu d'azur*, qui est de Barbezieux, *et, sur le tout, d'or, à deux vaches passantes de gueules, accolées et clarinées d'azur*, qui est de Béarn. *(Histoire des grands officiers de la couronne.)*

FRANÇOIS-JOACHIM DE PIERRE DE BERNIS, cardinal, ministre des affaires étrangères, etc., dernier prieur de La Charité. (1757-1790). *D'azur, à la bande d'or, accompagnée en chef d'un lionceau de même, armé et lampassé de gueules.* (Armorial de Dubuisson.)

PRIEURÉ DE L'ÉPAU, de l'ordre du Val-des-Choux, fondé, en 1214, par Hervé de Donzy, comte de Nevers. Diocèse de Nevers.

De..... à la sainte Vierge, portant l'Enfant-Jésus sur son bras gauche et tenant, de la main droite, un livre sur lequel l'enfant a les mains posées. — Pl. XXIX.

Mss. de D. Viole, à la Bibliothèque d'Auxerre.

PRIEURÉ DE SAINT-ÉTIENNE DE NEVERS. En l'an 630, saint Colomban établit des religieuses à Saint-Étienne, mais leur monastère fut détruit vers 743. Hugues de Champallemant, évêque de Nevers, le réédifia en 1064, et y plaça des chanoines suivant la règle établie par le pape saint Sylvestre. Ces religieux n'y restèrent que quatre ans, puis l'évêque Mauguin donna cette maison à saint Hugues, abbé de Cluny. Le monastère fut de nouveau fondé et réédifié par Guillaume Ier, comte de Nevers.

Parti de gueules, à une demi-clef d'argent posée en pal, et d'azur, à une demi-fleur de lys d'or. — Pl. V.

Armorial de la généralité de Moulins.

La clef vient des armoiries de l'abbaye de Cluny ; les religieux de Saint-Étienne y ajoutèrent la fleurs de lys sans doute lorsqu'ils se soumirent au bailli royal de Saint-Pierre-le-Moûtier. Ces armes se voient en deux endroits des bâtiments dits *Domaine de l'Hôpital*, qui appartenaient au prieuré de Saint-Étienne, à Saint-Éloi près de Nevers : sur le manteau d'une cheminée, avec l'écusson du prieur Étienne de Favardin (1577-1600), et, au-dessus d'une porte, *écartelées de... au serpent se mordant la queue, et au chef chargé d'une étoile*; cette écartelure est sans doute celle du blason du prieur Henri Girard, successeur d'Étienne de Favardin. Citons enfin un *ex libris* du XVIIIe siècle de la bibliothèque du prieuré, dont nous possédons un exemplaire, qui porte le même blason avec hachures indiquant les couleurs, l'écu ovale timbré d'une couronne de comte et posé sur un bâton prioral, et un petit cachet de la même époque, au même type, avec la légende : SIG. PRIORAT S^{TI} STEPH NIVERN. (Voir la notice sur Saint-Étienne de Nevers de Mgr Crosnier, dans le t. Ier du *Bulletin de la Société nivernaise*.)

PRIEURÉ DE SAINT–SAUVEUR DE NEVERS. Saint Jérôme, évêque de Nevers, obtint de Charlemagne, en 802, l'établissement de ce monastère de l'ordre de Cluny. Diocèse de Nevers.

D'azur, à la croix vidée et alaisée d'or. — Pl. V.

Armorial de la généralité de Moulins.

PRIEURÉ DE SAINT-PIERRE-LE-MOUTIER. Prieuré assez important de l'ordre de Saint-Benoît, dépendant de l'abbaye de Saint-Martin d'Autun, fondé au VIIIe siècle ; c'est à ce monastère que la petite ville de Saint-Pierre doit son origine et son surnom.

D'argent, à la clef à double panneton de sable en pal. — Pl. V.

L'*Armorial de la généralité de Moulins* attribue au prieuré de Saint-Pierre-le-Moûtier les armes suivantes : *D'argent, au sautoir de sable, cantonné de quatre croisettes de même.* Ces armes sont de pure fantaisie. Le véritable blason de ce prieuré nous est connu par trop de monuments pour que nous ne lui donnions pas la préférence sur le blason *officiel.* On le voit sculpté, parti de celui du prieur François Rapine, avec les dates 1623, 1631 et 1638, en plusieurs endroits des bâtiments de l'ancien prieuré de Saint-Pierre; nous l'avons encore trouvé peint sur le frontispice d'un atlas des propriétés du prieuré, de 1782, conservé aux archives de la ville.

⚜ ⚜ ⚜

CHARTREUSES.

CHARTREUSE D'APPONAY. Elle fut fondée en 1185 par Thibaud, évêque de Nevers.

Coupé : en chef, parti de gueules, à trois tours et une fleur de lys en abîme, le tout d'or, et d'azur, semé de fleurs de lys d'or, à la hure de sanglier de même brochant sur le tout ; et, en pointe, d'azur, semé de fleurs de lys d'or, au sanglier au naturel, chargé d'un saint Cyr de même, nimbé d'or, brochant sur le tout. — Pl. V.

C'est d'après une empreinte du cachet de la chartreuse, fort bien conservée, appliquée à un acte du siècle dernier de notre collection nivernaise, que nous donnons ces armoiries, formées de celles du chapitre et de celles du doyenné de Nevers. Nous ne savons quelle origine attribuer aux trois tours. La légende du cachet est : SIGILL. CARTVS. APPONIACI ; au-dessus de l'écusson se voit une sainte Vierge tenant l'Enfant-Jésus.

CHARTREUSE DE NOTRE-DAME DE BELLARY. Ce couvent fut fondé, en 1209, par Hervé de Donzy, comte de Nevers, pour expier la faute qu'il avait commise en épousant Mahaud de Courtenay, sa parente à un degré prohibé. Diocèse d'Auxerre.

D'azur, à trois pommes de pin d'or. — Pl. V.

Ces armoiries nous sont connues par une empreinte du cachet de la chartreuse de Bellary, des premières années du XVIII⁰ siècle, appliquée à un acte de 1741 des Archives de la Nièvre. L'écu ovale aux armes ci-dessus, posé sur un cartouche, est surmonté d'une vierge soutenue d'un croissant; on lit autour : SIG. CART. BELLILARICI. La composition de ce blason est toute naturelle, puisqu'il est formé des armoiries du fondateur de la chartreuse. Un autre écusson, parti des mêmes armoiries et *d'or, à trois tourteaux de gueules, au chef de France*, supporté par deux cerfs, se voit au-dessus d'une cheminée du logis prioral de Bellary, construction de la seconde moitié du siècle dernier. Là le blason d'Hervé de Donzy figure avec celui de sa femme la comtesse Mahaut.

Nous donnons la préférence à l'écu du cachet officiel du monastère sur celui du logis prioral et sur celui qu'attribue à Bellary l'*Armorial de la généralité de Bourges* qui est *d'azur, au chartreux agenouillé d'argent, surmonté d'une Vierge d'or, dans une niche de même*. Il est bien évident que ce dernier écusson fut composé d'après le sceau gothique de Bellary, dont nous avons retrouvé une empreinte assez nette sur les flancs de la cloche de l'église ruinée d'Arzembouy (canton de Prémery), provenant de notre chartreuse. Ce sceau, du XVᵉ siècle, est elliptique et porte une figure de la sainte Vierge, tenant l'Enfant-Jésus, sous des ornements d'architecture, et, au-dessous, un religieux en prières dans une niche. On lit autour en lettres minuscules gothiques : SIGILLU DOMUS BELLILARRICI ORDIS CARTHUSIEN *(Sigillum domus Bellilarrici ordinis carthusiensis)*. Un autre sceau du même temps, rond et plus petit, est empreint sur la même cloche; il est également chargé d'une représentation de la Vierge, sans ornements accessoires, avec la légende : S. P. *(sigillum parvum?)* DOMUS BELLILARRICI. M. le comte de Damas d'Anlezy possède la matrice en bronze d'un troisième sceau de la chartreuse, de forme ronde, qui paraît dater de la première moitié du XVI⁰ siècle et dont voici la description : S. BEATE. MARIE. DE BELLILARRIACO. CARTUS. ORDIS *(cartusiensis ordinis)*, en lettres minuscules gothiques, entre filets; dans le champ, la sainte Vierge couronnée portant l'Enfant-Jésus, tenant une palme de la main droite, les pieds sur un croissant, environnée d'une gloire rayonnante semée d'étoiles; un dais d'architecture dans le haut de la composition.

CHARTREUSE DE BASSEVILLE. Jean Le Grand, chanoine de Furne, curé de la paroisse de Surgy et seigneur de la terre de Basseville, fit amortir son fief par Louis Iᵉʳ de

Flandre, comte de Nevers, en 1320, et, huit ans après, le donna aux chartreux qui y fondèrent un prieuré. Diocèse d'Auxerre.

D'azur, semé de fleurs de lys d'or, au saint Jean-Baptiste de même brochant sur le tout. — Pl. V.

Armorial de la généralité de Dijon.

CHARTREUSE DU VAL-SAINT-GEORGES, fondée en 1233.

Coupé : au 1, d'azur, à la sainte Vierge vue à mi-corps d'argent, tenant l'Enfant-Jésus de même; et, au 2, d'or, au saint Georges à cheval contourné d'azur, perçant de sa lance de sable un dragon de sinople abattu aux pieds du cheval. — Pl. V.

Armorial de la généralité de Paris.

Nous ne connaissons pas de sceau de cette chartreuse, mais il est bien évident que les armoiries ci-dessus ont été, comme plusieurs de celles que nous avons décrites, composées d'après un sceau gothique.

⚜ ⚜ ⚜

COMMUNAUTÉS DIVERSES.

COMMUNAUTÉ DES AUGUSTINES DE COSNE. Cette maison, dont les religieuses suivaient la réforme de Bourges, fut établie dans les premières années du XVIIe siècle, avec l'approbation de François de Donadieu, évêque d'Auxerre. Diocèse d'Auxerre.

Tiercé en barre d'argent, de sinople et de gueules. — Pl. V.

Armorial de la généralité d'Orléans.

COMMUNAUTÉ DES BÉNÉDICTINES DE L'IMMACULÉE CONCEPTION DE NOTRE-DAME DE COSNE. Cette maison fut fondée, vers l'an 1647, par une religieuse du Val-de-Grâce,

sous les auspices de Pierre de Broc, évêque d'Auxerre.
Diocèse d'Auxerre.

D'azur, à la sainte Vierge soutenue d'un croissant, le tout d'argent.
— Pl. V.

Armorial de la généralité d'Orléans.

CONGRÉGATION DE NOTRE-DAME DE DONZY.

D'azur, à la sainte Vierge soutenue d'un croissant, le tout d'argent.
— Pl. V.

Armorial de la généralité de Bourges.

COMMUNAUTÉ DES URSULINES DE CORBIGNY. Cette maison

fut fondée, en 1629, par les Ursulines d'Auxerre. Diocèse
d'Auxerre.

*D'azur, au monogramme du Christ, surmonté d'une croix, et en
pointe 3 clous de passion appointés, le tout d'or.* — Pl. V.

Armorial de la généralité de Paris.

COMMUNAUTÉ DES BÉNÉDICTINES RÉFORMÉES DE NOTRE-DAME DU MONT-DE-PIÉTÉ DE LA CHARITÉ.

Elle fut établie,
avec la permission de l'évêque d'Auxerre, en l'an 1624.
Diocèse d'Auxerre.

*D'azur, au saint Benoît d'or, accosté à dextre d'une M d'argent et
à sénestre d'un D de même.* — Pl. V.

Armorial de la généralité de Bourges.

COMMUNAUTÉS RELIGIEUSES

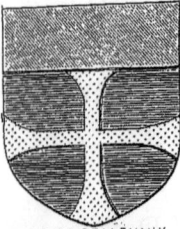

ABB. DE BELLEVAUX.

ABB. DE BOURRAS.

ABB. DE CERVON.

ABB. DE St LAURENT.

ABB. DE St LEONARD.

ABB. DE NOTRE-DAME.

ABB. DE RÉCONFORT.

Pré DE CESSY

Pré DE LA CHARITÉ

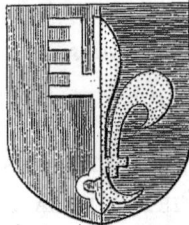

Pré DE St ETIENNE.

Pré DE St-SAUVEUR

Pré DE St PIERRE-LE-MOÛTIER.

CHARTR. D'APPONAY

CHARTR. DE BELLARY.

CHARTR. DE BASSEVILLE.

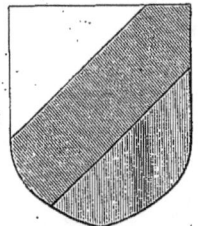

AUGUSTINS DE COSNE

CHARTR. DU VAL St GEORGES

BÉNÉDICTINES DE COSNE.
N-D-DE DONZY

URSULINES DE CORBIGNY

BÉNÉDICTINES DE LA CHARITÉ

Imp. Fugère Frs Lyon.

VILLES ET CORPORATIONS.

Ville de Nevers. On ne fait remonter ordinairement l'établissement de la commune de Nevers qu'au 27 juillet 1231, époque à laquelle le comte Guy de Forez lui octroya une charte ; mais il est à peu près certain que cet affranchissement est dû à Pierre de Courtenay, et date de 1194; Ducange, au mot *Commune*, le dit expressément et cite la charte.

D'azur, semé de billettes d'or, au lion de même, armé et lampassé de gueules, brochant sur le tout. — Pl. VI.

Guy Coquille, *Histoire du Nivernois.* — Parmentier, *Archives de Nevers.*

La ville de Nevers avait retenu pour blason les armes de ses premiers Comtes. De nombreux monuments nous donnent ces armoiries, depuis quelques-uns des sceaux de la prévôté de Nevers, dont plusieurs empreintes des XIIIᵉ, XIVᵉ et XVᵉ siècles se voient aux Archives départementales, jusqu'aux jetons que la ville fit fabriquer à partir des premières années du XVIᵉ siècle. Voici la plus ancienne de ces pièces, qui, nous le croyons (Voir notre *Numismatique nivernaise*, p. 165), fut frappée en 1512. La légende du droit complétée est : † : PRO: CAMERA : COMMUNITATIS : VRBIS : NIVERNENSIS : et celle du revers : † ADORAMVS. TE. CHRISTE : ET. BENEDIXIMVS. Les autres pièces de Nevers ne portent que le nom de la ville ; la *chambre de la commune* n'est plus mentionnée dans leurs légendes.

Le jeton de 1568 et l'un de ceux de 1592 offrent au revers une devise
que la ville paraît avoir
adoptée lors des troubles
religieux de la fin du XVIe
siècle ; elle demandait alors
une heureuse unité, *unitas
auspicata ;* puis, sur le second jeton de 1592, elle
ajouta sous un roi, *sub rege.*

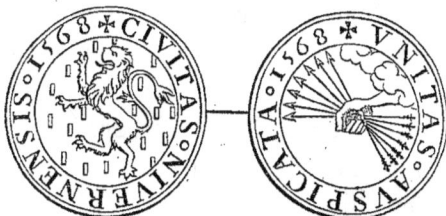

En 1608, lors du départ du duc Charles de Gonzague-Clèves pour
son ambassade de Rome, la ville fit frapper deux pièces portant
ses armoiries, sur l'une, au revers des armes du Roi, sur l'autre,
au revers du blason du Duc. Sur deux autres jetons postérieurs de
quelques années (Voir notre *Numismatique nivernaise,* p. 169),
le type de la main armée de flèches reparaît au revers des armes
de la ville. Enfin un dernier jeton porte le blason municipal et celui du
duc Philippe - Julien
Mancini. On voit en-
core sur la façade exté-
rieure de la porte du
Croux, à Nevers, le
lion et les billettes des
armes de la ville,
sculptés avec la date
1593.

Ajoutons, d'après Parmentier, que les couleurs de la livrée de Nevers
étaient le bleu et le rouge ; en 1508, le concierge de l'hôtel de ville
reçut une robe de drap de ces deux couleurs, avec un lion en or battu
sur la manche.

OFFICIERS DU BAILLIAGE ET PAIRIE DE NEVERS (en 1698).
Ils rendaient la justice et avaient le pas sur les autres
officiers.

*Écartelé : aux 1 et 4, d'azur, à la hache consulaire d'or, liée
d'argent, à la fasce de gueules, chargée de trois étoiles d'or, brochant sur le tout ; et, aux 2 et 3, d'azur, à deux poissons d'argent en
pal,* qui sont les armes des ducs de Nevers de la maison de Mancini-
Mazarini. — Pl. VI.

Armorial de la généralité de Moulins.

Officiers de l'élection de Nevers. Ce tribunal connaissait en première instance de tous faits des aides et des tailles ; il se composait à Nevers de deux présidents, d'un lieutenant, d'un assesseur, de plusieurs élus, d'un procureur du roi et d'huissiers ; c'étaient les élus qui asseyaient les tailles des paroisses de leur circonscription.

D'argent, au globe d'azur, chargé de trois fleurs de lys d'or, entouré de ces mots en lettres de sable : LES ELVS SONT POVR LE CIEL. — Pl. VI.

Armorial de la généralité de Moulins.

Officiers de la maîtrise des eaux et forêts de Nevers. Ces officiers étaient établis pour la police de la pêche, de la chasse et des bois, et pour connaître des contestations et des délits qui survenaient à ce sujet ; ils étaient à Nevers au nombre de quatre : le grand-maître, le lieutenant général, le lieutenant particulier et le procureur général.

D'azur, à trois fleurs de lys d'or. — Pl. VI.

Armorial de la généralité de Moulins.

Corporations de la ville de Nevers. C'est en 1581 que nous trouvons pour la première fois mention du Corps des arts et métiers de la ville de Nevers. Une délibération du 3 mars de cette année porte que « les échevins devront supplier Monseigneur (le duc de Nevers) de supprimer toutes les maîtrises des métiers, parce que les difficultés et empêchements que souffrent les gens desdits métiers, qui se présentent pour venir les exercer en la ville de Nevers, les rebutent et les écartent. » (*Archives de Nevers*, par Parmentier.)

Nous n'avons pu retrouver les armoiries de ces différentes corporations ; voici, d'après Parmentier, le rang dans lequel tous les corps de la ville opinèrent lors de la délibération générale du 22 août 1717.

Les officiers municipaux.	Les quincailliers.
Les officiers de bourgeoisie.	Les épiciers.
Les curés de la ville.	Les huissiers.
Les officiers du bailliage.	Les chirurgiens.
Les officiers de l'élection.	Les traiteurs et cabaretiers.
Les avocats.	Les bouchers.
Les juges et consuls.	Les tailleurs d'habits.
La maréchaussée.	Les boulangers.
Les notaires royaux.	Les tailleurs de pierre.
Les procureurs.	Les charpentiers.
Les apothicaires.	Les menuisiers.
Les orfèvres.	Les cordonniers.
Les drapiers.	Les maîtres de forge et
Les tanneurs.	marchands de fer.
Les corroyeurs.	

VILLE DE LA CHARITÉ. On ne sait pas au juste de quelle époque date l'affranchissement de la commune de La Charité; sans doute il est antérieur à 1213, car alors ni le Prieur, ni le Comte n'avaient le droit d'introduire des hommes armés dans la ville, dont la garde appartenait uniquement aux bourgeois.

D'azur, à trois tours d'argent, ajourées et maçonnées de sable, rangées en fasce, surmontées de trois fleurs de lys d'or également en fasce, les tours posées sur une terrasse échiquetée d'or et de gueules. — Pl. VI.

Armorial manuscrit des villes de France.

Bernot de Charant, dans son *Abrégé historique du prieuré de La Charité,* décrit ainsi le blason de la ville : *Échiqueté d'argent et de gueules, au chef d'azur, chargé de trois tours d'argent, maçonnées et crénelées de sable, chaque tour surmontée d'une fleur de lys d'or,* avec la devise : *In varietate securitas sub lilio.* Les armoiries primitives de la ville de La Charité étaient : *Échiqueté, au chef chargé de trois tours.* Nous avons parlé, à l'article du prieuré de La Charité, du sceau de 1400 sur lequel figure ce blason, qui fut légèrement modifié et augmenté de trois fleurs de lys et de la devise mentionnée ci-dessus, sans doute lors de la création de l'élection de La Charité.

OFFICIERS DE L'ÉLECTION DE LA CHARITÉ. La ville de La Charité avait été mise au nombre de celles dans lesquelles le roi Louis XIII avait jugé convenable de créer des Élections particulières, par son édit de 1634 ou 1636 ; mais l'établissement de cette Élection n'eut lieu que sous Louis XIV, en 1696.

De gueules, à la main de justice d'or, posée en pal. — Pl. VI.

Armorial de la généralité de Bourges.

OFFICIERS DU GRENIER A SEL DE LA CHARITÉ. Dès l'origine de l'établissement des greniers à sel, il y en eut un à La Charité ; ces officiers connaissaient en première instance de toutes les contraventions relatives aux gabelles.

De sable, au boisseau d'argent. — Pl. VI.

Armorial de la généralité de Bourges.

CORPORATION DES NOTAIRES ET PROCUREURS DE L'ÉLEC- TION DE LA CHARITÉ. Nous n'avons rien retrouvé sur l'origine ni sur les statuts des corporations de La Charité.

De sable, à trois mains dextres de carnation, écrivant avec des plumes d'argent. — Pl. VI.

Armorial de la généralité de Bourges.

CORPORATION DES MAÎTRES CHIRURGIENS ET APOTHICAIRES DE LA VILLE DE LA CHARITÉ.

D'azur, au saint Côme d'or, tenant de sa main dextre une spatule d'argent. — Pl. VI.

Armorial de la généralité de Bourges.

CORPORATION DES ORFÈVRES, HORLOGERS, ÉMAILLEURS ET VITRIERS DE LA VILLE DE LA CHARITÉ.

De vair, à la fasce de sinople, chargée de rinceaux d'or. — Pl. VI.

Armorial de la généralité de Bourges.

CORPORATION DES CABARETIERS DE LA VILLE DE LA CHARITÉ.

D'argent, à trois barils de gueules, cerclés d'or. — Pl. VI.

Armorial de la généralité de Bourges.

CORPORATION DES BOUCHERS ET CHARCUTIERS DE LA VILLE DE LA CHARITÉ.

De gueules, au fusil de boucher d'argent posé en pal. — Pl. VI.

Armorial de la généralité de Bourges.

CORPORATION DES BOULANGERS DE LA VILLE DE LA CHARITÉ.

D'argent, à la pelle de boulanger de sable posée en pal, chargée de trois pains d'or. — Pl. VI.

Armorial de la généralité de Bourges.

CORPORATION DES CHARPENTIERS, MENUISIERS, MAÇONS, COUVREURS ET CHARRONS DE LA VILLE DE LA CHARITÉ.

D'azur, au saint Joseph d'or. — Pl. VI.

Armorial de la généralité de Bourges.

CORPORATION DES MARÉCHAUX, COUTELIERS, CHAUDRONNIERS, ARMURIERS, TAILLANDIERS ET SERRURIERS DE LA VILLE DE LA CHARITÉ.

D'azur, au saint Éloi d'or, tenant de sa main dextre un marteau de même. — Pl. VI.

Armorial de la généralité de Bourges.

CORPORATION DES SELLIERS, BOURRELIERS, CHAPELIERS ET CORDIERS DE LA VILLE DE LA CHARITÉ.

VILLES & CORPORATIONS.

VILLE DE NEVERS.

OFF.^{RS} DU BAILLIAGE

OFF.^{RS} DE L'ÉLECTION.

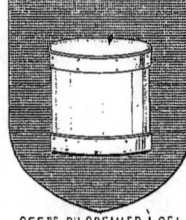

OFF.^{RS} DES EAUX & FORÊTS.

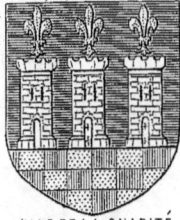

VILLE DE LA CHARITÉ.

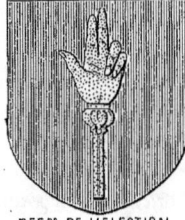

OFF.^{RS} DE L'ÉLECTION.

OFF.^{RS} DU GRENIER A SEL

CORP. DES NOTAIRES, & PROCUREURS

CORP. DES CHIRURGIENS

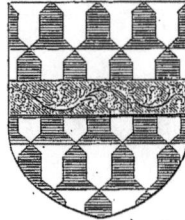

CORP. DES ORFÈVRES.

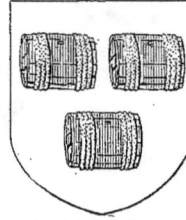

CORP. DES CABARETIERS.

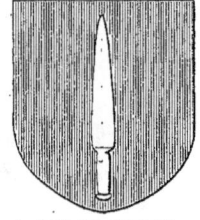

CORP. DES BOUCHERS

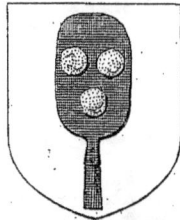

CORP. DES BOULANGERS.

CORP. DES CHARPENTIERS.

CORP. DES MARÉCHAUX

CORP. DES SELLIERS.

COM. DE CHATELCENSOIR

VILLE DE CLAMECY.

CORP. DES PROCUREURS

CORP. DES MÉDECINS.

LES · ELVS · SONT · POUR · LE · CIEL ·

D'argent, au chapeau de sable, surmonté à dextre d'un marteau de gueules et à sénestre d'un paquet de cordes de même. — Pl. VI.

Armorial de la généralité de Bourges.

Commune de Chatelcensoir. Nous ne savons de quelle époque date l'affranchissement de cette commune.

D'azur, au château d'or, posé sur une terrasse d'argent, soutenue d'une rivière d'argent ondée de sable. — Pl. VI.

Armorial de la généralité de Bourges.

Ville de Clamecy. Ce fut le comte Hervé qui affranchit les habitants de Clamecy, par une charte de 1213.

D'azur, semé de billettes d'or, au lion de même, armé et lampassé de gueules, brochant sur le tout. — Pl. VI.

Mémoires sur le Nivernais, par Née de La Rochelle.

Ces armes, les mêmes que celles des villes de Nevers et d'Auxerre, sont celles des comtes de Nevers de la première race, premiers seigneurs de ces villes. On les retrouve, depuis les premières années du XIIIᵉ siècle, sur les sceaux de la prévôté de Clamecy. (Voir l'*Inventaire des titres de Nevers*, col. 116, note 2.)

Corporation des procureurs et notaires de la ville de Clamecy.

D'azur, au juge d'or, tenant de sa main dextre une fleur de lys de même. — Pl. VI.

Armorial de la généralité d'Orléans.

Corporation des médecins, apothicaires et chirurgiens de la ville de Clamecy.

D'argent, à trois chevrons de sinople. — Pl. VI.

Armorial de la généralité d'Orléans.

Nous n'avons pas besoin de faire observer que ce blason et les suivants, comme du reste plusieurs de ceux que nous avons donnés, furent fabriqués par les commissaires de l'*Armorial général*, qui souvent ne se donnaient même pas la peine de composer des armoiries appropriées aux corporations qu'ils avaient à blasonner, se contentant de prendre telles ou telles pièces héraldiques dont ils changeaient seulement les émaux.

CORPORATION DES MARCHANDS DE BOIS DE LA VILLE DE CLAMECY.

De sinople, à quatre chevrons d'or. — Pl. VII.

Armorial de la généralité d'Orléans.

CORPORATION DES BOUCHERS DE LA VILLE DE CLAMECY.

D'or, à cinq trangles d'azur. — Pl. VII.

Armorial de la généralité d'Orléans.

CORPORATION DES BOULANGERS ET PATISSIERS DE LA VILLE DE CLAMECY.

D'azur, à quatre chevrons d'argent. — Pl. VII.

Armorial de la généralité d'Orléans.

CORPORATION DES MARCHANDS DRAPIERS DE LA VILLE DE CLAMECY.

D'argent, à trois chevrons de gueules. — Pl. VII.

Armorial de la généralité d'Orléans.

CORPORATION DES GANTIERS, PELLETIERS ET MÉGISSIERS DE LA VILLE DE CLAMECY.

D'or, à quatre chevrons de sable. — Pl. VII.

Armorial de la généralité d'Orléans.

CORPORATION DES MARÉCHAUX, TAILLANDIERS, ARMURIERS, SERRURIERS, COUTELIERS ET SELLIERS DE LA VILLE DE CLAMECY.

D'argent, à trois chevrons d'azur. — Pl. VII.

Armorial de la généralité d'Orléans.

CORPORATION DES TANNEURS, CORROYEURS ET CORDONNIERS DE LA VILLE DE CLAMECY. En 1575, les cordonniers

de Clamecy s'établirent en maîtrise et firent approuver leur statuts par la duchesse Henriette de Clèves.

De sable, à quatre chevrons d'argent. — Pl. VII.

Armorial de la généralité d'Orléans.

CORPORATION DES TAILLEURS ET CHAPELIERS DE LA VILLE DE CLAMECY.

D'azur, à quatre chevrons d'or. — Pl. VII.

Armorial de la généralité d'Orléans.

VILLE DE CORBIGNY.

Les habitants de cette ville furent affranchis par une charte de 1228.

D'azur, à trois corbeilles d'or. — Pl. VII.

Armorial manuscrit des villes de France.

VILLE DE COSNE.

Nous n'avons pu retrouver la charte d'affranchissement de cette ville.

D'azur, à trois canettes d'argent, becquées et membrées d'or. — Pl. VII.

Armorial manuscrit des villes de France.

OFFICIERS DU GRENIER A SEL DE COSNE.

Tiercé en barre d'argent, de gueules et d'or. — Pl. VII.

Armorial de la généralité d'Orléans.

VILLE DE DECIZE.

D'or, au lion de sable, armé et lampassé de gueules, à la bordure componée d'argent et de gueules. — Pl. VII.

Armorial manuscrit des villes de France.

Ces armoiries, composées du lion de Flandre et de la bordure componée du blason de Bourgogne moderne, ont dû être octroyées à la ville par le duc Philippe-le-Hardi, comme comte de Nevers, et par sa femme Marguerite de Flandre; elles dateraient donc de la fin du XIVᵉ siècle. Nous ne connaissons aucun monument ancien portant ce blason.

VILLE DE DONZY. Autrefois chef-lieu d'une baronnie importante, vassale de l'évêché-d'Auxerre, qui eut des seigneurs connus depuis le commencement du XIᵉ siècle. En 1199, Hervé IV, baron de Donzy, devint comte de Nevers; la baronnie fut alors réunie au Nivernais.

D'azur, à onze billettes d'or, posées 4, 4 et 3. — Pl. VII.

Armorial de la généralité de Moulins

Ces armoiries semblent empruntées, comme celles des villes de Nevers et de Clamecy, au blason des anciens comtes de Nevers. La ville porte maintenant les armes de ses anciens seigneurs, ce qui paraît assez logique. Quoi qu'il en soit, aucun monument ancien ne nous donnant les armes de Donzy, nous avons dû adopter le blason attribué à cette ville par l'*Armorial général.*

VILLE DE LORMES. Nous ne savons à quelle époque furent affranchis les habitants de cette ville.

D'or, à l'orme arraché de sinople. — Pl. VII.

Armorial manuscrit des villes de France.

VILLE DE MOULINS-ENGILBERT.

De gueules, à la croix ancrée d'or. — Pl. VII.

Segoing, Mercure armorial.

Cette croix se retrouve en plusieurs endroits de l'église de Moulins-Engilbert, entr'autres aux clefs de voûte de la chapelle souterraine. L'écusson du commencement du XVIᵉ siècle qui surmonte la petite porte occidentale de cette même église est aux armes de Philippe, dit de Moulins, évêque et comte-pair de Noyon en 1388, qui, né à Moulins-Engilbert, avait sans doute pris les armes parlantes de sa ville natale qu'il avait écartelées de celles de l'évêché de Noyon.

M. Jaubert, dans ses *Souvenirs du bon vieux temps dans le Niver-nais,* a attribué à la ville de Moulins-Engilbert des armoiries figurées au centre d'une petite verrière du XVIᵉ siècle qui figurait dans son cabinet et qui nous appartient maintenant; ces armes sont celles de la famille de Grandry. Le sceau de la prévôté de Moulins-Engilbert du XIIIᵉ siècle, dont nous possédons plusieurs empreintes assez mal

VILLES & CORPORATIONS.

CORP. DES MARCHANDS DE BOIS.

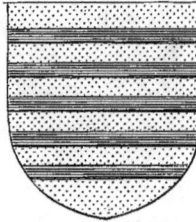

CORP. DES BOUCHERS.

CORP. DES BOULANGERS.

CORP. DES DRAPIERS.

CORP. DES GANTIERS.

CORP. DES MARÉCHAUX.

CORP. DES TANNEURS

CORP. DES TAILLEURS.

VILLE DE CORBIGNY

VILLE DE COSNE

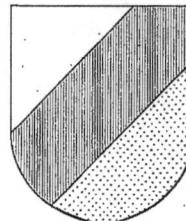

OFF. DU GRENIER À SEL.

VILLE DE DECIZE.

VILLE DE DONZY.

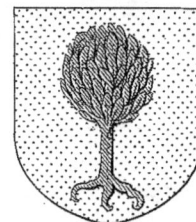

VILLE DE LORMES.

VILLE DE MOULINS-ENGILBERT. DE MOULINS

VILLE DE ST PIERRE-LE-MOÛTIER.

BERGER

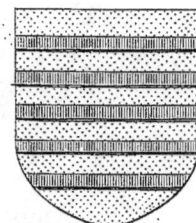

OFF. DE L'HOT. DE VILLE DE VARZY.

VILLE DE VEZELAY.

OFF. DE L'ELECTION.

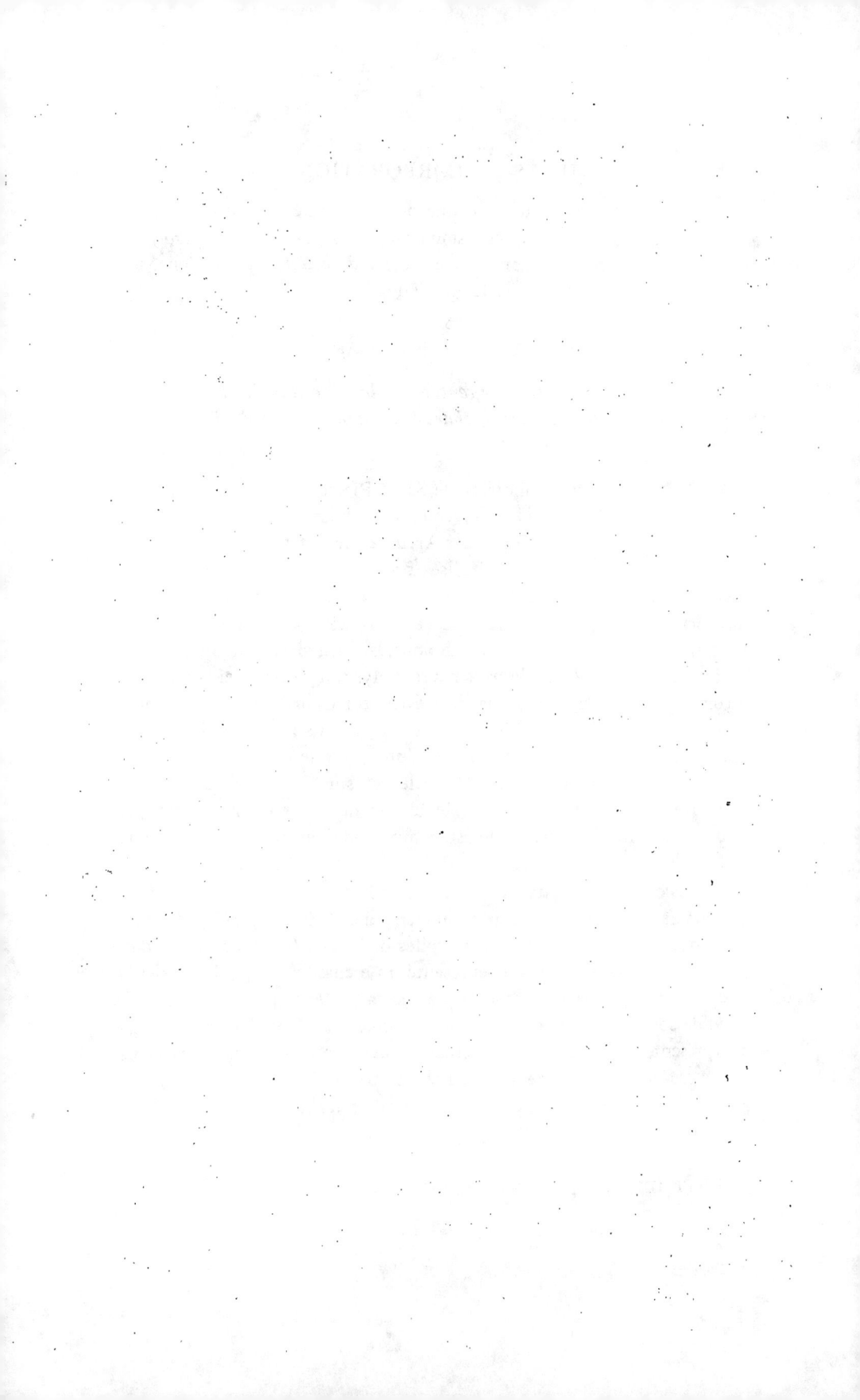

conservées, porte un château ou une porte de ville avec cette légende en lettres capitales gothiques : SIGILLV(m) PPOSITURE (*preposituræ*) DE MOLINIS A... Au contre-sceau, un écu *semé de billettes, au lion brochant sur le tout*, dans un orle quadrilobé.

VILLE DE SAINT-PIERRE-LE-MOUTIER.

De gueules, à l'église d'argent et à la clef double de même en pointe, au chef cousu d'azur, chargé de trois fleurs de lys d'or. — Pl. VII.

Au XVe siècle, les armoiries de Saint-Pierre étaient une église sur un champ semé de fleurs de lys, comme on peut le voir sur un sceau appendu à une charte de 1469 des Archives départementales, et sur les flancs de l'une des cloches de l'église, provenant du beffroi de la ville, dont l'origine municipale est attestée par cette inscription en lettres minuscules gothiques : EN LAN MIL CCCCLXIX ME FIRENT FAIRE LES BOUR-GOYS ET HABITANS DE SAINT PIERRE LE MOUSTIER. Au siècle suivant, l'église est seulement surmontée de trois fleurs de lys rangées en chef ; ce blason, accompagné des armes et de la devise du roi Charles IX, décore une frise finement sculptée, maintenant encastrée dans le mur de l'ancienne maison du chapitre de Saint-Pierre. Enfin, sur le portail monumental du prieuré, construit au XVIIe siècle, et sur un cachet de la ville peut-être un peu plus moderne, le blason de Saint-Pierre est tel que nous venons de le décrire ; il est composé des armes anciennes de la ville et de celles du prieuré.

Nous connaissons aux Archives de la Nièvre plusieurs sceaux de la prévôté de Saint-Pierre : le plus ancien, de 1332, est pareil à celui de 1283 que décrit ainsi l'abbé de Marolles dans son *Inventaire des titres de Nevers* : « D'un costé est représenté un escusson chargé de six fleurs » de lys, 3, 2, 1, et deux tours quarrées avec leurs pointes et portail, » au-dessous, aux deux costés dudit escusson, et de l'autre costé est » représentée une tour ronde crénelée avec son chapiteau au-dessus » sommé d'une fleur de lys. » Les sceaux des XVe et XVIe siècles offrent les mêmes types, sauf que le nombre des fleurs de lys de l'écu est réduit à trois.

OFFICIERS DE L'HÔTEL DE VILLE DE VARZY.

D'or, à cinq trangles de gueules. — Pl. VII.

Armorial de la généralité d'Orléans.

VILLE DE VÉZELAY (département de l'Yonne).

D'azur, à trois fleurs de lys d'or, au chef cousu du champ, semé de pommes de pin d'or, chargé d'un château d'argent brochant sur le tout. — Pl. VII.

Nous donnons ces armes d'après un ancien cachet de la ville. M. Quantin décrit, dans son *Dictionnaire topographique de l'Yonne*, les armes de Vézelay d'une manière un peu différente : *De gueules, à trois fleurs de lys d'or, au chef cousu d'azur, semé de fleurs de lys et chargé d'une châsse romane d'argent maçonnée de sable.* Cette expression *maçonnée de sable*, qui ne peut guère s'appliquer à une châsse mais bien à un château, semblerait devoir faire préférer le blason que nous avons adopté. Les pommes de pin seraient un souvenir d'Hervé de Donzy qui, le premier des comtes de Nevers, fut investi de la garde du monastère de Vézelay. (Aimé Cherest, *Étude historique sur Vézelay.*)

OFFICIERS DE L'ÉLECTION DE VÉZELAY. Cette élection faisait partie de la généralité de Paris.

D'azur, à trois fleurs de lys d'or. — Pl. VII.

Armorial de la généralité de Paris.

FAMILLES.

D'ABOUT, seigneurs de Sauzay (1).
Châtellenie de Donzy (2).

Armoiries inconnues.

Inventaire des titres de Nevers (3).

⚜ ⚜ ⚜

D'AGLAN, seigneurs d'Aglan.
Châtellenie de Nevers.

Alliances : de Poilly, Bernetin, du Bithain (4).

Armoiries inconnues.

Archives de la Nièvre. — *Inventaire des titres de Nevers:*

Cette famille, qui prenait son nom de la seigneurie d'Aglan, terre en toute justice, paroisse du même nom, près de Nevers, est tout à fait

---

(1) Les familles sans indication de province sont originaires du Nivernais et paraissent ne point être sorties de ce pays.

(2) Il nous a semblé intéressant d'indiquer, à la suite de l'énumération des seigneuries possédées par les familles, les châtellenies dans la circonscription desquelles se trouvaient ces seigneuries. Voir ce que nous avons dit plus haut des châtellenies du Nivernais.

(3) Voir, à la fin de l'*Armorial*, la bibliographie de tous les ouvrages et documents cités.

(4) Nous donnons seulement l'énumération des fiefs ou seigneuries possédés par les familles dans le Nivernais.

distincte d'une autre famille d'Aglan qui faisait partie de la bourgeoisie de Nevers au XVIIe siècle.

✤ ✤ ✤

D'AGNON *al.* D'AIGNON, seigneurs d'Agnon, de Vacheresse, de Charpois de Mussy. Nivernais et Bourbonnais.

Châtellenies de Châteauneuf-sur-Allier et de Decize.

Armoiries inconnues.

Archives de la Nièvre et de la ville de Decize. — *Inventaire des titres de Nevers.* — D. Caffiaux. — *Noms féodaux.*

✤ ✤ ✤

D'AIGREVILLE *al.* D'ESGREVILLE, seigneurs d'Asnois, de Saint-Verain-des-Bois. Originaires du Berry.

Châtellenie de Saint-Verain.

Alliance : d'Amboise (1).

Armoiries inconnues.

Inventaire des titres de Nevers. — Mss. de D. Viole.

On trouve dans l'*Armorial* de Gilles Le Bouvier dit Berry (fol. 24, v°), un seigneur d'Aigreville, de *la marche* de France, qui porte : *Échiqueté d'or et d'azur.* Nous ignorons si ce personnage appartenait à la famille des seigneurs de Saint-Verain.

✤ ✤ ✤

(1) Cette partie de notre ouvrage sera nécessairement incomplète et fort inégalement traitée : il aurait été trop long et assez inutile de mentionner toutes les alliances de certaines familles dont la généalogie est imprimée partout; d'un autre côté, nous sommes loin de posséder la filiation de toutes les familles dont il est question dans notre livre. Telle famille connue depuis quatre ou cinq siècles n'aura donc souvent que la mention de deux ou trois de ses alliances, tandis que le nom de telle autre, moins marquante et moins ancienne, sera suivi d'une énumération de familles alliées. L'adjonction des alliances nous a paru utile pour faire connaître l'assiette des familles dans le pays, et nous avons mieux aimé la donner imparfaite que de ne pas la donner du tout.

D'AIGUIÈRES, seigneurs de Mâchy.

Châtellenie de Nevers.

Alliance : Bastard.

Armoiries inconnues.

Archives de la Nièvre.

⚜ ⚜ ⚜

D'AIGUILLY. V. D'ESGUILLY.

⚜ ⚜ ⚜

D'AISY. V. D'AZY.

⚜ ⚜ ⚜

ALADANE, seigneurs de Paraize. Nivernais et Bourbonnais.

Châtellenie de Châteauneuf-sur-Allier.

D'azur, à deux fasces d'argent, accompagnées de six besants d'or, trois en chef, deux entre les fasces et un en pointe. — Pl. IX.

Tableau chronologique des trésoriers de France de la généralité de Moulins. — Archives de la Nièvre.

Les armoiries attribuées à cette famille par l'*Armorial manuscrit de la généralité de Moulins* sont évidemment fausses ; nous donnons celles-ci d'après un cachet du XVIII° siècle.

⚜ ⚜ ⚜

ALEXANDRE, seigneurs de Pommeray, du Deffand, d'Arcy, d'Avril-les-Loups.

Châtellenies de Savigny-Poil-Fol, de Decize et de Moulins-Engilbert.

Alliance : du Maigny.

Armoiries inconnues.

Archives de Decize. — D. Caffiaux. — *Inventaire des titres de Nevers.*

Il ne faut pas confondre cette famille, qui paraît s'être éteinte au commencement du XVI⁰ siècle, avec une famille du même nom, appartenant à la bourgeoisie, qui habitait Decize, Saint-Pierre-le-Moûtier et Nevers aux XVII⁰ et XVIII⁰ siècles.

⚜ ⚜ ⚜

ALIXAND, seigneurs de Bruères, de Meaux, de Champdiou, de Villecourt, de Vasselange, des Aigues, de Prugnat, de Cuffier, du Monceau, de Glone. Nivernais et Bourgogne.

Châtellenies de Decize, de Moulins-Engilbert et de Châteauneuf-sur-Allier.

Alliances : Mercier, Billaut, Vaillant, Coppin, Davin, Joully, Truitié de Vareux, Amiot.

D'azur, au chevron d'argent, accompagné de trois étoiles de même — Pl. VIII.

Archives de la Nièvre et de Decize. — *Inventaire des titres de Nevers.* — *Noms féodaux.* — *Armorial de la généralité de Moulins.* — Paillot, *le Parlement de Bourgogne.*

L'*Armorial de la généralité de Moulins* indique ces armoiries d'une manière différente : *D'azur, à la bande d'argent, accompagnée de trois étoiles de même, deux rangées en chef et une en pointe.* Paillot parle aussi d'un président au parlement de Bourgogne de cette famille qui portait : *D'azur, à la bande d'or, accompagnée de trois étoiles de même, au chef d'argent, chargé d'une devise vivrée du champ.* Nous avons vu ce blason ainsi figuré sur le cachet d'un Alixand de Meaux du milieu du XVIII⁰ siècle. Nous connaissons encore un cachet de Gilbert Alixand, président de la Chambre des comptes de Nevers au milieu du XVII⁰ siècle, dont l'écusson, timbré d'un casque, porte un *chevron engrêlé, accompagné de trois étoiles, et un chef chargé d'une étoile.*

⚜ ⚜ ⚜

FAMILLES.

ALIXAND.
DE PARIS

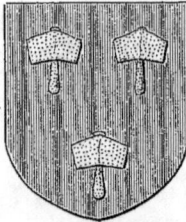

D'ANCIENVILLE.

ANDRAS DE MARCY.
LANGLOIS

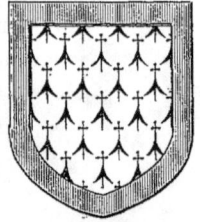

D'ANLEZY.

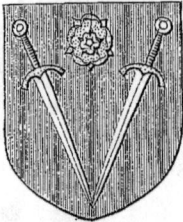

D'ARMES.

ARVILLON.

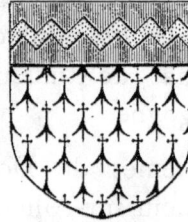

D'ASSIGNY.

D'AULNAY.

D'AVRIL.

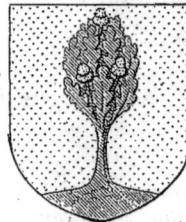

BABAUD DE LA CHAUSSADE.

BABUTE.

BAILLE DE BEAUREGARD.

BARDIN.

DE LA BARRE.

DE LA BARRE.

DE BAUDREUIL.

BAUDRON DE LA MOTHE.

LE BAULT.

DE BAZELLE.

BELLON DE CHASSY.

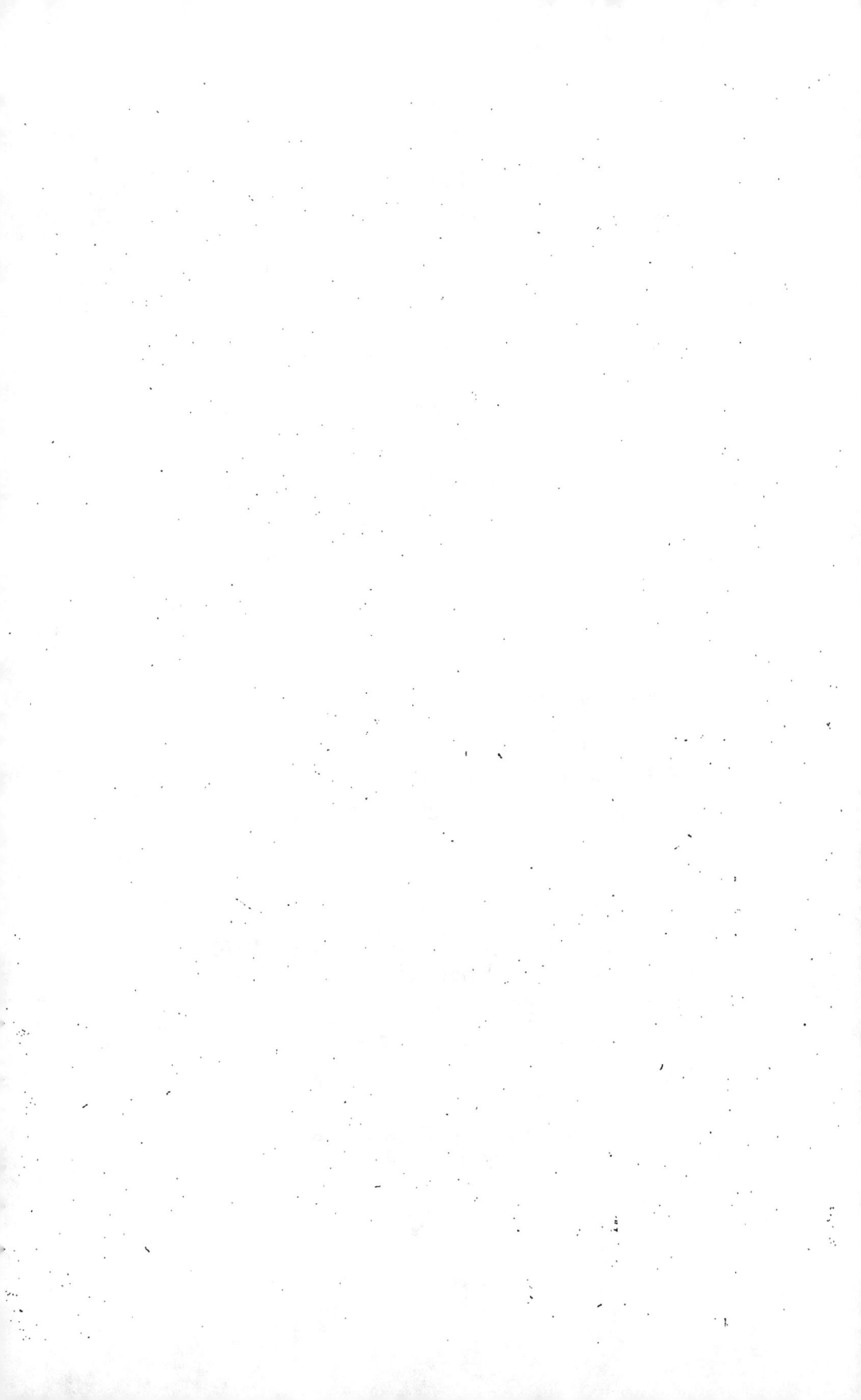

ALLASŒUR. Nivernais et Bourbonnais.

Châtellenie de Châteauneuf-sur-Allier.

Armoiries inconnues.

Archives de la Nièvre. — *Noms féodaux.*

✤ ✤ ✤

ALLEMAND, seigneurs de Brinon-les-Allemands, de Reugny.

Châtellenies de Montenoison et de Decize.

Armoiries inconnues.

Il paraît certain que cette famille chevaleresque, connue en Nivernais dès les premières années du XIIIᵉ siècle, donna son nom aux seigneuries de Brinon-les-Allemands et de Champallemand. Une charte de la collection de M. Canat de Chizy, de 1292, mentionne *Hugo Alemandi de Rugñiaco*, mort avant cette époque, laissant plusieurs enfants qualifiés *Domicelli*, dont l'un, *Hugoninus dictus Li Alemanʒ de Rugni*, figure dans une charte de 1282 des Archives de la Nièvre.

✤ ✤ ✤

D'ALLIGNY, seigneurs de Réglois, de Marnay, de La Chaux, de Gouloux, de Montbroin, d'Alligny-en-Morvand. Nivernais et Bourgogne.

Châtellenie de Liernais et Saint-Brisson.

De..... à l'aigle de..... — Pl. IX.

Archives du château de La Chaux. — *Le Morvand.* — Bulliot, *Histoire de Saint-Martin d'Autun.* — *La Noblesse aux États de Bourgogne.*

✤ ✤ ✤

D'ALLIGNY, seigneurs d'Alligny.

Châtellenie de Châteauneuf-sur-Allier.

Alliances : Joinde, de La Perrine.

Armoiries inconnues.

Inventaire des titres de Nevers.

⚜ ⚜ ⚜

ALLOURY, seigneurs de Montjeu.

Châtellenie de Moulins-Engilbert.

Alliances : Arvey, Duruisseau, Rebreget, Ravary, Pierre.

Armoiries inconnues.

Documents originaux de la collection nivernaise de l'auteur.

⚜ ⚜ ⚜

ALORY.

Châtellenie de La Marche.

Armoiries inconnues.

Dictionnaire des ennoblissements, t. II.

Pierre, Jean et Nicolas Alory, de La Charité, furent anoblis en 1354; et cet anoblissement fut confirmé, pour Nicolas, le 15 mai 1392. (Registre de la Chambre des comptes et de la Cour des aides de Paris.)

⚜ ⚜ ⚜

D'ALMAIS ou D'AULMAIS. V. DAMAS.

⚜ ⚜ ⚜

D'AMASY *al.* D'AMAISY.

Châtellenie de Saint-Verain.

Armoiries inconnues.

Inventaire des titres de Nevers. — Cartulaire de l'abbaye de Bourras, aux Archives de l'Yonne.

Cette famille, éteinte dès le XIII° siècle, nous est connue par des donations faites à l'église de Bethléem et à l'abbaye de Bourras.

✤ ✤ ✤

D'AMBLY, seigneurs de Monceaux-les-Loups.

Châtellenie de Decize.

Alliance : de Torse.

Armoiries inconnues.

Archives de Decize. — *Inventaire des titres de Nevers.*

Cette famille, qui prenait son nom d'un fief situé près de Decize dont il ne reste pas de traces, paraît n'avoir rien de commun avec les d'Ambly, de Champagne, non plus qu'avec une famille du même nom qui a donné, au XVII° siècle, un trésorier de France à Moulins.

✤ ✤ ✤

ANCEAU, seigneurs de Roziers, de La Brosse de Chevannes, de Chaire, d'Ouaigne, de Pont-Saint-Didier, de Migny-lez-Varzy, de Turigny, de Mects.

Châtellenies de Donzy, de Clamecy, de Monceaux-le-Comte et de Champallemand.

Alliances : de Prie, de Digoine, de Billy, de Juisard.

De gueules, à trois poissons d'argent en pal. — Pl. IX.

Archives de la Nièvre. — *Inventaire des titres de Nevers.* — D. Caffiaux.

✤ ✤ ✤

D'ANCHARME, seigneurs de Seillons.

Châtellenie de Châteauneuf-sur-Allier.

Armoiries inconnues.

Inventaire des titres de Nevers.

✤ ✤ ✤

D'ANCIENVILLE, seigneurs des Bordes, de Prie-sur-l'Ixeure, d'Imphy, de Chevenon, de Chamon, de Marrau, de Saint-Firmin-de-Bussy, de Montigny-aux-Amognes ; barons de Réveillon et de Frasnay-les-Chanoines. Origi-naires de Champagne, Berry, Nivernais et Bourgogne.

Châtellenies d'Entrains et de Nevers.

Alliances : de La Platière, de La Grange-d'Arquian, Bourgeois de Crespy.

De gueules, à trois maillets d'or. — Pl. VIII.

Archives de la Nièvre. — *Inventaire des titres de Nevers.* — *Dictionnaire de la noblesse.* — Segoing. — Paillot, etc.

On trouve le blason de cette famille reproduit et décrit de diverses manières : quelquefois les maillets ou mailloches sont d'argent, Segoing les indique ainsi ; selon La Chesnaye-des-Bois, ce sont des marteaux de gueules sur champ d'or, ou, pour la branche de Villiers-aux-Corneilles, des maillets de gueules, chargés de fleurs de lys d'or. Nous avons vu dans l'église de Saint-Père et sur les frontons des lucarnes de la commanderie de Villemoison, près de Cosne, les armes sculptées de Claude d'Ancienville, commandeur de Malte dans la première moitié du XVIe siècle, l'écu aux trois marteaux y est écartelé d'une *bande échiquetée, accompagnée de deux lions, le tout abaissé sous un chef de Malte.*

⚜ ⚜ ⚜

ANDRAS DE MARCY, seigneurs de Changy, de Chassy, de Vesvre, de Jussy, de Boisflorent, de Parigny-la-Rose, de Chaly, de Bourgny, de Mehers, de Chaigneau, des Barres, de Chaillant, de Cougny, du Montois, de Boisrousseau, de Serre, de Chappe, de Ferry, de Saincy, de Trégny ; barons de Poiseux ; comtes de Marcy. Niver-nais, Bourgogne et Champagne.

Châtellenies de Montreuillon, de Montenoison, de Nevers et de Châteauneuf-sur-Allier.

Alliances : du Guay, de La Barre, de Villaines, du Chastel, de La Bussière, de Bonnard, de Beaulieu, Le

Lièvre, Guillambert, Vaillant, de Crépy, des Prés, de Sauvages, de La Ferté-Meun, de Seguin-Pazzis, de Bouillé, etc.

D'argent, au chevron de gueules, accompagné de trois tourteaux de même. — Pl. VIII.

Inventaire des titres de Nevers. — Archives de la Nièvre. — Preuves pour Saint-Cyr au cabinet des titres de la Bibliothèque nationale. — D'Hozier. — *Dictionnaire de la noblesse.* — Cahier de la noblesse du Nivernais, etc.

L'Armorial général de d'Hozier et le *Dictionnaire de la noblesse* ont donné des fragments de la généalogie de cette famille.

⚜ ⚜ ⚜

ANDRAULT DE LANGERON, seigneurs de Langeron, de Buy, de l'Isle-de-Mars, de Bazolle, d'Alligny, de Cougny, de Mont; barons de La Ferté-Langeron; comtes de Langeron (1). Nivernais, Bourgogne et Forez.

Châtellenies de Châteauneuf-sur-Allier et de Saint-Saulge.

Alliances : Duillon, Branleste, Raquet, du Colombier, de Cremeaux, de La Tournelle, Faye d'Espesses, de Gouray de La Coste, de Menou.

D'azur, à trois étoiles d'argent. — Pl. IX.

Archives de la Nièvre et de l'Allier. — Dossier au cabinet des titres. — D'Hozier. — Paillot. — *Dictionnaire de la noblesse.* — Preuves du chapitre de Lyon. — Dubuisson, Chevillard. — *Revue historique,* etc.

Les plus anciens monuments qui offrent les armes de cette famille sont : l'épitaphe de *noble homme et sage maistre Charles Andrault, seigneur de Langeron.,* clerc ordinaire en la Chambre des comptes de Paris, mort au commencement du XVIᵉ siècle, qui se voyait dans

---

(1) Nos lecteurs seront peut-être étonnés de ne pas voir ici l'énumération des nombreux fiefs et de terres titrées que posséda la maison de Langeron; nous répétons une dernière fois que nous faisons figurer dans l'*Armorial* seulement les possessions nivernaises des familles.

l'église de Saint-Méry, à Paris, et qui a été conservée par des épitaphiers de cette ville; et l'écusson sculpté à l'une des clefs de voûte de
l'église paroissiale de Langeron, monument de la première moitié du
XVIᵉ siècle. On remarque ce même écu à trois étoiles sur des construc-
tions de l'ancienne abbaye de Notre-Dame de Nevers, élevées par
l'abbesse Gabrielle Andrault de Langeron (1642-1698). Au XVIIIᵉ siècle,
divers membres de cette famille, de la branche de Maulevrier, écartelèrent *d'argent, à trois fasces vivrées de gueules, à la bande d'azur
semée de fleur de lys d'or*, qui est de Gencien ; Dubuisson, Chevillard
et d'Hozier décrivent le blason des Andrault avec cette écartelure, qu'ils
paraissent du reste n'avoir jamais positivement adoptée, ce qui nous
est prouvé par une généalogie manuscrite, aussi luxueusement exécutée
que peu exacte, dressée, en 1765, pour les chefs des trois branches de la
famille, que nous avons vue à la librairie de M. Dumoulin, à Paris.
Les remarquables enluminures de ce beau manuscrit offrent partout
l'écu aux trois étoiles, tenu par deux anges, surmonté d'un lion pour
cimier et accompagné de la devise *Alors content*. Les nombreux enfants
naturels des Andrault mentionnés dans la généalogie en question, y
ont pour blason un écu *parti d'argent et d'azur, à trois étoiles de l'un
ou l'autre et un bâton de gueules péri en barre en abîme*. Des généalogies incomplètes de la famille Andrault se trouvent dans d'Hozier et
dans La Chesnaye-des-Bois. L'origine de cette famille a été donnée de
la manière la plus certaine dans la *Revue historique nobiliaire* (t. V,
nouvelle série, p. 68). Le fief de Langeron, de la châtellenie de Châteauneuf-sur-Allier, fut érigé en comté en 1656 pour Philippe Andrault,
chevalier, seigneur de Langeron.

⚜ ⚜ ⚜

ANDRIEU.

Châtellenies de Nevers et de Châteauneuf-sur-Allier.

Armoiries inconnues.

Archives de la Nièvre.

⚜ ⚜ ⚜

D'ANGELIERS, seigneurs d'Angeliers, de Chappes, de Tourfaul, de Fondelin, du Lieu, des Reaux, de Besse, de Veru.

Châtellenies de Saint-Verain, de Billy, de Champalle-mand et de Cuffy.

Alliances : de Monts, de Blanchefort, de Cambray, de La Rovoere, Le Tort, des Reaux, de Nourry.

D'azur al. de sable, à la bande d'argent, accompagnée en chef d'une rose d'or et en pointe d'une hermine d'argent. — Pl. IX.

Inventaire des titres de Nevers.

Les armes anciennes de cette famille nous sont connues par l'un des écussons gravés sur la tombe de Jean de Monts, seigneur de Lys, et de Marguerite d'Angeliers, sa femme, du milieu du XIVe siècle, qui se voit sous le porche de l'église de Lys. L'écu de Marguerite porte seulement une bande et une rose en chef. La famille ajouta depuis à son blason un animal au-dessous de la bande ; cet animal est, d'après l'*Inventaire des titres de Nevers*, tantôt un chat, tantôt une hermine ; les émaux de ces armoiries varient aussi : le champ en est de sable ou d'azur, et les pièces d'or ou d'argent.

⚜ ⚜ ⚜

D'ANGERON, seigneurs de Noan, de Pommay, des Granges, de Marcy.

Châtellenies de Cuffy et de Châteauneuf-sur-Allier.

Armoiries inconnues.

Archives de la Nièvre. — *Inventaire des titres de Nevers.* — *Histoire des grands officiers de la couronne.*

Nous n'avons vu dans aucun titre original le nom de cette famille qui se trouve écrit dans les copies : d'Angeran, d'Angerans' et d'Angeron. Le *Gallia christiana* appelle Jean d'Anguerant un évêque de Chartres, du XIVe siècle, qui appartenait à cette famille, laquelle tirait peut-être son nom de la seigneurie de Langeron.

⚜ ⚜ ⚜

D'ANGUY, seigneurs de Marié-le-Petit, de Moragne, de Montagne, de Monteuillon, de Lâché, de Patigny.

Châtellenies de Luzy et de Montenoison.

Alliances : Ballard, du Ruisseau, de Chaugy, Le Roux, Forne, de Chargère, de Courvol, de Cotignon, de La Duz.

D'azur, à la croix ancrée d'or. — Pl. IX.

Inventaire des titres de Nevers. — Registres de Luzy. — Généalogie de Courvol. — Preuves de Saint-Cyr au cabinet des titres. — Collection des titres originaux de M. Lory.

⚜ ⚜ ⚜

D'ANISY, seigneurs d'Anisy.

Châtellenie de Moulins-Engilbert.

Alliance : du Meix.

Armoiries inconnues.

Inventaire des titres de Nevers. — *Noms féodaux.*

Cette famille, connue aux XIIIe et XIVe siècles, prenait son nom du fief d'Anisy, qui passa ensuite aux Frasnay, lesquels furent souvent désignés par ce même nom.

⚜ ⚜ ⚜

D'ANLEZY, seigneurs d'Anlezy, de Jailly, de Lurcy-le-Châtel, de Lurcy-le-Bourg, du Coudray, du Marois, de Dumflun, d'Espeuilles, de Reugny, de Sainte-Marie, de Roche-sur-Arron, de Montapas, de Chazelles, de Cizely, de La Garenne, de La Barre, de Lathenon, de Marancy, de La Villotte, d'Aubigny-le-Chétif, de Lin ; barons d'Huban.

Châtellenies de Saint-Saulge, de Montenoison et de Decize.

Alliances : de Lamoignon, de Noury, de Mancy, de Damas, de Malvoisine, de Puypardin, du Mesnil, de L'Hôpital, de Roffignac, de Rabutin, de Jaucourt, d'Aunay, de Cossaye.

D'hermine, à la bordure de gueules. — Pl. VIII.

Inventaire des titres de Nevers. — D. Caffiaux. — Archives de Decize. — *Dictionnaire de la noblesse.*

Ces armoiries se trouvent au château de Dumflun, sculptées au-dessus d'une porte du XVᵉ siècle, la bordure y est denchée ; cet écu était celui d'un cadet. Le même écu, avec la bordure denchée ou engrêlée, figurait dans l'église de Saint-Paul de Paris, sur la dalle funéraire de Jean d'Anlezy, chevalier, seigneur de Dumflun, *enseigne de cinquante lances sous la charge de monseigneur le duc de Nevers,* mort en 1549. (Épitaphier de Paris.)

On voit, au presbytère d'Anlezy, un fragment d'une pierre tombale, de la fin du XIIIᵉ siècle, sur laquelle était gravée au trait la figure d'un chevalier ; on peut encore lire les premiers mots de l'inscription : ✝ GIST MESS : HVGES : DANL..... s, le reste manque ; c'était sans doute la tombe de Hugues ou Huguenin d'Anlezy, qui est mentionné dans les lettres de juillet 1260 d'Eudes de Bourgogne, comte de Nevers, portant que le sieur d'Anlezy tient en fief de lui son château d'Anlezy. (D. Caffiaux, *Trésor généalogique.*)

La famille d'Anlezy du Bourbonnais, qui avait sans doute une origine commune avec celle du Nivernais, portait un blason différent. (V. notre *Armorial du Bourbonnais.*)

⚜ ⚜ ⚜

D'ARABLAY, seigneurs de La Chapelle-Saint-André. Châtellenie de Clamecy.

Alliance : d'Auxerre.

Armoiries inconnues.

Inventaire des titres de Nevers.

⚜ ⚜ ⚜

D'ARBOURSE, seigneurs d'Arbourse, de Chailloy.

Châtellenies de Châteauneuf-au-val-de-Bargis et de Donzy.

Armoiries inconnues.

Cartulaire de Bourras, aux Archives de l'Yonne. — *Inventaire des titres de Nevers.*

✤ ✤ ✤

D'ARCY, seigneurs d'Arcy ou Levange, du Val-d'Olnay, de Pierre-Sèche, de Lys, de Monts, de Crejeux, de Cigogne.

Châtellenies de Decize et de Montreuillon.

Alliances : Botoille, Gibon, de Lys, du Bois, Quarreau, de Fretay, Maréchal, de Jolly, des Gouttes, Berthier.

D'azur, à deux fasces d'or, accompagnées de six besants d'argent, trois en chef, deux en fasce et un en pointe. — Pl. IX.

Inventaire des titres de Nevers. — Archives de Decize. — Armorial de la généralité de Moulins. — Reg. par. de Cossaye.

Les armoiries attribuées par nous à la famille d'Arcy sont celles que fit enregistrer à l'*Armorial général* Charles d'Arcy, écuyer, seigneur d'Arcy et de Levange ; mais sans doute le blason de cette famille ne se composait dans l'origine que des trois fasces et les émaux en étaient différents ; sur un aveu rendu en 1571, les armes de Claude d'Arcy, femme de Jean de Crespy, écuyer, seigneur de Ballincourt, sont *d'argent, à trois fasces de gueules.* (Marolles.)

✤ ✤ ✤

DES ARDILLIERS.

Châtellenie de Nevers.

Armoiries inconnues.

Archives de la Nièvre.

Cette famille avait donné son nom à la porte de Nevers dite des Ardilliers, actuellement la porte de Paris.

✤ ✤ ✤

D'AREYN.

Châtellenie de Montenoison.

Armoiries inconnues.

Archives de la Nièvre.

⚜ ⚜ ⚜

D'ARGENOU, seigneurs d'Argenou.

Châtellenie de Donzy.

Armoiries inconnues.

Archives de la Nièvre. — *Inventaire des titres de Nevers.*

⚜ ⚜ ⚜

D'ARGENTEUIL, seigneurs de Lugny.

Châtellenie de Donzy.

Armoiries inconnues.

Inventaire des titres de Nevers.

⚜ ⚜ ⚜

D'ARMES, seigneurs d'Armes, de Vergers, d'Eugny, de La Motte-des-Bois, de Vesvre, de Rouy, de Narloup, de La Boube, de Joye, de Verneuil, de Trucy-l'Orgueilleux, de La Borde, de Segoulle, de Guichy, du Mex, de Charry, de La Jarrie, de La Forest-sous-Bouy, de Savené, de Villorgeol, de Deuxvilles, de Plaimbois, de Moussy, de Villaines, de La Barre, de Bertignelles, de La Cave; comtes d'Armes et de Busseaux.

Châtellenies de Clamecy, de Donzy, de Monceaux-le-Comte, de Châteauneuf-au-Val-de-Bagis, de Saint-Saulge et de Montenoison.

Alliances : Porrive, Le Clerc, Savoir, de Lamoignon, Berthier, Bernard, de Chabannes, d'Armes, de Boisserand, de Clèves, des Gentils, de Desimieu, de Pracomtal, de Pernay, de Harlus.

De gueules, à deux épées d'argent, appointées en pile vers la pointe de l'écu, les gardes d'or, et une rose de même entre les gardes. — Pl. VIII.

Inventaire des titres de Nevers. — *Dictionnaire de la noblesse.* — Armorial de Challudet. — Blanchard, *Les Présidents à mortier du parlement de Paris.* — Ménestrier.

Blanchard a donné une généalogie incomplète de cette famille, dont les armes, pleines ou brisées de la bordure engrêlée de la branche cadette, se voient sculptées à l'extérieur de l'une des chapelles septentrionales de la cathédrale de Nevers et dans l'ancienne église paroissiale de Vergers.

⚜ ⚜ ⚜

D'ARQUIAN, seigneurs d'Arquian, de Paisselières, des Bois.

Châtellenies de Saint-Verain et de Donzy.

De..... au ray d'escarboucle de..... — Pl. IX.

Mss. de D. Viole, notice sur l'abbaye de Roches. — *Inventaire des titres de Nevers.*

Ces armes nous sont connues par la description que D. Viole donne, dans la notice sur l'abbaye de Roches, du sceau de Guillaume d'Arquian, chevalier, seigneur de Paisselières, appendu à une charte de 1200.

⚜ ⚜ ⚜

D'ARTHEL *al.* **D'ARTHE**, seigneurs d'Arthel, des Marchais, de Censoy, de Gimigny ; vicomtes de Clamecy.

Châtellenies de Montenoison et de Druye.

Alliance : de Champlemy.

De..... à la fasce surmontée de trois annelets rangés en chef. — Pl. IX.

Inventaire des titres de Nevers. — Mss. de D. Viole.

FAMILLES.

L'*Inventaire des titres de Nevers* décrit (col. 116) le sceau de Gauthier d'Arthe, vicomte de Clamecy en 1281, qui portait un écu « à une » fasce avec une sorte de gonfanon en chef » ; mais les armes de cette famille nous sont données d'une manière plus exacte par le dessin de l'écu qui figurait sur la tombe de Seguin d'Arthe, trésorier de l'église de Sainte-Eugénie de Varzy, oncle de Gauthier, mort en 1269, dessin qui se trouve dans la notice manuscrite de D. Viole sur la collégiale de Varzy. La vicomté de Clamecy, nommée aussi petite vicomté ou vicomté de la tour du Châtelot, était un fief qui consistait en une maison avec un colombier situés à Clamecy près du grenier à sel, en une rente de 24 livres sur une forge au village d'Ouagne, et en la troisième partie du minage sur les grains qui se vendaient au marché. Plusieurs fiefs et arrière-fiefs étaient mouvants de cette vicomté, dont on trouve mention en 1100. (*Mémoires pour servir à l'histoire du Nivernois*, par Née de La Rochelle, p. 94.)

✤ ✤ ✤

ARVILLON, seigneurs du Sosay, de Saint-Baudière.
Châtellenie de Nevers.

Alliances : Taupin, de Vaulx, de La Porte, Sallonnier, Le Bourgoing.

D'azur, au chevron, accompagné en chef de deux étoiles et en pointe d'un rencontre de bélier, le tout d'or. — Pl. VIII.

Archives de la Nièvre. — Armorial de la généralité de Moulins.

✤ ✤ ✤

L'ASNE, seigneurs de Saligny.
Châtellenie de Clamecy.

De..... à trois losanges. — Pl. IX.

Archives de la Nièvre. — *Inventaire des titres de Nevers.*

Ces armes nous sont connues par la description d'un sceau de cette famille, du XIVe siècle, décrit dans l'*Inventaire des titres de Nevers.*

✤ ✤ ✤

15

D'ASSIGNY, seigneurs de Courcelles, de Luigny, d'Ouagne. Nivernais, Auxerrois et Orléanais.

Châtellenie de Clamecy.

Alliances : Vigner, de Chaumont, de La Verne, Le Bourgoing, d'Avantigny, de Courvol, d'Estutt, de Gamaches, de Melun, de La Grange, Chevalier, de La Coudre, de Moncorps.

D'hermine, au chef de gueules, chargé d'une vivre d'or. — Pl. VIII.

Inventaire des titres de Nevers. — Dossier au cabinet des titres de la Bibliothèque nationale. — Archives de l'Yonne. — *Dictionnaire de la noblesse.* — *Généalogie de Courvol.*

La branche bourguignonne, sans doute cadette, brisait d'une bordure de gueules ; c'est ainsi que les armes de cette famille étaient figurées sur une tombe du XVIe siècle dans l'église de Saint-Aubin-Châteauneuf, au diocèse de Sens. (Dossier du cabinet des titres.)

✤ ✤ ✤

D'ASSY, seigneurs d'Assy.

Châtellenie de Montenoison.

Alliances : Antheaume, Gaucher.

Armoiries inconnues.

Inventaire des titres de Nevers.

Nous croyons cette famille tout à fait distincte de la famille d'Assi ou d'Assy, du Berry et du Bourbonnais, mentionnée dans d'Hozier.

✤ ✤ ✤

D'AUBIGNY, seigneurs de Boisjardin, de Parolles.

Châtellenie de Donzy.

Armoiries inconnues.

Inventaire des titres de Nevers.

✤ ✤ ✤

D'AULNAY, seigneurs d'Aulnay, de Fougères, de Vacheresse, de Crepelles, de Lys, des Courtils, de Varennes, de Grateis, de Laleuf, de Touteuille, de Fleury-la-Tour, du Meix-Richard, d'Estrechy, de Curiot, des Cornais, de Tamnay. Nivernais, Charolais et Auxerrois.

Châtellenies de Gannay, de Decize, de Montreuillon, de Monceaux-le-Comte, de Metz-le-Comte et de Châteauneuf-sur-Allier.

Alliances : d'Agnon, du Donjon, de Ternant, de Champs, du Chastel, de Soucin, de Thianges, de Chuyne, d'Anlezy, etc.

D'argent, au lion de sable, armé et lampassé de gueules. — Pl. VIII.

Archives de Decize. — *Inventaire des titres de Nevers.* — Archives de la Nièvre. — Extraits des titres de Bourgognes. — *Noms féodaux.* — Preuves de Malte, à la Bibliothèque de l'Arsenal.

Cette famille, qui eut une fort grande position dans notre province pendant plus de trois cents ans, et qui paraît s'être éteinte, au XVIIe siècle, dans l'Auxerrois, où elle posséda la seigneurie d'Arcy-sur-Cure, prenait son nom du fief d'Aulnay *(Aulenayum)*, qui dépendait de la châtellenie de Ganay-sur-Loire et dont il ne reste plus de traces. Les armes des d'Aulnay sont sculptées sur le portail et à des clefs de voûte de l'église de Lys ; elles se trouvent plusieurs fois décrites dans l'*Inventaire des titres de Nevers ;* le lion, toujours de sable sur champ d'argent, est tantôt simple, tantôt armé et lampassé de gueules.

⚜ ⚜ ⚜

AUPEPIN DE LA MOTTE DE DREUZY, seigneurs de Dreuzy, de Chanteloup. Nivernais et Orléanais.

Châtellenie de Monceaux-le-Comte.

Alliances: Poitereau, Marion, d'Esme, de La Ferté-Meun.

D'azur, au sautoir d'or, cantonné de quatre croisettes d'argent. — Pl. IX.

Archives de la Nièvre. — Née de La Rochelle. — *Armorial de la généralité d'Orléans.*

⚜ ⚜ ⚜

D'AUROUER, seigneurs de Paisselières, de Jartat. Nivernais et Auxerrois.

Châtellenie de Druye.

Armoiries inconnues.

Inventaire des titres de Nevers.

✢ ✢ ✢

D'AVANTOIS, seigneurs d'Avantois, d'Arcy, de Grenant, de Beaumont-la-Ferrière, de Prenat, de Miniers, de Sichamps, de Montifaut, de La Forêt-Vingheux, de Maupertuis, du Vernay, de Poissons, de Verille *al.* Montgrison, de Chaillant ; barons de Poiseux.

Châtellenies de Montenoison, de Nevers et de Donzy.

Alliances : de Fontenay, de Chambon, de Grossouvre, de Saint-Quentin, de La Platière.

De..... au lion. — Pl. IX.

Archives de la Nièvre et de Prunevaux. — *Inventaire des titres de Nevers.*

Les armes de cette famille nous sont données par le sceau de Hugues d'Avantois, baron de Poiseux, dont une empreinte existe sur une pièce de 1575 conservée aux Archives de la Nièvre.

✢ ✢ ✢

D'AVENIÈRES, seigneurs d'Anlezy, de Lurcy-le-Châtel, de Lurcy-le-Bourg, de Riéjot, des Escots. Bourbonnais et Nivernais.

Châtellenies de Châteauneuf-sur–Allier, de Montenoison et de Decize.

Alliances : de Demoret, de Damas, de La Rivière, etc.

De gueules, à trois gerbes d'or. — Pl. IX.

Archives de la Nièvre. — D. Caffiaux. — *Noms féodaux.* — D. Coll. — Segoing.
— Guichenon, *Histoire de Bresse et de Bugey.* — *Inventaire des titres de Nevers.*
— Archives du Rhône. — *Armorial du Bourbonnais.*

Segoing et Guichenon ajoutent aux gerbes du blason des d'Avenières un écu d'hermine en abîme, qui fut sans doute la brisure d'une branche cadette, peut-être de celle des seigneurs d'Anlezy.

⚜ ⚜ ⚜

D'AVRIL, seigneurs d'Avril-sur-Loire, de La Croix, de Chasse, de Serreux, du Cloître-de-Sougy, du Plessis-sur-Loire, de La Garenne.

Châtellenie de Decize.

Alliances : de La Chaume, de Paris, Breschard, Dougny.

D'or, au lion d'azur, armé, lampassé et couronné d'argent. — Pl. VIII.

Archives de Decize. — *Inventaire des titres de Nevers.*

L'écu de cette famille est sculpté au-dessus d'une porte latérale, des premières années du XVIᵉ siècle, de l'église paroissiale d'Avril-sur-Loire. On trouve dans l'*Inventaire* l'écu d'Avril avec une brisure de cadet consistant en un croissant d'azur sous la patte gauche du lion.

⚜ ⚜ ⚜

D'AZY *al.* D'AISY, seigneurs d'Azy, d'Augy, de Chesault.

Châtellenie de Nevers.

Alliances : Antheaume, de Lichy, du Bois.

Armoiries inconnues.

Archives de la Nièvre. — *Inventaire des titres de Nevers.*

⚜ ⚜ ⚜ ⚜

BABAUD DE LA CHAUSSADE, seigneurs de Demeurs, de Guérigny, de Villemenant, de Richerand, de La Vache, d'Ouvrault, de Médine, de Beaumont-la-Ferrière, de Sauvages, de Guichy, de La Douhée, de Vérille, de Narcy, de La Boue ; barons de Frasnay-les-Chanoines.

Châtellenie de Nevers.

Alliances : Masson, Le Conte de Nonant, Goujon de Gasville, de Guiry, Berthier de Bizy.

D'or, au chêne de sinople, englanté d'or, terrassé du second émail. — Pl. VIII.

Archives de la Nièvre. — *Dictionnaire de la noblesse.* — Dossier au cabinet des titres de la Bibliothèque nationale. — Dubuisson. — *Bulletin de la Société nivernaise,* t. IV.

Les armes de cette famille, timbrées d'une couronne de comte et entourées du collier de l'ordre de Saint-Michel, se distinguent encore sur une litre extérieure de l'église de Guérigny construite, au milieu du XVIIIe siècle, par Pierre Babaud de La Chaussade.

⚜ ⚜ ⚜

BABUTE, seigneurs de La Tour, de Neuville, de Verneuil, de Veroux, de Fourcherenne, de Grenant, de La Rivière ; barons de Saint-Pierre-du-Mont. Originaires du Bourbonnais, Nivernais et Berry.

Châtellenies de Saint-Verain, de Cercy-la-Tour et de Saint-Saulge.

Alliances : de Maleret, de La Porte, de Vaudetar, de Fontenay, de Chabannes, de Bar, de Maumigny, Tenon.

Écartelé : aux 1 et 4, d'argent, à trois fleurs de pensée d'azur, qui est de Babute ; et aux 2 et 3, palé d'argent et d'azur, au chevron de gueules brochant sur le tout, qui est de Fontenay. — Pl VIII.

Inventaire des titres de Nevers. — *Noms féodaux.* — La Thaumassière, *Histoire du Berry.* — *Dictionnaire de la noblesse.* — Armorial de Challudet.

La Thaumassière a fait une erreur en attribuant à cette famille l'écu des Fontenay, dont les Babute du Nivernais seuls écartelèrent ou partirent leurs armoiries, par suite du mariage de Gaspard Babute avec Philiberte de Fontenay, qui lui apporta en dot la baronnie de Saint-Pierre-du-Mont en 1541. L'historien du Berry donne la filiation des Babute depuis les premières années du XV⁰ siècle; mais, dès le XIVᵉ, cette famille avait une grande position à Moulins, comme on le voit par les *Noms féodaux*.

⚜ ⚜ ⚜

BAILEZY.

Châtellenie de Moulins-Engilbert.

Armoiries inconnues.

Archives de la Nièvre. — Collection nivernaise de l'auteur.

⚜ ⚜ ⚜

BAILLE DE BEAUREGARD, seigneurs des Meurs, de Presle, des Coques, de Beauregard. Originaires du Nivernais, en Poitou.

Châtellenie de La Marche.

Alliances : Le Tellier, du Pré, Le Thonnelier, Devad, Dadinot, Faulquier, Seguin, Gavard.

D'argent, à la fasce d'azur, accompagnée en chef de trois roses de gueules, rangées en fasce, et en pointe d'un lion léopardé de même. — Pl. VIII.

Dictionnaire de la noblesse. — Nobiliaire de Saint-Allais.

La généalogie de cette famille se trouve dans le tome II du *Nobiliaire* de Saint-Allais.

⚜ ⚜ ⚜

BALLARD, seigneurs de Montmoret, de Montreul. Nivernais et Bourgogne.

Châtellenies de Luzy et de Moulins-Engilbert.

Alliances : d'Anguy, Luzard, Monchanin, de Chargère, Bérard, Rabiot.

D'azur, à deux fasces d'or, accompagnées de neuf étoiles de même. — Pl. IX.

Archives de la Nièvre. — *Inventaire des titres de Nevers.* — Reg. de La Roche-Millay et de Luzy.—*Armorial manuscrit de Bourgogne.*—H. de Fontenay, *Armorial de la ville d'Autun.*

Nous adoptons le blason figuré sur un aveu et dénombrement rendu en 1575 par Jean Balard, grènetier de Luzy (Marolles). Dans l'*Armorial manuscrit*, les armoiries de Pierre Ballard, receveur des États au bailliage d'Autun, sont ainsi décrites : *D'or, à l'aigle à deux têtes de sable, chargée d'un écu d'azur, à trois quintefeuilles d'or.* La branche de La Chapelle, qui a donné au XVIIIe siècle un conseiller au parlement de Dijon, portait : *D'argent, à la fasce d'azur, accompagnée en chef de trois mouchetures d'hermine de sable, et en pointe d'une tête de léopard de gueules.* (Des Marches, *Histoire du parlement de Bourgogne.*)

⚜ ⚜ ⚜

DE BALORRE, seigneurs du Guay, de Molneuf. Originaires de Bourgogne, en Nivernais.

Châtellenie de Ganay.

Alliances : de Bourbon, du Guay.

D'azur, à la croix engrêlée d'or. — Pl. IX.

Archives de Decize. — *Inventaire des titres de Nevers.* — *Dictionnaire de la noblesse.*

La Chesnaye-des-Bois, dans les quelques lignes qu'il consacre à cette famille, dit qu'elle s'éteignit en 1360 dans la famille de Rabutin. Les Balorre que l'on trouve possessionnés en Nivernais et en Charolais depuis la fin du XIIIe siècle portaient les mêmes armes (Marolles) et avaient certainement la même origine que ceux dont parle le *Dictionnaire de la noblesse.* (Voir l'*Inventaire des titres de Nevers.*)

⚜ ⚜ ⚜

DE BAR, seigneurs de Sozay, de Bernay, de Vielmanay; barons de Limanton et de La Guerche. Originaires
du Berry, en Nivernais.

Châtellenies de Nevers, de Cuffy et de Moulins-Engilbert.

Alliances : de Vinon, du Chesnay, Babute, de Damas,
de Maumigny, de Baudreuil, du Mesnil-Simon, Thibault,
de Villaines, de Loron, de Bar, de Las, d'Arlay.

Retiercé en fasces d'or, d'azur et d'argent. — Pl. IX.

Archives de la Nièvre. — Thaumas de La Thaumassière. — *Histoire des grands
officiers de la couronne. — Noms féodaux. — Dictionnaire de la noblesse.* — Vertot.

L'*Histoire du Berry* et La Chesnaye-des-Bois ont donné des généalogies abrégées de cette famille, originaire du Berry, dont une branche
s'établit en Nivernais dans la première moitié du XVIe siècle. Les de
Bar avaient la prétention de se rattacher à l'illustre maison de Bar, dont
ils ajoutaient souvent les armes à leur propre blason; plusieurs portraits
conservés au château de Limanton sont blasonnés de cette sorte. Henri-
Louis de Bar, chevalier, qualifié comte de Bar et de Limanton, faisait
enregistrer ses armoiries de la manière suivante dans l'*Armorial manuscrit de la généralité de Moulins : D'azur, semé de croix recroisetées
au pied fiché d'or, à deux bars adossés de même brochant sur le tout.*

⚜ ⚜ ⚜

DE BARBANÇOIS, seigneurs de Dorne. Originaires
du Berry.

Châtellenie de Decize.

Alliances : de Neuchèze, de Réfuge, Chaspoux de
Verneuil, Boucher.

De sable, à trois têtes de léopard d'or. — Pl. IX.

D'Hozier. — *Dictionnaire de la noblesse.* — La Thaumassière. — Preuves de
page du Roi au cabinet des titres.

La généalogie des Barbançois se trouve dans La Chesnaye-des-Bois, qui indique les têtes de léopard du blason comme étant *arrachées et lampassées de gueules.* D'Hozier et La Thaumassière donnent des généalogies moins complètes de cette famille.

⚜ ⚜ ⚜

BARBERIN, seigneur de Chaulme.

Châtellenie de Nevers.

Alliances : Dey de Seraucourt, Lyon, Coquille, Le Bourgoing.

Armoiries inconnues.

Archives de la Nièvre. — Registres paroissiaux de Chaulgnes.

Cette famille avait la prétention d'être issue de l'illustre famille Barberini, de Rome, dont elle portait, dit-on, les armes : *D'azur, à trois abeilles d'or.*

⚜ ⚜ ⚜

DE BARD *al.* BART, seigneurs du Creuset.

Châtellenie de Decize.

Alliances : Coquille, Moquot.

Armoiries inconnues.

Archives de Decize.

⚜ ⚜ ⚜

BARDIN, seigneurs d'Herry, d'Arcy, de La Rivière, de Limonnet, de Champagne, d'Origny.

Châtellenies de Monceaux-le-Comte, de Decize, de Champallement, de Nevers et de Châteauneuf-sur-Allier.

Alliances : du Moutet, Bastard, Pion, Gascoing, Rousseau, Pommereuil, Millet, Goussot, Durand, Nourry, de Saint-Phalle.

D'azur, au trèfle d'or, soutenu d'un croissant d'argent et accosté de deux étoiles de même. — Pl. VIII.

Archives de la Nièvre et de Decize. — *Inventaire des titres de Nevers.* — Armorial de Challudet. — Armorial de la généralité de Moulins.

L'épitaphe d'une femme de cette famille, morte en 1579, qui se voit dans l'église de Saint-Pierre-le-Moûtier, porte un écusson où l'on remarque seulement un trèfle et un croissant ; l'écu des Bardin reproduit dans l'Armorial de Challudet est de même.

✤ ✤ ✤

BARGEDÉ. Nivernais et Bourgogne.

Châtellenie de Metz-le-Comte.

Alliance : Pagani.

De gueules, à la bande d'or, chargée d'un lion de sable, accompagnée de trois trèfles du second émail. — Pl. III.

Armorial de la généralité de Paris. — Chevillard.

L'Armorial manuscrit décrit ce blason avec une barre d'or ; nous avons rectifié cette description d'après les sceaux de l'évêque de Nevers Édouard Bargedé (1705-1719), qui appartenait à cette famille, originaire de Vézelay, à laquelle on doit aussi le poète Nicole Bargedé, du milieu du XVIe siècle.

✤ ✤ ✤

DE BARGES, seigneurs de Bussy.

Châtellenies de Châteauneuf-sur-Allier et de Nevers.

Alliance : de Maisoncomte.

Armoiries inconnues.

Inventaire des titres de Nevers.

✤ ✤ ✤

DE LA BARRE (1), seigneurs de Chevroux, de Lorgue, de Chabé, d'Avril-sur-Loire. Originaires de Beauce, Nivernais et Berry.

Châtellenies de Châteauneuf-sur-Allier et de Clamecy.

Alliances : d'Orval, des Mazis, de Fontenay, de La Ferté-Meun, de Berou, de Clèves (bâtards), de Celerier, de Bron, du Lys, de Champfeu, du Broc, de Dreuille.

D'argent, à la fasce d'azur, chargée de trois coquilles d'or, accompagnée de deux merlettes de sable, une en chef et l'autre en pointe. — Pl. VIII.

Noms féodaux. — Dictionnaire de la noblesse. — d'Hozier.

La Chesnaye-des-Bois a donné la généalogie de cette famille.

⚜ ⚜ ⚜

DE LA BARRE, seigneurs de Gérigny, de La Vernière, du Chasnay, de Chaluverdy, de Maupas, d'Estroches, de Cloux, de Villatte, de Biarre, de Ferrières, de La Motte-Josserand. Originaires du Berry, Nivernais et Bourbonnais.

Châtellenies de La Marche, de Châteauneuf-au-val-de-Bargis, de Saint-Saulge et de Donzy.

Alliances : de Marolles, Andras, de Quinquet, de Grossouvre, de Chastellux, Jacquinet, de Chéry, de Courvol, de Reugny, de Boisselet, de Dreuille.

D'azur, à trois glands d'or, tigés et feuillés de même. — Pl. VIII.

Inventaire des titres de Nevers. — La Thaumassière. — Noms féodaux. — Dictionnaire de la noblesse. — D'Hozier. — Preuves de Malte à la Bibliothèque de l'Arsenal. — Armorial du Bourbonnais.

(1) Le nom de cette famille est La Barre et non pas Barre ; il eût donc été, selon nous, plus logique de le mettre, comme tous ceux qui commencent par un article, à la lettre L ; mais nous, avons cru devoir suivre l'usage généralement adopté.

La Thaumassière et La Chesnaye-des-Bois ont donné une partie de la généalogie de cette famille, dont de curieux portraits armoriés sont conservés au château de La Fin, en Bourbonnais.

⚜ ⚜ ⚜

DES BARRES, seigneurs de Champallement, de Bois-Rozerin, de Sardy, d'Apremont, de Breuil, de Lathier, de Chitry-les-Mines, de Rouy, de Cours-les-Barres, de Neuvy-le-Barrois, de La Celle-sur-Nièvre, etc.; barons de La Guerche. Originaires de la Brie, Nivernais, Berry, Bourbonnais, etc.

Châtellenies de Cuffy, de Champallement, de Saint-Saulge, de Monceaux-le-Comte, de Donzy, etc.

De sinople, à la croix ancrée d'or. Al. *D'or, à la croix ancrée de sinople.* — Pl. IX.

Inventaire des titres de Nevers. — *Noms féodaux.* — Armorial de Gilles Le Bouvier. — Guillaume Revel. — Paillot. — *Dictionnaire de la noblesse*, etc.

M. Grésy a donné, dans le XXᵉ vol. des *Mémoires de la Société des antiquaires de France*, une intéressante notice sur Jean des Barres et sur sa maison, illustre par son ancienneté, par le rang considérable qu'elle a tenu pendant les XIIᵉ, XIIIᵉ et XIVᵉ siècles, et par les grands hommes qu'elle a produits. Guillaume Iᵉʳ des Barres, seigneur d'Oisery, près de Dammartin, au XIIᵉ siècle, fut la tige des cinq branches de la famille dont l'une appartient à notre province. Cette branche eut pour auteur Guillaume, dit le Jeune, seigneur de La Guerche, nommé *Willelmus de Barris, dominus Guercie*, dans une charte de 1217 des Archives de la Nièvre, cinquième fils de Guillaume Iᵉʳ, qu'Hervé, comte de Nevers, par un traité passé à Melun en 1215, donna pour caution, avec Pierre, son frère, et d'autres seigneurs, à Louis de France, comte d'Artois (*Histoire de la maison de Vergy*, p. 408.) M. Grésy affirme que la branche de La Guerche s'éteignit en 1391; en effet, les barons de La Guerche finirent à cette époque; mais un rameau de cette branche existait encore au commencement du XVIIᵉ siècle en Nivernais et sur les confins du Bourbonnais et du Berry, ce dont on peut se convaincre par l'étude de l'*Inventaire des titres de Nevers*, des *Noms féodaux* et du *Dictionnaire des titres originaux du cabinet du chevalier Blondeau de Charnage.* A ce rameau appartenaient : Loys des Barres, dont le blason : *De sinople, à la croix ancrée d'or*, est donné par Guillaume Revel ; Jacques des Barres, seigneur de Neuvy-le-Barrois à la fin du XV⁰ siècle ; Louis des Barres, aussi seigneur de Neuvy, maître d'hôtel du Dauphin, fils aîné de François I⁰ʳ, dont nous avons publié un jeton dans notre *Essai sur la numismatique bourbonnaise* (p. 105) ; Antoine des Barres, dont la statue tombale, du XVI⁰ siècle, décorée d'écussons à une croix ancrée, est conservée au château d'Apremont ; enfin François des Barres, dit Le Barroys, seigneur de Neuvy en 1603. (Archives de la Nièvre.) M. Grésy dit encore qu'avant d'aller à la croisade, Guillaume des Barres, seigneur de La Guerche, portait : *Barré d'argent et de sable*, et qu'au retour de la guerre sainte, il prit une *croix recerclée de sable, traversée d'une bande, sur fond d'argent*, que ses descendants conservèrent. La branche nivernaise des des Barres porta toujours, en effet, dans son blason, une *croix recerclée et ancrée*, qui fut tantôt de *sinople sur champ d'or*, comme on la trouve dans l'Armorial de Gilles Le Bouvier, tantôt *d'or sur champ de sinople*, comme la figure Guillaume Revel ; mais nous croyons que cette croix ne fut pas propre aux seigneurs de La Guerche et à leurs descendants ; en effet, le sceau de Pierre des Barres, frère du premier seigneur de La Guerche, dont nous connaissons une empreinte appendue à une charte de 1221 des Archives de France (J. 257), et les sceaux de deux autres personnages de cette maison, décrits dans l'*Inventaire* de M. Douët d'Arcq, portent un écusson à une croix ancrée. (Voir, dans l'*Inventaire des titres de Nevers*, la description de plusieurs sceaux de la branche nivernaise.) La branche des seigneurs d'Oisery avait adopté pour blason : *Losangé de gueules et d'or.*

⚜ ⚜ ⚜

BARTHOLOMIER, seigneurs de Villesauvage, de Chaillenay, de Villiers.

Châtellenies de Donzy et de Nevers.

Armoiries inconnues.

Inventaire des titres de Nevers.

⚜ ⚜ ⚜

DE BASSO, seigneurs d'Épiry, de Précy, de Coulon.

Châtellenie de Montenoison.

Alliance : de Montsaulnin.

Armoiries inconnues.

Inventaire des titres de Nevers. — Archives de la Nièvre. — Archives du château de Marcilly. — Collection nivernaise de l'auteur.

Plusieurs cheminées gothiques du château d'Epiry, du XVe siècle, portent un écu à *trois bandes* qui est peut-être celui des Basso.

⚜ ⚜ ⚜

BASTARD, seigneurs de Beffes, de Machy, d'Arthel, de Chassy, de Mottedon.

Châtellenies de Nevers et de Montenoison.

Alliances : Boisserand, de Ruffey, de Villiers, Bardin.

Armoiries inconnues.

Archives de la Nièvre. — *Inventaire des titres de Nevers.*

Nous ignorons si les personnages de ce nom, mentionnés dans l'*Inventaire des titres de Nevers* depuis Hugues Bastard, chevalier, témoin d'une charte de franchise de Cosne en 1198, jusqu'à Imbert Bastard, écuyer, seigneur de Mottedon, appartenaient à la même famille, et s'ils peuvent être rattachés aux Bastard du Berry.

⚜ ⚜ ⚜

DE BAUCHEREAU, seigneurs de Serre, d'Aulnay.
Nivernais et Charollais.

Châtellenie de Ganay.

Alliance : Massieu.

Échiqueté d'or et d'azur, au chef de gueules, chargé de trois molettes d'éperon d'argent. — Pl. IX.

Inventaire des titres de Nevers. — Noms féodaux.

⚜ ⚜ ⚜

DE BAUDOIN, seigneurs de Baudoin, de Chevannes-les-Crots.

Châtellenies de Decize et de Cercy-la-Tour.

Alliances : du Pontot, de Courvol, de L'Hopital, de Nourry, des Paillards.

D'or, à la croix pattée de gueules. — Pl. IX.

Inventaire des titres de Nevers. — Généalogie de Courvol. — Archives de Maumigny.

⚜ ⚜ ⚜

DE BAUDREUIL, seigneurs de Baudreuil, de Fontallier, de La Motte, de Marigny, de Boncourt. Nivernais, Bourbonnais, Normandie et Picardie.

Châtellenies de Châteauneuf-sur-Allier et de Decize.

Alliances : de Vaulx, Le Bourgoing, de Bar, d'Abancourt, Le Tort, d'Auberville, de Termes, de Foucquesoles, de Roussy, de Villers, de Chérie, de Canteleu, Ferrand, Rillart, Lescarbotte de Beaufort, de La Fons, Meniolle de Cizancourt, Mathieu de Gomiécourt, de Fitte de Soucy, Tirouflet, de Navier de Beaufort, de Saint-Ouen d'Ernemont.

Fascé d'azur et d'argent de quatre pièces, à trois cœurs de gueules, couronnés d'or, brochant, les cœurs sur les fasces d'argent et les couronnes sur les fasces d'azur. Al. D'argent, à trois cœurs de gueules, couronnés de même. — Pl. VIII.

Archives de la Nièvre et de Decize. — *Inventaire des titres de Nevers.* — Preuves pour l'École militaire au cabinet des titres.

La charge de garde du scel de Saint-Pierre-le-Moûtier fût héréditaire, de la fin du XIVᵉ siècle aux premières années du XVIᵉ, dans cette famille, qui prenait son nom du fief de Baudreuil ou Baudreuille, près de Saint-Pierre, bien que l'on trouve toujours son nom

FAMILLES.

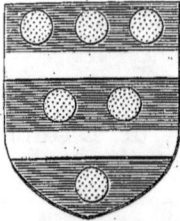

ALADANE

D'ALLIGNY
DE DICY

ANCEAU

ANDRAULT DE LANGERON

D'ANGELIERS

D'ANGUY

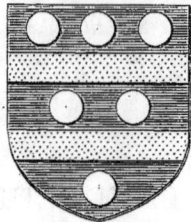

D'ARCY

D'ARQUIAN

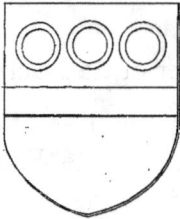

D'ARTHEL

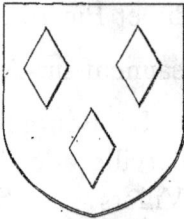

L'ASNE

AU PEPIN

D'AVANTOIS FERRECHAT

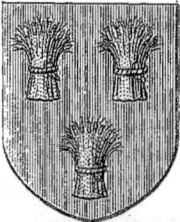

D'AVENIERES

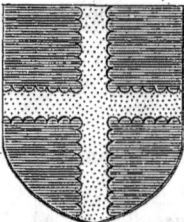

DE BALORRE

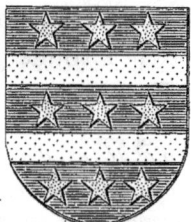

BALLARD

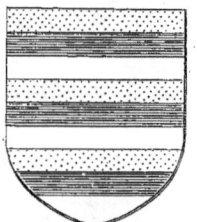

DE BAR

DE BARBANÇOIS

DES BARRES

DE BAUCHEREAU

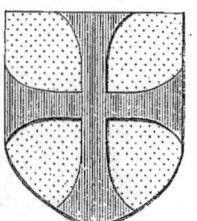

DE BAUDOIN

écrit Baudreuil et non de Baudreuil dans les chartes des XIVᵉ et XVᵉ siècles. Il est probable qu'une branche des Baudreuil s'éteignit, au XVIᵉ siècle, dans une branche de la famille Rapine, qui en écartela les armes, tandis qu'une autre branche, qui avait repris le nom de de Baudreuil, s'établissait en Bourbonnais, puis passait en Normandie et en Picardie où elle est encore représentée. Le plus ancien monument héraldique des Baudreuil est un petit sceau de Durand Baudreuil, garde du scel de Saint-Pierre-le-Moûtier, appendu à une charte de 1479 des Archives de la Nièvre; ce sceau porte un cœur. L'église de Decize renferme un beau rétable sculpté en pierre, de la seconde moitié du XVIᵉ siècle, donné par Jean de Vaux, seigneur de Germancy, et par Marie Baudreuil, sa femme, qui y sont figurés avec leurs armoiries; celles de la femme sont trois cœurs couronnés. Le blason de deux Baudreuil, abbés de Corbigny, est ainsi figuré dans un manuscrit de la Bibliothèque nationale *(Documenta monastica, t. III)* : *Écartelé, aux 1 et 4, fascé d'azur et d'argent de quatre pièces, à trois cœurs de gueules couronnés d'or brochant, les cœurs sur les fasces d'argent, et les couronnes sur les fasces d'azur, qui est de Baudreuil; et aux 2 et 3, fascé de quatre pièces d'hermine et d'azur, chaque fasce d'azur chargée de trois fleurs de lys d'or*, qui est de l'abbaye de Saint-Martin-aux-Bois. Guy de Baudreuil, abbé de Saint-Martin-aux-Bois (diocèse de Beauvais), de 1492 à 1531, restaura ce monastère anciennement ruiné par les Anglais *(Gallia christiana)* et fit placer ses armoiries aux clefs de voûte de la sacristie. Nous devons à M. l'abbé Carpentier, curé de Saint-Martin-aux-Bois, le dessin de ces écussons, dont l'un porte les trois cœurs couronnés, deux autres les cœurs également couronnés sur le fascé, et un quatrième, assez peu distinct, semé de certains objets qui peuvent être des fleurs de lys et des mouchetures d'hermine. Enfin les diverses reproductions des armoiries de la branche des Rapine de Boisvert que nous connaissons offrent toutes l'écartelure de Baudreuil avec les cœurs brochant sur le fascé. Dans les preuves que Charles-Louis de Baudreuil présenta, en 1745, pour être admis à l'École militaire, les cœurs sont dits *enflammés de gueules*, mais c'est évidemment une erreur causée par le mauvais dessin des couronnes. Les représentants actuels de la famille portent les trois cœurs couronnés de gueules sur champ d'argent. Une généalogie des Baudreuil est imprimée dans la nouvelle édition de d'Hozier.

BAUDRION, seigneurs de Saint-Loup-sur-Abron, de Saint-Parize-en-Viry, de Courjamon. Nivernais et Autunois.

Châtellenies de Saint-Pierre-le-Moûtier et de Decize.

Alliances : de Fontenelle, Taillefer, Vyau.

De gueules, à trois croisettes d'or. — Pl. XI.

Archives de Decize. — Registres de Chassenay. — *Inventaire des titres de Nevers.* — *Noms féodaux.* — Armorial de la généralité de Moulins.

⚜ ⚜ ⚜

BAUDRON DE LA MOTHE, seigneurs de La Motte-Josserand. Originaires de Bordeaux, Nivernais.

Châtellenie de Donzy.

Alliances : de L'Espinasse, Hernart, de La Chasseigne, de Masin, d'Albaret.

D'azur, au lévrier rampant d'argent, accompagné en chef de deux pommes de pins versées d'or. — Pl. VIII.

Archives de l'Yonne.

⚜ ⚜ ⚜

DE BAUGY, seigneurs de Billy, de Martigny.

Châtellenie de Decize.

Alliances : de Billy, d'Avril.

Armoiries inconnues.

Archives de Decize et de Vandenesse.

⚜ ⚜ ⚜

LE BAULT, seigneurs de La Forest, de Saint-Gratien, de Montjou, de Boissand, de Langy, de Moûtier, de Chavance, de Soulains, de La Loge, de Vaux, de Romenay.

Châtellenies de Moulins-Engilbert, de Decize et de Cercy-la-Tour.

Alliances : du Plessis, de Frasnay, de Champs, de Chasteaux, Tartarin, du Verne, de Chevigny, Carpentier, Parent, Millot de Montjardin.

De gueules, au chevron d'or, accompagné de trois merlettes de même. — Pl. VIII.

Archives de Nevers. — Marolles. — *Dictionnaire de la noblesse.*

✤ ✤ ✤

DE BAZELLE, seigneurs de La Brosse, de Montviel, de Buy, de Devay.

Châtellenies de Decize et de Châteauneuf-sur-Allier.

Alliances : des Liens, de Magnien, Vaillant.

D'azur, au chevron d'argent, chargé de cinq tourteaux de gueules et accompagné de trois étoiles d'or, au chef cousu de gueules, chargé d'une fleur de lys d'or. — Pl. VIII.

Archives de Decize. — Registres de Thianges. — *Armorial de la généralité de Bourges.*

✤ ✤ ✤

DE BAZOCHES, seigneurs de Bazoches, de Challement, de Coutis, de La Lande, de Preaul, de Chantereaul, de Corvol, de La Motte-Josserand.

Châtellenies de Monceaux-le-Comte, de Montreuillon, de Montenoison et de Donzy.

Alliances : Raboteau, de Quincy, de Sully.

Armoiries inconnues.

Inventaire des titres de Nevers. — *Généalogie de la maison de Chastellux.*

✤ ✤ ✤

DE BÉARD, seigneurs de Béard, de Lestalon, de Saxi-Bourdon.

Châtellenies de Decize et de Champallement.

Alliance : du Maigny.

Armoiries inconnues.

D. Caffiaux.

✤ ✤ ✤

DE BEAUJARDIN. V. DE BOISJARDIN.

✤ ✤ ✤

DE BEAUJEU *al.* DU COLOMBIER et DE MONT-COQUIER, seigneurs d'Asnois, de Sarys-sur-Yonne. Originaires de Franche-Comté, Bourgogne, Nivernais, Bourbonnais et Champagne.

Châtellenie de Saint-Verain.

Alliances : de Saint-Verain, de La Palice, de Tarsat, de Chamigny, du Chesnay, de Prévost, des Vignes, de Grandry, Gaste, de Salazar.

De gueules, à quatre burèles d'argent. Al. Burelé d'argent et de gueules de dix pièces. — Pl. XI.

Inventaire des titres de Nevers. — Dictionnaire de la noblesse. — La Noblesse aux États de Bourgogne. — Extraits des titres de Bourgogne. — Preuves de Saint-Cyr au cabinet des titres. — Procès-verbal de la recherche de la noblesse de Champagne, par M. de Caumartin.

Cette famille, appelée aussi du Colombier et de Montcoquier, prenait son nom d'un fief situé près de Gray, selon M. d'Arbaumont *(La Noblesse aux États de Bourgogne)* qui lui attribue pour armes le *burelé d'argent et de gueules*. Caumartin et les preuves du cabinet des titres décrivent le blason de la branche de Champagne : *De gueules, à cinq burèles d'argent.* La branche nivernaise porta l'écu décrit ci-dessus, sculpté sur un tombeau de la fin du XVIe siècle d'un personnage de cette famille, dans l'église de Bitry, et que nous avons retrouvé, avec une écartelure, sur les sceaux de l'évêque de Bethléem, Philibert de Beaujeu, dont nous avons parlé (p. 64).

Un comte de Beaujeu, de la branche de Franche-Comté, fit enregistrer le blason suivant dans l'Armorial général de la généralité de Bourgogne (Salins) : *Écartelé, aux 1 et 4, burelé d'argent et de gueules de dix pièces*, qui est de Beaujeu ; *et aux 2 et 3, d'or, au lion de sable, armé et lampassé de gueules, et un lambel de même à cinq pendants brochant sur le lion*, qui est des sires de Beaujeu ; *et, sur le tout, écartelé, aux 1 et 4, de gueules, à la fasce d'argent, accompagnée de trois oiseaux de même, et aux 2 et 3, émanché d'or et d'azur*. L'écartelure de cet écusson prouve que nos Beaujeu avaient la prétention de se rattacher à la grande maison de Beaujeu, prétention qui nous paraît fort peu soutenable.

⚜ ⚜ ⚜

DE BEAULIEU.

Châtellenie de Nevers.

Alliances : Mathe, Andras.

Armoiries inconnues.

Inventaire des titres de Nevers. — *Statistique monumentale de la Nièvre* (article de Montigny-aux-Amognes). — *Archives de Nevers*, de Parmentier.

⚜ ⚜ ⚜

DE BEAUMONT, seigneurs de Saint-Péreuse, de Frasnay.

Châtellenies de Moulins-Engilbert et de Montreuillon.

Armoiries inconnues.

Inventaire des titres de Nevers.

⚜ ⚜ ⚜

DE BEAUMONT, seigneurs de Vaux, de Vero, des Fayaux, du Perron, d'Espeuilles, de Barigny, de Chazeuil, de Champvert, de Roche, du Tremblay, de Chevigny, de Montasson.

Châtellenies de Cercy-la-Tour, de Saint-Saulge, de Montenoison et de Decize.

Alliances : Breschard, de Saisy, de Bourbon, de Cussigny, d'Oigny, de Tamnay, Galand, de Grandry, Boisserand, de Saint-Père, de Michaugues, de Neuffonts, de Chenonville, Gabaud.

Armoiries inconnues.

Archives de Decize et de Vandenesse. — Collection de titres originaux de M. Canat de Chizy. — *Inventaire des titres de Nevers.*

Peut-être cette famille d'ancienne chevalerie avait-elle une origine commune avec la précédente.

✤ ✤ ✤

BELARD, seigneurs des Caillots, de Vauvrille.

Châtellenie de Decize.

Alliances : Seiller, Contamine, Pilloux, Quantin, L'Évêque.

Armoiries inconnues.

Archives de Decize. — *Inventaire des titres de Nevers.*

✤ ✤ ✤

DE BELESTAT, seigneurs de Belestat, de Gricourt.

Châtellenie de Decize.

Alliance : de Clèves (bâtards).

Armoiries inconnues.

Archives de Decize. — Marolles.

✤ ✤ ✤

BELLON DE CHASSY, seigneurs de Chassy, d'Alluy, de Blanzy, de Pont, de Meulot.

Châtellenies de Saint-Saulge et de Decize.

Alliances : Ursin, de Marpont, Guillemin, Houdaille, Flamen d'Assigny, Tassin de Villepion, Thoulouze, Réal, Begouen de Meaux, de Vimont, de Montserrat, Mitiffiot de Bélair.

D'azur, au chevron d'or, accompagné en chef de deux étoiles, et en pointe d'une croisette pattée de même, surmontée d'un croissant d'argent. — Pl. VIII.

Armorial de Challudet. — Registres de Moussy et d'Alluy.

La branche des seigneurs de Pont portait dans son écusson un *bélier* au lieu de la *croisette pattée.*

⚜ ⚜ ⚜

BERGER, seigneurs du Moulan, de Rivière, de Montrenard, du Mont.

Châtellenies de Luzy et de Moulins-Engilbert.

Alliances : de Lanty, Simon, Pinot, Pelletier d'Escrots, d'Aval, Jouleau, du Crest, de Merans, Bastenet, Charpentier de Vallery.

D'azur, au mouton passant d'argent, couronné d'or, surmonté de trois étoiles de même. — Pl. XI.

Archives de la Nièvre. — Registres de La Roche-Millay. — *Inventaire des titres de Nevers.* — Preuves de Saint-Cyr, au cabinet des titres. — *Le Morvand.*

⚜ ⚜ ⚜

BERGER.

Châtellenie de Nevers.

Alliance : Dien.

D'azur, à deux houlettes d'or posées en sautoir, accompagnées de quatre moutons passants d'argent. — Pl. VII.

Archives de Nevers. — Armorial de la généralité de Moulins.

✤ ✤ ✤

BERGER, barons de Frasnay-les–Chanoines et de La Ferté-Chauderon.

Châtellenies de La Marche et de Châteauneuf-sur-Allier.

Armoiries inconnues.

Archives de la Nièvre.

Claude Berger, possesseur de la baronnie de Frasnay-les-Chanoines, qui acheta, en 1741, celle de La Ferté-Chauderon, appartenait peut-être à l'une des familles mentionnées ci-dessus.

✤ ✤ ✤

BERGERON, seigneurs de La Baratte, de La Breuille, de Saint-Cy-Fertrève.

Châtellenies de Decize, de Châteauneuf-sur-Allier et de Nevers.

Alliances : de Graudry, Le Breton, Rapine.

D'azur, à trois molettes d'éperon d'or. — Pl. XI.

Archives de Decize. — *Inventaire des titres de Nevers.*

✤ ✤ ✤

BERNARD, seigneurs de Pitié, de Mannay, de Toury-sur-Abron, de Retz-les-Espoisses, de La Forest, de Mont-couroux, de Couroux, de Presle.

Châtellenie de Decize.

Alliances : Tillot, Bouzitat, Gaignet, Cotignon, de Druy, Prisye, Enfert, Le Bourgoing, Berthelot, Vyau, Robin, de La Venne, Pérude, Dollet.

D'azur, au cœur d'or, accompagné en chef de deux étoiles de même, et en pointe d'un croissant d'argent. — Pl. X.

Archives de la Nièvre et de Decize. — Archives du château de Toury. — Armorial de Challudet. — Armorial de la généralité de Moulins.

⚜ ⚜ ⚜

DE BERNAULT, seigneurs de Bernault, de Saint-Éloi, de Crécy, d'Amange, de Bouys, de Guipy, de Tressol. Originaires du Nivernais, Bourgogne.

Châtellenies de Savigny-Poil-Fol, de Luzy, de Monte-noison et de Montreuillon.

Alliances : de Brassiers, de Marry, de La Tournelle.

De sable, à la croix d'or. — Pl. X.

Marolles. — D. Caffiaux. — *La Noblesse aux États de Bourgogne.* — *Dictionnaire de la noblesse.* — Titres de Bourgogne.

Cette famille, dont M. d'Arbaumont signale la présence en Bourgogne dès 1295, ne nous est connue que depuis 1381 en Nivernais, où se trouve le fief de Bernault, près de Luzy. Marolles donne plusieurs fois les armes de cette famille, qui paraît avoir quitté notre province pour la Bourgogne à la fin du XVIᵉ siècle.

⚜ ⚜ ⚜

BERNOT DE CHARANT, seigneurs de Passy, de La Pointe, de Narcy, de Varennes, de La Suriette, de Congy, de Mouchy, de Charant, de La Cave, de Boisrond.

Châtellenie de La Marche.

Alliances : de Beauharnois, Johanneau, de Beaulery, Fitteau, Magnan, Billot, d'Estutt, Millin, de Grandry, de

Boislève, du Chesne, Bellot, Van-Gangelt, de Fricon, Poulain de Vauxjoie, Baillon de Fontenay, Petit de La Fosse, Pougin de Maisonneuve.

D'argent, à la fasce d'azur, chargée d'une croisette pattée d'or entre deux étoiles de même. — Pl. X.

Archives de la Nièvre. — *Armorial de la généralité de Bourges.*

✤ ✤ ✤

BERTHELON, seigneurs de Montjardin, de Saint-Hilaire, de La Cave, de La Cour-de-Marcilly, de Vilaine, de La Forest, de Martigny, de Champerron, de Rethiér, de La Goutte, de Fléty, de Champausserin, de Villiers, de Beaumont-sur-Sardolle, de Lanty, de Montrimbault.

Châtellenies de Luzy, de Decize, de Cercy-la-Tour, de Montreuillon et de Moulins-Engilbert.

Alliances : de Lichy, du Chailloux, des Ulmes, de Marry, du Crest, de Monceaul, de Montsaulnin, Berthier, de La Forest, de Roffignac.

Armoiries inconnues.

Archives de Decize. — *Inventaire des titres de Nevers.* — Collection de documents historiques de M. Canat de Chizy.

✤ ✤ ✤

BERTHELON.

Châtellenies de Nevers et de Châteauneuf-sur-Allier.

Armoiries inconnues.

Archives de Nevers. — Armorial de la généralité de Moulins.

Nous pensons qu'il n'y a pas lieu de rattacher à la famille précédente, d'origine militaire, des Berthelon qui occupèrent, aux XVIIe et

XVIIIe siècles, des charges de robe à Saint-Pierre-le-Moûtier et à Nevers, auxquels l'Armorial manuscrit attribue un écu d'*hermine mantelé de gueules*, qui nous paraît de fantaisie.

✤ ✤ ✤

BERTHELOT, seigneurs de Jagny, de Chevigny.

Châtellenies de Decize et de Nevers.

Alliances : Millin, Pinet, Gascoing, de Ponard, Bernard de Toury, de Villars.

D'azur, au chevron d'or, accompagné de trois besants d'argent. — Pl. XI.

Archives de Decize et du château de Toury. — *Inventaire des titres de Nevers.* — *Noms féodaux.* — Armorial de la généralité de Moulins.

✤ ✤ ✤

BERTHIER DE BIZY, seigneurs de Bouy, de Bizy, du Veuillien, de Navenon, de Neurre, de Vanay, de Cougny, de Chassy, de La Bussière, de La Vallée, de La Motte, de La More, de Contres, de La Vallée-des-Granges, de La Motte-Charente, de Parigny-les-Vaux, de La Belouse, de Vernesson ; comtes de Bizy.

Châtellenies de Nevers, de Cuffy et de Donzy.

Alliances : Frappier, Coquille, des Colons, Alligret, des Autels, de Vandel, de Lange, du Chastel, de Mullot, de La Chasseigne, Le Boucq, de Saint-Père, de La Ballue, de Chevigny, Berthelon, d'Armes, de Lamoignon, de Borniole, de Charry, de Grivel, de Culon, Tenon, Guesdat, de Pagany, Le Maire, de Champrobert, Gougnon, de La Cassagne, de Maumigny, Pommereuil, Garnault, Babaud de La Chaussade, du Bourg, Séguier.

D'azur, à la fasce d'or, accompagnée en chef d'une rose d'argent et en pointe de trois glands d'or, posés 2 et 1. — Pl. X.

Archives de Nevers. — *Inventaire des titres de Nevers.* — Collection nivernaise de l'auteur. — Armorial de la généralité de Moulins. — Armorial de Challudet. — *Dictionnaire de la noblesse.* — Preuves de Saint-Cyr au cabinet des titres. — Cahier de la noblesse du Nivernais, etc.

Les armes de cette famille se voient dans un fragment de verrière, de la fin du XVIᵉ siècle, de l'église de Suilly-la-Tour. On les remarquait aussi dans le cloître des Chartreux de Paris, sur la tombe de maître Charles Berthier de Bizy et d'Henriette Alligret de Clichy, sa femme, morte en 1523. (Épitaphier manuscrit de Paris, à la Bibliothèque nationale.)

⚜ ⚜ ⚜

BERTHIER DE GRANDRY, seigneurs de Grandry.

Châtellenie de Châtel-Censoir.

Alliances : Collier, Pilleron, Gaillard, Chevanne, Garnier, Viard.

D'azur, au chevron d'or, accompagné en chef de trois étoiles mal ordonnées d'argent et en pointe d'un lion d'or. — Pl. XXIX.

Preuves pour l'École militaire au cabinet des titres.

⚜ ⚜ ⚜

BERTHOMIER, seigneurs de Célines.

Châtellenies de Châteauneuf-sur-Allier et de Nevers.

Alliances : Popillon, Baudreuil.

Armoiries inconnues.

Inventaire des titres de Nevers.

⚜ ⚜ ⚜

FAMILLES.

BERNARD.

DE BERNAULT.

BERNOT DE CHARANT.

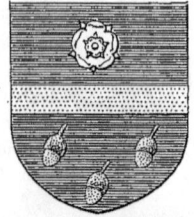

BERTHIER DE BIZY.

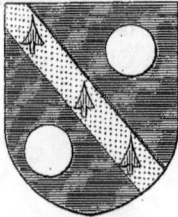

BEURDELOT.

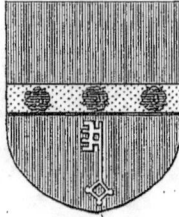

DE BÈZE.

DE BLANCHEFORT.

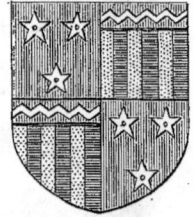

DE BLOSSET.

BOGNE

DU BOIS D'AISY.

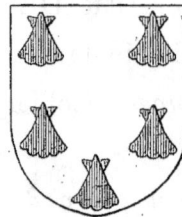

DU BOIS DES COURS.

BOISSERAND.

BOLACRE.

DE BONGARDS.

DE BONNAY.

DE BORNIOLLE

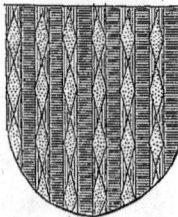

BONNIN.

DES BORDES.

BORNE DE GRANDPRÉ.

LE BOURGOING.

Imp. Fugère Fres Lyon.

BERTRAND, seigneurs de La Mathas et de La Forêt-de-Biches.

Châtellenie de Saint-Saulge.

Alliances : de Bigne, de Forges.

Armoiries inconnues.

Inventaire des titres de Nevers.

⚜ ⚜ ⚜

BESAVE.

Châtellenies de Moulins-Engilbert et de Montreuillon.

Alliances : de Certaines, de Courvol, d'Anstrude, Moreau.

De gueules, au lion d'or. — Pl. XI.

Collection nivernaise de l'auteur. — *Généalogie de Courvol.* — Registres de Château-Chinon.

⚜ ⚜ ⚜

BEURDELOT, seigneurs de Fontenilles, de Boistaché. Bourgogne et Nivernais.

Châtellenie de Donzy.

Alliances : de La Coudre, Morin, de Blosset, de Giverlay, de La Bussière.

D'azur, à la bande d'or, chargée de trois fers de dard de gueules et accompagnée de deux besants d'argent, un en chef et un en pointe. — Pl. X.

Dictionnaire de la noblesse. — *Armorial de la généralité de Paris.* — D'Hozier. — Preuves pour l'École militaire au cabinet des titres.

⚜ ⚜ ⚜

DE BEUVRON, seigneurs de Beuvron, de La Charnaye.

Châtellenie de Clamecy.

Alliances : de Benne, de Nuiz.

Armoiries inconnues.

Inventaire des titres de Nevers.

⚜ ⚜ ⚜

DE BÈZE, seigneurs de La Celle-sur-Loire, de Villeneau, de Chaillenoy, de Lys, de Pignolle, de Talon-Judas,
du Vernay, de Maupertuis, de Tannay, de Montlourin, de
Château-du-Bois, de Vesvre, du Chasnay, de Cuzy, de
Saint-Didier, de La Belouze, de Tamnay. Nivernais, Bourgogne, Beauce et Paris.

Châtellenies de Saint-Verain, d'Estaiz, de Monceaux-le-
Comte et de Donzy.

Alliances : Pilory, Le Vaillant, Piget, Guignard, de
La Porte, Tribolle, de Coulanges, Grève, Courtois,
Bouzitat, Bogne, Chambaut, Dezallier d'Argenville,
Sallonnier, Vyau, de Vaux, Barse, Rossignol, Poitereau
du Velard, Gascoing, de L'Espinasse, Anjorrant, Girard
de Vannes, Marchand du Gué, de Hiéronimy, des Colons.

*De gueules, à la fasce d'or, chargée de trois roses d'azur et
accompagnée en pointe d'une clef d'argent en pal. — Pl. X.*

*Inventaire des titres de Nevers. — Dictionnaire de la noblesse. — Chevillard. —
Armorial de la généralité de Moulins. — Dossier au cabinet des titres. — Collection nivernaise de l'auteur. — Épitaphiers de Paris.*

Les armes de la famille de Bèze se trouvent reproduites de diverses
manières : elles étaient figurées avec trois étoiles, au lieu de roses, et
une clef d'or, dans l'église de Saint-Côme de Paris, sur la tombe de
Nicolas de Bèze, conseiller au parlement de Paris, oncle du fameux
Théodore (épitaphier manuscrit de Paris) ; un sceau de Théodore de
Bèze, appliqué à un aveu de la seigneurie de Chaillenoy de 1584,
décrit dans l'*Inventaire des titres de Nevers*, porte également trois

LA BIZE, seigneurs de Barges, de Roziers.

Châtellenie de Nevers.

Alliance : Le Bourgoing.

Armoiries inconnues.

Archives de la Nièvre. — *Inventaire des titres de Nevers.* — *Archives de Nevers.*

✤ ✤ ✤

LE BLANC-BELLEVAUX.

Châtellenie de Nevers.

D'azur, au chevron d'or, accompagné en chef de deux étoiles de même et, en pointe, d'un cygne d'argent, nageant sur des ondes de même. — Pl. XI.

Archives de la Nièvre. — Registres paroissiaux de Nevers. — Armorial de la généralité de Moulins. — *Bulletin de la Société nivernaise,* t. VII.

L'*Armorial général* décrit les armes de Gilbert Le Blanc, procureur à Nevers : *D'argent, à une ombre de cygne.* Nous connaissons des cachets de cette famille du XVIIIe siècle qui portent le cygne, sur champ d'azur, seul ou surmonté de trois étoiles, ou enfin placé sous un chevron, accompagné en chef de deux étoiles. La grille de la chapelle de Saint-Joseph de la cathédrale de Nevers avait été donnée, en 1756, par le chanoine Gaspard Le Blanc, qui y avait fait mettre ses armes, telles que nous les donnons ci-dessus, sauf que le champ était de sable.

✤ ✤ ✤

LE BLANC DE L'ESPINASSE, seigneurs de La Tuillerie, de Cossay.

Châtellenies de Donzy et de Decize.

Alliances : Villemard, de L'Espinasse, Thoulot, Boisson de Vauselme, du Peyroux de Salmagne.

19

Parti de gueules, au lion d'argent, qui est de Le Blanc; *et fascé d'argent et de gueules de huit pièces*, qui est de L'Espinasse. — Pl. XI.

Archives de Decize. — Armorial de la généralité de Moulins.

Charles Le Blanc, fils de Charles Le Blanc, seigneur de La Tuillerie, fit enregistrer ses armoiries : *De gueules, au lion d'argent*, à l'*Armorial général* ; marié, en 1727, à Marie de L'Espinasse, il prit le nom et les armes de sa femme qu'il transmit à ses descendants.

⚜ ⚜ ⚜

DE BLANCHEFORT, seigneurs de Château-du-Bois, de Villeneau, de Fondelin, de Saligny, de Bidon, de Chevannes, de Nyon, de Thurigny ; barons d'Asnois. Originaires du Limousin.

Châtellenies de Saint-Verain, de Donzy, de Monceaux-le-Comte, de Clamecy, de Billy et de Nevers.

Alliances : du Pont, de Clèves (branche bâtarde), d'Angeliers, de Salazar, de Loron, Olivier, de Bèze, de Champs, Brulart de Sillery, Pierquet.

D'or, à deux lions léopardés de gueules. — Pl. X.

Archives de la Nièvre. — *Inventaire des titres de Nevers.* — *Dictionnaire de la noblesse.* — Extraits des titres de Bourgogne. — *Mémoires de Castelnau.* — Moréri. — *Bulletin de la Société nivernaise,* t. V.

Nous possédons un grand portrait d'Adrien de Blanchefort, maréchal et gouverneur du Nivernais et député de la noblesse de cette province aux États-Généraux de 1614, sur lequel se remarque le blason suivant : *Écartelé : aux 1 et 4, parti de gueules, au ray d'escarboucle pommeté et fleurdelysé d'or de huit pièces, enté en cœur d'argent, à l'escarboucle de sinople,* qui est de Clèves, *et d'or, à la fasce échiquetée d'argent et de gueules de trois traits,* qui est de La Mark ; *et aux 2 et 3, de France, à la bordure componée d'argent et de gueules,* qui est de Bourgogne-Nevers ; *et, sur le tout, écartelé, aux 1 et 4, d'or, à deux lions léopardés de gueules,* qui est de Blanche-fort ; *et aux 2 et 3, d'argent, à cinq cotices d'azur,* qui est du Pont. Adrien de Blanchefort, en faveur de qui la terre d'Asnois fut érigée en baronnie, avec celles de Saligny et de Bidon, le 12 novembre 1606, appartenait à une branche de la grande famille limousine de Blanche-fort, qui s'était établie en Nivernais par suite du mariage de Guy ou Guinot de Blanchefort, aïeul d'Adrien, avec Perrette du Pont, dame de Château-du-Bois, de Villeneau et de Fondelin. Pierre, fils de Guy, s'était allié avec Léonarde de Clèves, dame d'Asnois, dont le père, nommé Hermann, était fils naturel de Jean, comte de Nevers et duc de Clèves. Telle est l'origine des écartelures décrites ci-dessus.

⚜ ⚜ ⚜

BLANZAT, seigneurs de Levange, de Nogent, de La Brosse, de La Grange-Coquillat.

Châtellenies de Decize et de Châteauneuf-sur-Allier.

Alliance : Vyau de La Garde.

Armoiries inconnues.

Archives de Decize et de la Nièvre.

⚜ ⚜ ⚜

BLAUDIN, seigneurs d'Isenay, de Révillon.

Châtellenies de Donzy, d'Entrains et de Corvol.

Alliances : du Meix, du Deffend.

Armoiries inconnues.

Inventaire des titres de Nevers.

⚜ ⚜ ⚜

BLAUDIN DE THÉ, seigneurs de Thé, du Vignaux, de Valière.

Châtellenie de Nevers.

Alliances : Poirier, Maillard, de La Venne, Vaunier, Maslin, Moquot, Gavard, Gondier, Septier, Gombaud de

Séréville, Piet, Guillier, Coquille, de Villars, Languinier, Marandat, Duminy.

D'azur, au rencontre de daim d'or. — Pl. XXIX.

Archives de la Nièvre. — *Archives de Nevers.*

Un cachet scellant une lettre d'un membre de cette famille, de la fin du XVIIᵉ siècle, porte *une fasce accompagnée de deux roses, l'une en chef et l'autre en pointe.*

❧ ❧ ❧

BLONDAT, seigneurs de Levange.

Châtellenie de Decize.

Alliance : de Cray.

Armoiries inconnues.

Archives de Decize.

❧ ❧ ❧

DE BLOSSET, seigneurs de La Vallée d'Aglan, de Coulon, de Précy, de Mouron, de La Grange, de Fourviel, de Saint-Maurice, de Fleury, de Villiers, de Roussy, de Neuilly, de La Grenouillère, d'Epiry, de Certaines, de Lamenay, de Ruère. Originaires de Normandie, Nivernais, Paris, Berry, Bourgogne, etc.

Châtellenies de Montreuillon, de Corvol, de Montenoison, de Varzy et de Saint-Saulge.

Alliances : Tixier, de Loron, Cannaie, Armet, Berthier, de Mavieux, de Herry, Tixier, de Certaines, de Krebs de Bach, de Bonin, de Richouf, de Beaujeu, Semelé, d'Imonville, de Rodon, Boulanger, Trompose de Grandry.

Écartelé : aux 1 et 4, de gueules, à trois molettes d'argent ; et aux 2 et 3, palé d'or et d'azur, au chef de gueules, chargé d'une fasce vivrée d'argent. — Pl. X.

Inventaire des titres de Nevers. — *Dossier au cabinet des titres.* — *Dictionnaire de la noblesse.* — *Armorial gravé de la ville de Paris.* — Titres de Bourgogne. — Armorial de la généralité de Moulins, etc.

L'*Armorial gravé de la ville de Paris* blasonne ainsi les armes de Jean Blosset, baron de Torcy, chevalier des ordres du Roi, lieutenant-général de Paris et de l'Ile-de-France, en 1572 et 1577 : *Écartelé : aux 1 et 4, palé d'or et d'azur, au chef de gueules, chargé d'une fasce vivrée d'argent ; et aux 2 et 3, burelé d'argent et de gueules de dix pièces, au lion de sable, couronné d'or, brochant sur le tout.* A la fin du XVIIe siècle, Isaac Blosset, écuyer, seigneur de Précy, portait simplement : *Palé d'or et d'azur.* (Armorial de la généralité de Moulins.)

⚜ ⚜ ⚜

DE BOBE, seigneurs de Bobe et de Narloup.

Châtellenie de Saint-Saulge.

Alliance : des Réaux.

Armoiries inconnues.

Inventaire des titres de Nevers.

⚜ ⚜ ⚜

BOCCARD, seigneurs de Vandenesse, d'Archelay.

Châtellenie de Moulins-Engilbert.

Armoiries inconnues.

Inventaire des titres de Nevers.

⚜ ⚜ ⚜

BOGNE, seigneurs de Faye.

Châtellenies de Nevers, de Châteauneuf-sur-Allier, de Clamecy.

Alliances : Roy, Brisson, Pajot, Gascoing, de Bèze, de L'Espinasse, de Varenne.

D'azur, à la gerbe d'or. — Pl. X.

L'Armorial de Challudet reproduit ainsi les armes de Henry Bogne, procureur du roi au siège présidial de Saint-Pierre-le-Moûtier : *D'azur, à une gerbe d'or sortant d'une corbeille de même.* La grille du chœur de la cathédrale de Nevers, donnée par Jean-Henry Bogne, doyen du chapitre de 1653 à 1693, que le *Gallia christiana* nomme : *Capituli benefactor et domus dei*, offre, au milieu d'ornements divers, les hures de sanglier du blason du chapitre et les gerbes, souvenir des armes du donateur qui ne portait sans doute qu'une gerbe dans son écu comme Jean Bogne, procureur du roi au bailliage de Saint-Pierre-le-Moûtier, dont le blason enregistré à l'*Armorial général* est : *D'azur, à la gerbe d'or.*

⚜ ⚜ ⚜

DU BOIS, seigneurs du Bois, de Saint-Éloi, de Bertun, de L'Isle.

Châtellenies de Nevers et de Châteauneuf-sur-Allier.

Armoiries inconnues.

Inventaire des titres de Nevers.

Cette famille eut pour berceau le fief du Bois, qui se trouvait dans la paroisse de Sermoise. Ce nom, si commun à toutes les époques, se reproduit sous tant de formes, soit pour l'orthographe, soit pour la traduction du latin en français, qu'il est bien difficile de classer d'une manière positive tous les du Bois, de Boys, du Bosc, du Box dont on trouve la mention dans les chartes. Nous avons essayé de rattacher les uns aux autres les personnages de ce nom, nobles ou de haute bourgeoisie, qui habitèrent telle ou telle partie du Nivernais, et nous donnons, sous toutes réserves, leur classement en onze familles, dont quatre seulement nous sont parfaitement connues.

⚜ ⚜ ⚜

DU BOIS, seigneurs du Bois, d'Ausserain, de Beauregard.

Châtellenie de Liernais et Saint-Brisson.

Alliances : de La Tournelle, de Commune, de Montjeu, de Luzy, de Salins.

Armoiries inconnues.

Le Morvand.

✤ ✤ ✤

DU BOIS, seigneurs du Plessis.
Châtellenie de La Marche.

Armoiries inconnues.

Inventaire des titres de Nevers.

✤ ✤ ✤

DU BOIS, seigneurs de Corvol et de Trucy.
Châtellenies de Montenoison et de Corvol.

Armoiries inconnues.

Inventaire des titres de Nevers.

✤ ✤ ✤

DU BOIS, seigneurs du Bois.
Châtellenie de Metz-le-Comte.

Armoiries inconnues.

Archives de la Nièvre. — *Inventaire des titres de Nevers.*

✤ ✤ ✤

DU BOIS, seigneurs de Villeperney.
Châtellenie de Clamecy.

Armoiries inconnues.

Inventaire des titres de Nevers.

✤ ✤ ✤

DU BOIS-D'AISY, seigneurs du Bois *al.* du Boux, de Poussery, de La Motte-Scia, de Neuville, de Lanty, du Fort-de-Lanty, du Crot-d'Achun, de Drasilly, de Saisy, de Pouilly, de Beaulieu, de Chaillot, de Marcilly, d'Aisy, du Pont-d'Aisy, de Dompierre ; barons et comtes du Bois-d'Aisy. Nivernais et Bourgogne.

Châtellenies de Decize, de Savigny-Poil-Fol et de Moulins-Engilbert.

Alliances : de Poussery, de Chanteloup, du Tremblay, des Aubus, des Paillards, de Carreau, Droyn, Paillette, de Montsaulnin, Martin de Fontenelles, de Humes de Cherisy, de Damas, de Thoisy, de La Ferté–Meun, de Brosses, de Massol, Champion de Nansouty.

D'azur, à la fasce d'or, accompagnée en chef d'une étoile de même, entre deux fleurs de lys d'argent, et en pointe d'un porc-épic du dernier émail. — Pl. X.

Inventaire des titres de Nevers. — Dossier au cabinet des titres. — *Archives généalogiques de la noblesse de France.* — Chevillard. — *États de Bourgogne.* — *Le Morvand.*

M. Lainé a donné, dans le tome Ier de ses *Archives de la noblesse de France*, une généalogie complète de cette famille, qui ne prenait pas son nom du fief du Bois, près de Chevenon, comme le dit le savant généalogiste, mais plutôt d'un des fiefs du même nom qui existaient entre Moulins-Engilbert et Decize. Toutes les possessions des du Bois d'Aisy se trouvaient dans cette partie du Nivernais. M. Lainé a rattaché à cette famille, l'une des plus anciennes de la province, tous les du Bois dont il a trouvé le nom dans les documents sur le Nivernais. Dans Chevillard et dans l'édition originale de la *Noblesse aux États de Bourgogne*, les pièces du blason de cette famille sont d'argent.

❧ ❧ ❧

DU BOIS DE GIVRY, seigneurs de Givry, de Couses, de Nourry, de Cousson, du Boux, de Pannecot, des Amiraux, d'Arcilly, de La Motte-Verdeur, de Che-

FAMILLES.

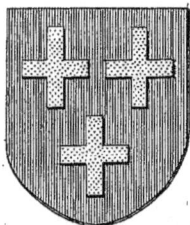

BAUDRION

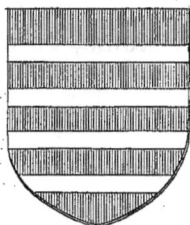

DE BEAUJEU

BERGER

BERGERON

BERTHELOT

BESAVE

LE BLANC DE LESPINASSE

LE BLANC

DU BOIS DE GIVRY

DU BOIS DE MARZY

DE BOISJARDIN

DE BOURBON

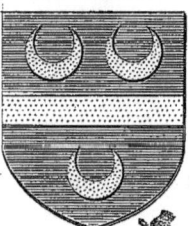

DE LA BOUTTIERE

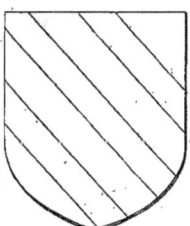

DE BREULLE

DE BUFFEVENT

BUREAU

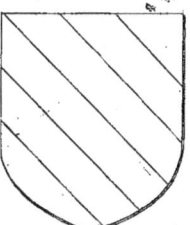

DE LA BUSSIERE

DE BUSSY

CARRELET

DE CARROBLE

Seon sculp-

Imp. Fugère Frer Lyon.

vannes-Bureau, de Poligny, de Veroux ; barons d'Anisy ; marquis de Vandenesse. Originaires de Paris, Nivernais et Touraine.

Châtellenie de Moulins-Engilbert.

Alliances : Olivier, Morant, Thomé, de Baylens de Poyanne.

Écartelé : aux 1 et 4, d'or, à trois clous de la Passion de sable, au chef d'azur, chargé de trois aiglettes d'argent, qui est du Bois ; aux 2 et 3, d'argent, au lion de sable, qui est de Fiennes ; et sur le tout, écartelé : aux 1 et 4, d'azur, à six besants d'or, 3, 2 et 1, au chef d'argent, chargé d'un lion issant de sable, qui est d'Olivier ; et, aux 2 et 3, d'or, à trois bandes de gueules ; celle du milieu chargée de trois étoiles d'argent, qui est de Növiant. — Pl. XI.

Archives de la Nièvre et du château de Vandenesse. — *Dictionnaire de la noblesse,* etc.

On trouve dans le *Dictionnaire de la noblesse* un fragment de la généalogie de cette famille. La baronnie de Vandenesse et les seigneuries de Givry, Nourry et Poligny furent érigées en marquisat, par lettres patentes du mois de décembre 1663, en faveur de Louis du Bois, chevalier, seigneurs des fiefs ci-dessus, lieutenant-général des armées du Roi, conseiller d'État d'épée, grand-bailli de Touraine, etc.

⚜ ⚜ ⚜

DU BOIS DE MARZY, seigneurs de Marzy. Originaires de Chartres, en Nivernais.

Châtellenies de Moulins-Engilbert et de Nevers.

D'argent, à cinq coquilles en orle et un écu en abîme, le tout de gueules. — Pl. XI.

Archives de Nevers.

Nous ne connaissons les armes de cette famille que par les empreintes de plusieurs cachets de Louis du Bois des Bordes, dernier président de la Chambre des comptes de Nevers. Ces armes sont semblables, sauf l'*écu en abîme*, à celles des du Bois des Cours, et nous pensons, sans pouvoir l'affirmer, qu'il doit y avoir communauté d'origine entre ces familles, toutes deux originaires du Perche. Il est à remarquer que l'une des branches des du Bois des Cours, celle des seigneurs des Arpentis, portait, comme les du Bois de Marzy, un écu en abîme avec les coquilles.

⚜ ⚜ ⚜

DU BOIS DES COURS, seigneurs de Bitry, de La Bretauche ; marquis de La Maisonfort. Originaires du Perche, Maine et Nivernais.

Châtellenie de Saint-Verain.

Alliances : de Beaujeu, Sarrau, de Rochechouart, Gillot d'Alligny, Laurens-Renieri, Chicoineau, de Kergadiou, du Coetlosquet, Gonyn de Lurieu, Carpentier de Changy, Gascoing de Berthun, de Pron.

D'argent, à cinq coquilles de gueules en orle. — Pl. X.

Archives de la Nièvre. — Dossier au cabinet des titres. — Lainé.

Une généalogie de cette famille est imprimée dans le tome VII des *Archives généalogiques de la noblesse de France*. La seigneurie de La Maisonfort, dans la châtellenie de Saint-Verain, fut érigée en marquisat, par lettres patentes du 9 novembre 1743, en faveur d'Alexandre du Bois des Cours, seigneur de Favières et de Bitry, capitaine de vaisseau.

⚜ ⚜ ⚜

DE BOISJARDIN, seigneurs de Boisjardin, de Lin.

Châtellenie de Donzy.

Alliances : de Digoine, de Champlemis, de La Porte, de Varennes.

De... à la fasce, accompagnée de trois étoiles. — Pl. XI.

Archives de la Nièvre. — *Inventaire des titres de Nevers.* — Manuscrits de D. Viole.

⚜ ⚜ ⚜

BOISSERAND, seigneurs de Lamenay, de Craux, de Vaux, de Chevannes, du Perron, de Montsauche, d'Argoulois.

Châtellenies de Decize, de Ganay et de Moulins-Engilbert.

Alliances : de Digoine, Bastard, de Veauce, de Beaumont, de Frasnay, de Marcelanges, Le Tort, Charrier, Thureau, d'Armes.

De sable, à la croix ancrée d'argent. — Pl. X.

Marolles. — Archives de la Nièvre, de Decize et du château de La Montagne. — *Inventaire des titres de Nevers. — Dictionnaire des ennoblissements. — Noms féodaux.*

⚜ ⚜ ⚜

DE BOIS-THIERRY, seigneurs de Marquereaul et du Beugnon. Bourgogne et Nivernais.

Châtellenies de Monceaux-le-Comte et de Metz-le-Comte.

Alliance : Berruyer.

Armoiries inconnues.

Inventaire des titres de Nevers.

⚜ ⚜ ⚜

DE BOISVERT, seigneurs de Boisvert.

Châtellenies de Châteauneuf-sur-Allier et de Nevers.

Armoiries inconnues.

Inventaire des titres de Nevers. — Collection nivernaise de l'auteur.

⚜ ⚜ ⚜

BOLACRE, seigneurs de Talon-Judas, d'Aglan, de Trois-Aigues, de Gimouille, de Cigogne, du Marais, d'Olivault, de Boisbreton, de Fremines, de Soulangy, de Chevannes, de Saint-Christophe, de Mussy, de Villars, de Grosboux. Nivernais et Berry.

Châtellenies de Saint-Verain, de Cosne, de Clamecy, d'Estais, de Cuffy, de Châteauneuf-sur-Allier et de Nevers.

Alliances : Passelat, Le Bourgoing, Coquille, Petit, Fauconnier, Tenon, Millet, de Favardin, Frappier, de Grandry, Vayer, de Rémigny, Maraude, Le Changeur, Rapine, Olivier, Gascoing, Martin.

De sinople, au lion d'argent, armé, lampassé et couronné de gueules. — Pl. X.

Archives de la Nièvre et de Decize. — Collection nivernaise de l'auteur. — *Inventaire des titres de Nevers.* — La Thaumassière. — *Le Roy d'armes,* du P. de Varennes. — Segoing. — Paillot. — Armorial de Challudet. — Armorial de la généralité de Moulins.

Une généalogie de cette famille se trouve dans l'*Histoire du Berry* de La Thaumassière. Segoing et Paillot indiquent le lion comme étant couronné d'or.

⚜ ⚜ ⚜

DE BONGARS, seigneurs de Nolay, de Grosbois, de Maumigny. Nivernais et Bourbonnais.

Châtellenie de Saint-Saulge.

Alliances : Rapine, de Maumigny, Millereau, de James, du Bosc, Jacob, de La Codre.

D'azur, à cinq annelets al. besants d'argent, posés 2, 1 et 2. — Pl. XXIX.

Preuves pour l'École militaire au cabinet des titres.

⚜ ⚜ ⚜

BONGARS *al.* DE BONGARS, seigneurs d'Arcilly, de Champs, de Sardy, de Ruère, du Mausais, d'Estoules, de Chambon, du Creuset, de Saint-Maurice, de Montreuillon, de Pairs, d'Oussy, de Cerée, de Beaubeau, de L'Étang, d'Arcy, de Niroux, de Vauclois, de La Trouillière, de La Motte, de Levange, de La Brosse, de Montigny-sur-Canne, de Migy. Nivernais et Berry.

Châtellenies de Moulins-Engilbert, de Montreuillon, de Saint-Saulge, de Donzy et de Decize.

Alliances : de Vandière, Quarré, des Jours, de Grandry, de Traves, de Rodon, de Pernay, de Loron, de Vichy, du Monceau, de La Porte, de Gayant, Julyet, Berthelot, de Reugny, de Courvol, de La Tournelle, du Verne, de Sauvages, Brisson, de Certaines, de Chargère, de Chéry.

De gueules, à trois merlettes d'argent. — Pl. X.

Archives de la Nièvre et de Decize. — *Inventaire des titres de Nevers.* — La Thaumassière. — *Généalogie de Courvol* — Collection nivernaise de l'auteur.

L'*Histoire du Berry* donne la généalogie fort peu complète d'une branche de cette famille qui [a été quelquefois confondue avec celle des seigneurs de Grosbois et de Maumigny, mentionnée ci-dessus. Ces deux familles sont, nous le croyons, tout à fait étrangères l'une à l'autre.

⚜ ⚜ ⚜

BONINEAU, seigneurs de Brain, de Bongachon, de Presle, de Baudreuille, de Bizy, de Bruneteau.

Châtellenies de Decize et de Châteauneuf-sur-Allier.

Alliances : Guyonin, Henry, Maulne, Sallonnier.

Armoiries inconnues.

Archives de Decize.

⚜ ⚜ ⚜

DE BONNAY, seigneurs de Pougues, de La Grange, de Champcourt, de Pontois, de Cossay, de Verneuil, de Frasnay-le-Ravier, de Mallenay, de Villacot, de Montlouis, de Le Quenouille, de Presle, de Launoy, de Ris, de Montmartange, de La Vallée, de Lupy, de Neuville; barons de Bessay; marquis de Bonnay; pairs de France. Originaires du Berry, Bourbonnais et Nivernais.

Châtellenies de Cercy-la-Tour, de Saint-Saulge et de Decize.

Alliances : de Monturuc, de Demoret, de Bigny, de Bar, de La Perrière, Lucquet, de Marcelanges, de Damas, Fouet de Dorne, Favre de Dardagny, de Dormy, de Neuchèze, Razoir de Croix, O'Neill, Dorat, de Gaudry, du Bois-Guy, Boigues.

D'azur, au chef d'or, au lion de gueules, couronné de même, brochant sur le tout. — Pl. X.

Noms féodaux. — Armorial de Gilles Le Bouvier. — Guillaume Revel. — *Roy d'armes.* — *Masures de l'île Barbe.* — Preuves des comtes de Lyon à la Bibliothèque de la ville de Lyon. — *Histoire des pairs de France.* — Armorial de la généralité de Moulins. — Preuves au Cabinet des titres. — *Armorial du Bourbonnais.* — Cahier de la noblesse du Nivernais de 1789. — Archives du château de Bully (Rhône).

Les armes de cette famille se trouvent quelquefois reproduites d'une manière un peu différente : dans l'Armorial de Gilles Le Bouvier, le lion est *armé, lampassé et couronné d'argent;* dans l'Amorial de la généralité de Bourges, le lion *couronné d'argent* broche sur un champ *d'azur, au chef cousu de sable.* Le blason des Bonnay est sculpté à la clef de voûte et aux retombées de la chapelle seigneuriale de l'église de Trevol, du XVIe siècle, près de Moulins (Allier); on le retrouve aussi, sur une console, dans l'église paroissiale de Frasnay-le-Ravier et au portail du château du Bessay.

La généalogie de cette famille est imprimée dans le grand ouvrage de M. de Courcelles; mais les branches du Bourbonnais et du Nivernais y sont données d'une manière incomplète, et les armoiries des familles alliées y sont peu exactes. A la branche nivernaise de cette famille appartenait le marquis de Bonnay, pair de France, lieutenant-général des armées du Roi, ministre d'État, membre du conseil privé du roi Louis XVIII, etc., dont la vie se trouve dans toutes les biographies.

⚜ ⚜ ⚜

BONNEAU DU MARTRAY, seigneurs du Martray, du Vernay. Nivernais et Bourgogne.

Châtellenie de Luzy.

Alliances : Vaget, du Crest, etc.

D'azur, à trois grenades d'or, ouvertes de gueules. — Pl. XXIX.

Archives de Decize. — *Armorial d'Autun.*

⚜ ⚜ ⚜

BONNIN, seigneurs de Bouy, du Bouquin, du Fort-Vieil, de Tallon-Judas, de Beuvron, de Moissy, de Molinot, de Sasseigne, de Chitry, du Boucher, de Cuzy, de Chaumot, de Mézière, de Héry. Berry et Nivernais.

Châtellenies de Monceaux-le-Comte et de Montenoison.

Alliances : de Lanvaulx, de Blosset, de Testefort, Le Clerc, d'Estutt, Girard, de Péronne, de Charry, Hinsselin, de Margat.

Vergeté de gueules et d'azur de douze pièces, les pals de gueules chargés de fusées d'or. — Pl. X.

Archives de la Nièvre. — Collection nivernaise de l'auteur. — *Inventaire des titres de Nevers.* — D'Hozier.

Le nom de cette famille s'est écrit indifféremment dans les titres originaux *Bonin, de Bonin* ou *de Bony.* La branche des seigneurs du Cluseau a porté : *Coupé d'azur, à trois losanges d'or, 2 et 1, et d'argent, à cinq vergettes d'azur.* (Armorial de la généralité de Paris.)

⚜ ⚜ ⚜

DE LA BORDE, seigneurs de La Borde, de Semanteron, de Fontenelles, de Montbernard, de Laurent.

Châtellenies d'Entrains et de Druye.

Alliances : de Valejean, de La Sauvain, de Josciers, de Savigny.

Armoiries inconnues.

Marolles.

✤ ✤ ✤

DES BORDES, seigneurs des Bordes, de Bruyères, des Courtils, de Remeron.

Châtellenies de Nevers, de Metz-le-Comte et de Monceaux-le-Comte.

Alliances : Fornier, de Talaye, de Voraigne, de La Platière.

De gueules, à trois molettes d'éperon d'or. — Pl. X.

Archives de la Nièvre et des Bordes. — *Inventaire des titres de Nevers.* — Gilles Le Bouvier. — *Dictionnaire de la noblesse.* — *Histoire des grands officiers de la couronne.*

Le sceau de Guillaume des Bordes, capitaine d'une compagnie d'hommes d'armes, appendu à une pièce de 1367 de la collection des quittances scellées de la Bibliothèque nationale, porte un écu *écartelé de trois molettes et d'une bande* au centre d'un orle polylobé.

✤ ✤ ✤

BORNE DE GRANDPRÉ, seigneurs de Gouvault, de Meulois, de Retoul, de Vorfeil, de Grandpré.

Châtellenie de Saint-Saulge et baronnie de Lorme.

Alliances : Colin, d'Aulnay, de Champs, de La Bussière, Rousset, Thomassin, Petitier, Harmand, Cochet, de Trelague, Gudin.

De gueules, à la bisse d'or. — Pl. X.

Collection nivernaise de l'auteur. — Saint-Allais. — *Le Morvand.*

✤ ✤ ✤

DE BORNIOLLE, seigneurs des Rochers, de Courtois, de Chambon.

Châtellenie de Nevers.

Alliances : Castellan, Pluchon, Levesque.

D'azur, au chevron d'argent, accompagné en chef de deux roses et en pointe d'un bœuf sur une terrasse de... — Pl. X.

Archives de la Nièvre. — Registres paroissiaux de Nevers.

Nous donnons le blason de cette famille, sous toutes réserves, d'après des empreintes de cachets de la seconde moitié du XVIIIe siècle. Les Borniolle étaient maîtres de la verrerie et cristallerie royale de Nevers.

✤ ✤ ✤

BOTOILLE, seigneurs de Turigny.

Châtellenies de Montreuillon et de Saint-Saulge.

Armoiries inconnues.

Marolles.

✤ ✤ ✤

DU BOUCHET *al.* DU BOSCHET, seigneurs du Bouchet, de Domecy, de Moraches, de Nuars, de Brèves. Nivernais et Bourgogne.

Châtellenies de Metz-le-Comte, de Monceaux-le-Comte et de Neuffontaines.

Alliances : de Saint-Verain, de Saint-Aubin, de Roussillon, de Nanteuil, de Chastellux, de La Tournelle.

Armoiries inconnues.

Archives de l'Yonne. — *Inventaire des titres de Nevers.* — Titres de Bourgogne.
— Terrier de Chitry-sous-Montsabot. — *Histoire de Chastellux.*

L'église de Metz-le-Comte renferme la tombe des derniers du Bouchet,
dont le nom se trouve aussi écrit dans les chartes : du Bochet, du Boschet,
du Boichet. Cette tombe porte, gravée au trait, sous une arcade ogivale
trilobée comprise dans un fronton aigu, la figure d'une femme, en
costume de la fin du XIVᵉ siècle, la tête couverte d'un voile, accostée de
plusieurs écussons malheureusement effacés. On lit autour, en lettres
minuscules gothiques, l'inscription suivante dont une partie est illisible :
CY GIST NOBLE DAME MA DAME AGLANTINE DU BOICHET JADIS FAME DE NOBLE
HOME MOS GUILLAUME DE SAINCT AUBIN CHEUALLIER SEIGNEUR DE CHALAUX
LA QUELLE TRESPASSA LE Xᵐᵉ JOUR DU MOYS DE IUILLET. . . . .
HOME MOSEIGNEUR GUY DU BOSCHET CHEUALIER ET MADAME YSABIAUL DE
ROISSELLON SA FEME PE ET ME *(père et mère)* DE LA DCE DAME AGLINE *(dicte
dame Aglantine)* PRIE Pᵒʳ EUX.

Églantine, fille unique de Guy du Bouchet, seigneur de Moraches,
et d'Isabeau de Roussillon, était, en 1357, femme de Guillaume *al.*
Guyot de Saint-Aubin, seigneur de Chalaux, qu'elle avait épousé étant
veuve d'Étienne de La Tournelle. Elle eut, de ses deux mariages, des
enfants qui se partagèrent les biens de sa famille ; elle mourut fort
âgée dans les premières années du XVᵉ siècle.

Il reste du château du Bouchet une enceinte et des tours ruinées qui
semblent dater du XIIIᵉ siècle.

⚜ ⚜ ⚜

BOUDAUD *al.* BOUDAULT, seigneurs de Pars, de
Marcilly-sur-Yonne, de Pierre-Seiche, du Bruil-en-Morvan,
de Thaveneau, de Chitry-sous-Montsabot.

Châtellenies de Montreuillon et de Monceaux-le-Comte.

Alliances : de La Chaume, du Bruil.

Armoiries inconnues.

Marolles. — Titres de Bourgogne. — *Le Morvand.*

L'une des cheminées du château de Thaveneau, qui date du XV⁰ siècle et qui fut probablement bâti par les Boudault, porte, au milieu d'un ornement gothique, un écusson peint, fort effacé, sur lequel il nous a semblé distinguer un *parti d'hermine, à une bordure engrêlée, et de... à une bande de sable*. Le premier des deux partis est peut-être aux armes des Boudaud.

❧ ❧ ❧

DE BOURBON (DUCS DE), seigneurs de Château-Chinon, de Lorme, d'Ouroux, de Brassy, etc.

Châtellenies de Montreuillon et de Monceaux-le-Comte.

Alliances : d'Auvergne, de Berry, de Bourgogne.

D'azur semé de fleurs de lys d'or, au bâton de gueules en bande brochant sur le tout; puis D'azur, à trois fleurs de lys d'or, au bâton de gueules en bande brochant sur le tout. — Pl. III.

Histoire des grands officiers de la couronne. — Bogros, *Histoire de Château-Chinon. — Armorial du Bourbonnais.*

❧ ❧ ❧

DE BOURBON, seigneurs de Champallement, de La Chaux, de Chassenay, de Mont-en-Genevray, de Saxi-Bourdon, de La Motte-sur-Loire, de La Montagne, de Bazoches, de Marigny; barons de La Ferté-Chauderon. Originaires du Bourbonnais, Bourgogne et Nivernais.

Châtellenies de Champallement, de Decize, de Monceaux-le-Comte et de Châteauneuf-sur-Allier.

Alliances : de Bordeaux, de Rouvray, de Châtillon-en-Bazois, de La Roche-en-Brény, de Châtel-Perron, de Dyo, de Chastellux, de L'Espinasse, de Montaigu, de Toulongeon.

D'or, au lion de gueules, à l'orle de huit coquilles d'azur. — Pl. XI.

Marolles. — Archives de la Nièvre. — *Histoire des ducs de Bourbon et des comtes de Forez de La Mure.*

Ces personnages du nom de Bourbon doivent être rattachés aux Bourbon-Montperroux, lesquels étaient une branche des sires de Bourbon-Lancy, issus eux-mêmes des sires de Bourbon. Nous avons vu, aux Archives de la Nièvre, un sceau de *Girart de Borbon, chevalier, seigneur de Montperroux*, chambellan et conseiller du duc de Bourgogne, qui porte un écu ogival chargé d'un lion et d'un orle de coquille, timbré d'un heaume avec deux bras pour cimier ; ce sceau est appendu à une charte de 1406.

⚜ ⚜ ⚜

DE BOURBON.

Châtellenie de Nevers.

Armoiries inconnues.

Marolles. — *Archives de Nevers.*

Famille de la haute bourgeoisie de Nevers aux XIVᵉ, XVᵉ et XVIᵉ siècles.

⚜ ⚜ ⚜

DE BOURBON-BUSSET, seigneurs de Gouloux, de Chalaut, de Meix, de Neuchèzes, de Dun, d'Empury, de Brugny, du Mont-de-Marigny, de Mazignen, de Saint-André, d'Athée, d'Urbigny, de Villurbain, de Saint-Martin-du-Puy, de Razout ; barons de Vesigneux ; comtes de Busset, etc. Bourbonnais, Nivernais, Berry, etc.

Châtellenies de Monceaux-le-Comte, de Neuffontaines et de Saint-Brisson.

Alliances : de Montmorillon, de La Fayette, de La Baume-de-Suze, de Pracomtal, de Villers-Lafaye, de La Queille, Andrault de Langeron, de Saulx, de Barmondet, de Quelen, de Gouffier, de Grivel, de Clermont-Tonnerre, de Moreton-Chabrillan, Bourgeois de Boyne, du Prat, de Nédonchel, etc.

D'azur, à trois fleurs de lys d'or, au bâton de gueules péri en bande, au chef d'argent, chargé d'une croix potencée d'or, cantonnée de quatre croisettes de même, qui est de Jérusalem. — Pl. XXIX.

Histoire des grands officiers de la couronne. — La Chesnaye-des-Bois. — Le Morvand. — Armorial du Bourbonnais, etc.

Le P. Anselme attribue aux comtes de Busset un écu semé de fleurs de lys qu'ils n'ont jamais pu porter; dès le XVe siècle, toutes les branches de la maison de Bourbon, à l'exemple des Rois, avaient réduit à trois le nombre des fleurs de lys de leur écusson. Primitivement c'était un bâton en bande qui brochait sur les fleurs de lys. Les armes des Bourbon-Busset, telles que nous les avons décrites, sont peintes sur une litre du XVIIe siècle encore visible dans les ruines de l'ancienne église de Dun-les-Places.

✤ ✤ ✤

BOURBONNAT, seigneurs de La Grange-du-Mol. Châtellenie de Nevers.

Armoiries inconnues.

Marolles.

✤ ✤ ✤

LE BOURGOING, seigneurs du Vernay, de Poissons, de Chaillant, de Vaujoly, de Larmance, de Planchevienne, d'Agnon, de Mussy, de Laleuf, de Sarpoil, de Limanton, de La Douhée, de Belleperche, de La Hautecour, de Sichamps, de Bois–Henry, de Nion, de Toury-sur-Abron, de Couroux, de Montcouroux, de La Forest, d'Yonne, de Maupertuis, de Morange, de Vinghueux, de Magny, de Charly, de La Baume; barons et comtes de Bourgoing. Nivernais et Paris.

Châtellenies de Luzy, de Châteauneuf-sur-Allier, de Nevers, de Moulins-Engilbert, de Montenoison, de Decize et de La Marche.

Alliances : La Bize, de Corbigny, de Biches, Roux, de La Croix, du Crest, de Grandry, du Coing, Gascoing, Bolacre, Collesson, Coquille, Le Clerc du Tremblay, Sardé, de Vaux, des Prés, Sallonnier, Vaillant, du Verne, de Fomberg, Pinet, Quartier, Arvillon du Sozay, Semelier, Bernard de Toury, Richard de Soultrait, de Champs, Pitoys, Taillon, Millet, Brisson, Damond, Marcellin, Marion de Givry, Flamen d'Assigny, de Prévost de La Croix, Macdonald de Tarente, Desmousseaux de Givré, de Montbrun, de Lotzbeck-Weyhern, Billault, Tripier, de Waldner, de Faulong, Dollfus.

D'azur, à la croix ancrée d'or. — Pl. X.

Archives de la Nièvre, de Decize et du château de Toury. — Marolles. — *Noms féodaux.* — Dossier au cabinet des titres de la Bibliothèque nationale. — *Dictionnaire de la noblesse.* — D'Hozier. — *La Noblesse aux États de Bourgogne.* — Notes manuscrites de d'Hozier. — Preuves au Cabinet des titres. — *Généalogie de Courvol.* — Armorial de la généralité de Moulins. — *Armorial général de l'Empire.* — Titres de baron et de comte conférés sous le premier Empire et la Restauration.

Dans les titres anciens, ce nom se trouve écrit : *Le Bourgoing, Bourgoin, Bourgouin ;* dès les premières années du XVII° siècle, l'article placé originairement devant le nom fut supprimé par les membres de la branche de Sichamps, et depuis le milieu du siècle suivant ce nom s'est toujours écrit *de Bourgoing.* Les armes de la famille de Bourgoing sont sculptées au château du Vernay (XV° siècle), près de Nevers, et aux retombées des nervures d'une chapelle de l'église de Saint-Aré de Decize (XVI° siècle) ; on les trouve aussi, avec une écartelure, sur un rétable sculpté dans cette dernière église. Elles figurent enfin à l'angle d'un très-beau portrait sur bois, attribué au Primatice, de Guillaume Le Bourgoing, conseiller au parlement de Paris, et de sa femme Philippe Le Clerc du Tremblay, appartenant à M. le comte de Bourgoing ; on lit au-dessous des armoiries des deux époux : GVILL. BOVRGOING PARISIEN. SENATOR PHILIPPA LE CLERC VXOR 1536. Les armes des Bourgoing sont souvent accompagnées de cette devise : *Duplici honore digni,* empruntée à l'épître première de saint Paul à Timothée, qui avait servi de texte à Bossuet lorsqu'il prononça, en 1662, l'oraison funèbre du P. Bourgoing, général de l'Oratoire. Le comte François de Bourgoing, chef actuel de la famille, a remplacé la devise ci-dessus par ces mots : *Magnitudine animi,* empruntés à une phrase du bref par lequel S. S.

le Pape Pie IX lui conféra la grand'croix de son ordre, lorsqu'à la suite des difficultés soulevées par la présence du bâtiment français *l'Orénoque* dans les eaux de Civita-Vecchia, il donna sa démission d'ambassadeur près le Saint-Siége.

La généalogie de cette famille a été publiée par nous en 1855 (in-8°, Lyon, Perrin).

✥ ✥ ✥

LE BOURGOING DE FOLIN, seigneurs de Champcharmo, de Champlevrier, de Chizy-le-Gros, de Boux, de Montbenoist; marquis de Folin. Nivernais et Auxerrois.

Châtellenies de Luzy, de Donzy et de Clamecy.

Alliances : de Retoules, de Rodon, de La Motte, Soreau, de Saulce, de Marcy, Boutillat, Le Tort, du Pontot, d'Esguilly, de Chenu, de Montmorency-Lauresse, Amelot, du Prat, de Grivel.

D'argent, à trois tourteaux de gueules. — Pl. XII.

Généalogie extraite du cabinet d'Hozier. — Marolles. — Preuves de Malte à la Bibliothèque de l'Arsenal. — Vertot. — *Noms féodaux.* — *La Noblesse aux États de Bourgogne.* — *Notice sur la famille Le Bourgoing.*

Cette famille est la même que la précédente; les deux branches se séparèrent au milieu du XIVᵉ siècle. Leur origine commune est prouvée par une charte conservée aux Archives de France (reg. 466) et citée par Béthancourt *(Noms féodaux)*, dans laquelle il est question de Guillaume Le Bourgoin de Champleurer (Champlévrier), et de Jean Le Bourgoin son frère; or la filiation suivie et prouvée des deux branches commence en 1340, et les noms de leurs premiers auteurs sont les mêmes que ceux des deux frères de la charte de 1372. Quant à la diversité des armoiries, ce n'est point une preuve de diversité de famille; très-souvent les cadets prenaient des armes différentes de celles de l'aîné, et d'ailleurs les armoiries des familles n'ont été bien fixées qu'à la fin du XVᵉ siècle ou au commencement du XVIᵉ. Nous renvoyons, pour cette question, aux anciens traités de la noblesse et du blason, et particulièrement au *Trésor généalogique* du savant bénédictin D. Caffiaux.

Le sceau original de Guyot Le Bourgoing, écuyer, seigneur de Champlévrier et de Montbenoist, maître d'hôtel du comte de Nevers en

1441, est conservé au musée de Lyon. Ce sceau porte un écu penché à trois tourteaux, une étoile en abîme et une bordure, brisures de cadet; l'écu timbré d'un casque, avec un tourteau, au milieu d'un vol banneret, pour cimier; la légende, en lettres minuscules gothiques, est : GUIOT LE BOURGOING.

⚜ ⚜ ⚜

LE BOURGUIGNON, seigneurs de Beuvron.

Châtellenie de Clamecy.

Alliances : de Paris, de Gaillard, de Faron, de Chargère.

Armoiries inconnues.

Registres paroissiaux de Beuvron.

⚜ ⚜ ⚜

BOURRE, seigneurs de Saint-Martin-des-Laids, de Burrienne. Nivernais et Bourbonnais.

Châtellenies de Gannay et de Decize.

Armoiries inconnues.

Marolles.

⚜ ⚜ ⚜

BOUTEFEU, seigneurs de Chaucheurel, de Brosse.

Châtellenie de Montenoison.

Armoiries inconnues.

Marolles.

⚜ ⚜ ⚜

BOUTILLAT *al.* DE BOUTILLAC, seigneurs de Maisons-en-Longue-Salle, d'Apremont, d'Arthel, de Barbeau, de Bernières, du Coudray, de La Baratte, de Vernisy, de Monceaux. Nivernais et Champagne.

FAMILLES.

J.F. BOURGOING.

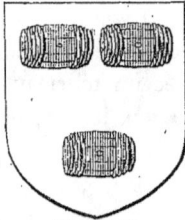

BOUTILLAT.

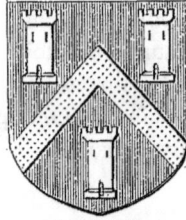

BOUZITAT.

DE BRÉCHARD.

LE BRETON.

BRISSON.

DU BROC.

BRUNEAU DE VITRY.

DE LA BUSSIÈRE.

CARPENTIER DE CHANGY.

DE CERTAINES.

CHAILLOT

DE CHABANNES.

DU CHAILLOU.

CHALLEMOUX.

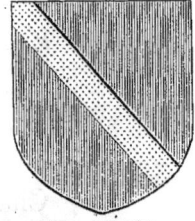

DE CHÂLON

CHALLUQET.

DE CHAMPS.

DE CHAMPDIOU

DE CHARGÈRE.

Imp. Faye. F.res Lyon

Châtellenies de Moulins-Engilbert, de Saint-Saulge, de Cuffy, de Savigny-Poil-Fol, de Nevers, de Charrin et de Cercy-la-Tour.

Alliances : de Verrières, de Marry, de Chastellux, de Gluimes, de Servière, Le Bourgoing, de La Bussière, d'Amanzé.

D'argent, à trois barils couchés de gueules. — Pl. XII.

Archives de la Nièvre et de Decize. — Marolles. — Parmentier, *Archives de Nevers.* — Armorial de Challudet. — *Revue nobiliaire,* tome V. — *Gallia christiana,* tome XII. — Caumartin, *Procès-verbal de la recherche de Champagne.*

Cette famille, qui avait quitté le Nivernais dans la première moitié du XVIIe siècle, fut maintenue en Champagne en 1673. Ses armes se voient sculptées sur une console du XVIe siècle, conservée chez M. de Chalvron, à Moulins-Engilbert d'où les Boutillat étaient originaires. On trouve aussi, au milieu des bâtiments claustraux dénaturés de l'abbaye de Notre-Dame de Nevers, une vaste cheminée dont le manteau porte un écu *à trois barils,* posé sur une crosse, blason de Catherine Boutillat, abbesse de ce monastère de 1466 à 1488 ou 1503. Marolles décrit le sceau de Jean de Boutillat, seigneur de Resson, en Champagne, chevalier de l'ordre en 1573, dont l'écusson est également à trois barils. Le sceau de Philibert Boutillat, de 1474, porte le même écu timbré avec deux lions pour supports. (Collection des quittances scellées.) La branche champenoise de la famille paraît avoir modifié son nom primitif et avoir adopté celui de de Boutillac.

⚜ ⚜ ⚜

DE LA BOUTTIÈRE *al.* DE LA BOUTIÈRE,
seigneurs du Verne, de La Chasseigne, de La Montagne, de Savigny-lez-Luzy, de La Chaume. Nivernais et Bourgogne.

Châtellenie de Luzy.

Alliances : de Chaugy, de Bazoy, de Bryenne, de Frasnay, Le Cueur, de Vichy.

D'azur, à la fasce d'or, accompagnée de trois croissants de même — Pl. XI.

Marolles. — *Le Morvand.* — *Histoire des pairs de France*, tome III, article *Bataille de Mandelot.*

✤ ✤ ✤

BOUZITAT, seigneurs de Célines *al.* Sélines, du Chasnay, de Courcelles.

Châtellenies de Nevers et de Châteauneuf-sur-Allier.

Alliances : Gascoing, Piédenus, Goury, Goby, Gueneau, Vyau, de Maumigny.

De gueules, au chevron d'or, accompagné de trois tours d'argent. — Pl. XII.

Archives de la Nièvre. — Inscription de 1538 dans l'église de Marzy. — Marolles. — Armorial de Challudet. — Lainé. — Registres paroissiaux de Marzy.

Nous avons donné les armoiries que la famille portait au dernier siècle ; mais, dans l'Armorial de 1638, le blason des Bouzitat est figuré : *D'azur, au chevron d'or, accompagné en chef de deux rameaux de même, et, en pointe, d'un cœur de gueules, surmonté d'une croisette du second émail.*

✤ ✤ ✤

DE BRAIN, seigneurs du Bois-de-Poissons, de Rez, de Marigny, de Chapeau.

Châtellenie de Decize.

Alliances : de Paris, de Vandière, Vallée, Baillard, de Vaux, Pusignier, Coquille.

Armoiries inconnues.

Archives de Decize.

✤ ✤ ✤

DE BRANDELON, seigneurs de Vanzé.
Châtellenie de Decize.

Armoiries inconnues.

Marolles.

✣ ✣ ✣

BRÉCHARD ou DE BRÉCHARD, seigneurs de
Toury-sur-Abron, des Espoisses, de Beauvoir, de Saint-
Germain, de Beaurepaire, de La Motte-aux-Girauds, de
Toutvents, de Chassenay, de Cossaye, de La Grange, de
Merry, de Sardolle, du Breuil, de Cougny, de Chevenon,
de La Tour-de-Chevenon, de Chavannes, de Toury-sur-
Jour, de Mauboux, de Beaulieu, d'Aligny, de Sautronne,
de La Guette, de Tresnay, de La Motte-Matigny, du Ger,
de Montigny, de l'Isle-de-Mars, de Villemenan, du Fort-
de-Lanty, de La Quenouille, de La Vallée, de Neuville,
de Gerland, de La Motte-Farchat, du Vernay, de Crécy,
de Marcy, de Lurbigny, de Brinay, de Chamonot,
d'Achun, etc. Bourbonnais, Nivernais et Berry.

Châtellenies de Decize, de Nevers, de Châteauneuf-sur-
Allier, de Savigny-Poil-Fol, de Liernais, de Moulins-
Engilbert, de Cercy-la-Tour et de Montreuillon.

Alliances : de Cossaye, de Chastellux, de Marry, de
Cougny, du Bois, de Courvol, de Lange, de Veaulce,
Pitois, de Chambon, de Périsière, de Glone, de Marcelange, de Pierrepont, des Ulmes, du Cormier, de Mau-
voisin, de Veilhan, de Maumigny, de Thoury, d'Avril,
de Langon, de La Mousse, Le Sueur, de Trotay, de
Montjournal, de Lutz, de Juisard, Pellé, Le Roy d'Alarde,
du Clerroy, Seuillot, de Champs de Saint-Léger.

Bandé d'argent et d'azur al. *D'azur, à trois bandes d'argent.* —
Pl. XII.

Marolles. — Archives de la Nièvre, de l'Allier, de Decize. — Collections nivernaises de l'auteur. — Collection de documents originaux de M. Canat de Chizy. —
Noms féodaux. — Preuves au Cabinet des titres. — Guillaume Revel. — Armorial
de Gilles Le Bouvier. — *L'ancien Bourbonnais.* — Soultrait, *Statistique monumentale
de la Nièvre.* — Manuscrits de Guichenon. — *Histoire du Berry.* — Archives des
châteaux de Toury-sur-Abron et du Ryau (Allier), etc.

La famille Bréchard, l'une des plus puissantes du Bourbonnais et du
Nivernais, posséda de nombreux fiefs dans ces deux provinces, où elle
se divisa en plusieurs branches. La branche principale fut celle des
barons de Bressolles, près de Moulins, premiers barons du Bourbonnais, plus connus sous le nom de leur baronnie que sous leur nom de
famille; La Thaumassière a donné une courte généalogie de cette
branche, sur laquelle on trouve plus de détails dans les manuscrits de
Guichenon, à la Bibliothèque de la Faculté de médecine de Montpellier.

Ces deux historiens s'accordent pour commencer la filiation de la
famille à Raoul Bréchard, baron de Bressolles, qui est cité dans un
acte de 1174 du cartulaire de La Charité-sur-Loire et qui fut l'un des
témoins de la charte de confirmation des priviléges de Souvigny
donnée, en 1217, par le sire de Bourbon; mais, à la même époque, deux autres branches tenaient un rang considérable dans la
noblesse nivernaise : celle des seigneurs de Toury-sur-Abron, qui possédait aussi les seigneuries de Beauvoir et des Espoisses, et celle des
seigneurs de Sardolle. Nous avons, dans notre collection de documents
originaux sur le Nivernais, un titre de croisade de cette dernière : c'est
une charte de 1270 par laquelle Guillaume Bréchard, chevalier croisé,
seigneur de Sardolle *(Guillermus Berchardi, miles, dominus de Sar-
della, crucesignatus)* et Emerarde, sa femme, vendent l'étang de
Montifaut au Chapitre de Nevers. Très-marquante aux XIIIe et
XIVe siècles, la famille Bréchard avait perdu une grande partie de sa
puissance dans les siècles suivants; au XVIIIe, elle n'était plus représentée que par les seigneurs de Neuville et de Gerland, entre Decize et
Saint-Pierre-le-Moûtier, qui s'éteignirent presque dans la pauvreté; et
par les seigneurs de Brinay et d'Achun, aux environs de Châtillon-en-
Bazois, dont la dernière héritière apporta, au commencement de ce
siècle, ses biens et son nom à une branche de la famille de Champs.
(Voir ce nom.) Les armes des Bréchard se trouvent indifféremment
Bandé d'argent et d'azur, ou *D'azur, à trois bandes d'argent,* ou
D'argent, à trois bandes d'azur; Gilles Le Bouvier les donne, sous le
nom de Bressolles, de cette dernière manière; dans Guillaume Revel,
l'écu est *bandé de six pièces d'argent et d'azur,* avec un *chef de
gueules* pour la branche bourbonnaise de Confex.

Examinons maintenant les monuments originaux offrant les armes de la famille dont nous nous occupons : Le *bandé de six pièces* garnit les écussons empreints sur les flancs d'une cloche de Saint-Pierre-le-Moûtier, avec une incription datée de 1455 et le nom de Bressolles ; on le retrouve aussi sculpté au château de Chevenon, avec un parti de Chevenon, et sur les manteaux des cheminées du château de Villemenan (XVᵉ siècle). L'écu aux *trois bandes d'argent sur fond d'azur*, parti de Veaulce, décore la clef de voûte sculptée et peinte d'une chapelle de l'ancienne église de Cougny, près de Saint-Pierre-le-Moûtier, construite dans la première moitié du XVIᵉ siècle, par Gaspard Breschard, seigneur de Cougny, et par Françoise de Veaulce, sa femme ; c'est aussi *trois bandes* que l'on remarque sur le sceau de Claude de Bréchard, chevalier, seigneur d'Aligny, maréchal-des-logis d'une compagnie des ordonnances du Roi, appliqué à une quittance de 1554. (Dossier au Cabinet des titres.)

Il semble résulter de ces documents peints ou sculptés que l'écu des Bréchard, primitivement *bandé de six pièces*, devint *à trois bandes* à partir du XVIᵉ siècle, c'est ainsi que les donne Vertot aux chevaliers de Malte de la famille et que les portaient les Bréchard du siècle dernier.

Voir, dans le registre complémentaire de la nouvelle édition de l'*Armorial général* de d'Hozier, la généalogie de la branche de Brinay.

✥ ✥ ✥

LE BRETON, seigneurs de Narloup, de Sauzay, de Mons, de Varigny, de Chaumigny, de Verou, du Creuzet, de Bresserolles, de La Trouillière, de Montjardin.

Châtellenies de Saint-Saulge, de Moulins-Engilbert, de Monceaux-le-Comte, de Decize, de Nevers, de Cercy-la-Tour et de Montenoison.

Alliances : Pilory, Bruneau, Mocquot, Coquille, Bergeron, Chevalier, Le Goujat, Olivier, Millot, Lardereau, Ravizy, de Champs, de Marcelange.

D'hermine, à la croix alaisée de gueules. — Pl. XII.

Archives de la Nièvre et de Decize. — Marolles. — Histoire de Saint-Saulge. — Armorial de Challudet.

✥ ✥ ✥

DE BREUILLARD, seigneurs de Corancy, de Var-
lange.

Châtellenie de Montreuillon.

Alliances : de Pont, des Ulmes.

Armoiries inconnues.

Archives de la Nièvre. — *Le Morvand.*

✤ ✤ ✤

DE BREULLE *al.* DE BRUGLES, seigneurs d'Épiry.

Châtellenie de Montenoison.

De....., à trois bandes. — Pl. XI.

Marolles. — Archives du château de Marcilly.

L'écusson à trois bandes, sculpté sur deux manteaux de cheminée
du château d'Épiry, du XVᵉ siècle, est celui de cette famille.

✤ ✤ ✤

DE BRÈVES, seigneurs de Brèves.

Châtellenie de Metz-le-Comte.

Alliance : Damas.

Armoiries inconnues.

Manuscrits de D. Viole. — Marolles.

✤ ✤ ✤

DE BRIENNE, seigneurs de Château-Chinon, de
Lorme, d'Ouroux, de Brassy, etc. Originaires de Champagne, Nivernais, etc.

Châtellenies de Montreuillon et de Monceaux-le-Comte.

Alliances : de Mello, de Brienne, d'Évreux, de Savoie.

Écartelé : aux 1 et 4, d'azur, semé de billettes d'or, au lion de même brochant sur le tout, qui est de Brienne; aux 2 et 3, d'azur, à la bande d'argent, côtoyée de deux cotices potencées et contrepotencées d'or de quatre pièces, qui est de Champagne; et sur le tout, d'argent, à la croix potencée, cantonnée de quatre croisettes de même, le tout d'or, qui est de Jérusalem. — Pl. XXIX.

Histoire des grands officiers de la couronne. — Bogros, *Histoire de Château-Chinon.*

⚜ ⚜ ⚜

DE BRINAY, seigneurs de Brinay.

Châtellenies de Saint-Saulge et de Nevers.

Alliance : du Jou.

Armoiries inconnues.

Marolles.

⚜ ⚜ ⚜

DE BRION, seigneurs de Thaix.

Châtellenie de Cercy-la-Tour.

Armoiries inconnues.

Marolles.

⚜ ⚜ ⚜

BRISSON, seigneurs de Mont, de Gigny, de Saincaize, de Clamouse, de Gimouille, de Plagny, de Sallé, des Noues, de Chevannes, de Montalin.

Châtellenies de Nevers, de Decize et de Châteauneuf-sur-Allier.

Alliances : Moquot, Berthelot, Mousnier, Longuet, Gascoing, Bongars, Carpentier, Challemoux, Maulnoury, Marion de Givry, Dollet, Tridon, du Puy, Le Bourgoing,

Roussel, Saisse, du Crest, Bogne, Millin, Le Compasseur, de Saulieu, de La Roche de Lupy.

D'azur, à la fasce d'or, accompagnée en chef d'un croissant d'argent, surmonté d'une étoile d'or, et en pointe d'une rose d'argent, boutonnée d'or. — Pl. XII.

Archives de la Nièvre, de Decize et du château de Villars. — Armorial de Challudet. — Marolles. — *Noms féodaux.* — Armorial de la généralité de Moulins.

Certains membres de la famille Brisson portèrent : *D'azur, à trois fusées d'argent rangées en fasce;* c'est ainsi que l'Armorial de la généralité de Bourges donne les armes de Joseph Brisson, seigneur de Plagny. Ces trois fusées formaient le blason des Brisson du parlement de Paris, originaires du Poitou, avec lesquels notre famille nivernaise n'avait aucune communauté d'origine.

✣ ✣ ✣

DU BROC DE SEGANGE, seigneurs de Boisrond, du Nozet, des Granges, des Meures, de Veninges, de Saint-Andelain, des Écuyers, de Lespiney, de Chazault, de Neuville, de Crépy, de Laleuf, de Chabet. Nivernais, Auxerrois et Bourbonnais.

Châtellenies de Châteauneuf-au-val-de-Bargis, de Donzy, de Nevers et de Châteauneuf-sur-Allier.

Alliances : Girard, de La Bussière, des Prés, Rapine, de Lamoignon, Pernin, Olivier, du Plessis, de La Fontaine, Le Febvre, de Bussy, Ragot, Thibault, de La Chasseigne, Regnier, de Pernay, de Neuville, de La Barre, Bianki, du Verne, Noel, Sonnier, de Givodan, de Richepance, de Serres.

De gueules, à deux lions d'or, couronnés de même, au chef cousu d'azur, chargé d'une rose d'or, accostée de deux molettes d'éperon de même. — Pl. XII.

Marolles. — Archives de la famille et du château des Granges. — Segoing. — Armorial de Challudet. — *Noms féodaux.* — Armorial de la généralité de Moulins. — Cahier de la noblesse du Bourbonnais.

L'*Inventaire des titres de Nevers* décrit ainsi le blason de François du Broc, seigneur du Nozet en 1584 : *De gueules, à deux lions mornés affrontés d'or, au chef cousu d'azur, chargé d'une rose d'argent entre deux étoiles d'or.* L'Armorial de Challudet donne les lions d'or non affrontés, et la rose de gueules, boutonnée d'or, entre deux étoiles de même ; le *Mercure armorial* de Segoing, de même. Dans l'église paroissiale de Pouilly se trouvait une chapelle fondée, à la fin du XVIᵉ siècle, par François du Broc, seigneur du Nozet, et Claude Olivier, sa femme ; sous l'emplacement de cette chapelle, détruite lors de l'agrandissement de l'église, règne un caveau qui servait de sépulture aux du Broc et dans lequel nous avons trouvé trois écussons sculptés, placés sans doute autrefois aux clefs de voûte de la chapelle. L'un de ces écussons, timbré d'un casque et entouré de lambrequins, est aux armes des du Broc, telles que les décrit Segoing ; les autres sont partis des mêmes armes et de celles des Olivier et des Thibault, dont nous parlerons plus loin. La famille du Broc de Segange porte maintenant les armes décrites ci-dessus. La généalogie de cette famille est imprimée dans la nouvelle édition de d'Hozier (VIIᵉ registre).

✤ ✤ ✤

DE LA BROSSE, seigneurs de La Brosse, de Saint-Père, de Plaisance.

Châtellenies de Monceaux-le-Comte et de Decize.

Alliances : Ganard, de Linard.

Armoiries inconnues.

Marolles.

✤ ✤ ✤

DE BRUGNY, seigneurs de Brugny, de Villurbain, de La Roche, d'Empury, de Saint-André-en-Morvand.

Châtellenie de Monceaux-le-Comte.

Alliance : de Quehon.

Armoiries inconnues.

Marolles. — *Le Morvand.*

✤ ✤ ✤

23

BRUNEAU DE VITRY, seigneurs de Champrobert, de Pouligny, du Bazoy, de Montaron, de Poussery, du Tremblay, de Drazilly, de Champlévrier ; marquis de Vitry-sur-Loire. Nivernais et Bourgogne.

Châtellenies de Luzy et de Decize.

Alliances : Le Breton, de Reugny, Sallonnier, Thiroux de Saint-Félix.

D'azur, à la fasce d'argent, chargée de trois merlettes de sable et accompagnée de trois étoiles du second émail. — Pl. XII.

La noblesse aux États de Bourgogne. — Registres paroissiaux de Chiddes. — Cahier de la noblesse du Nivernais.

❧ ❧ ❧

DE BRUYÈRES, seigneurs de La Borde, de Cochaut, de Brugny.

Châtellenie de Montenoison.

Armoiries inconnues.

Marolles.

Peut-être cette famille est-elle la même que la famille de Brugny, mentionnée ci-dessus.

❧ ❧ ❧

DE BUFFÉVENT, seigneurs de Villiers, de La Celle-sur-Loire, de La Grange, de Chaumot. Originaires du Berry, Nivernais, Dauphiné et Bourgogne.

Châtellenies de Saint-Verain et de Monceaux-le-Comte.

Alliances : de Prégrimaud, Le Geau, Bretagne, de Beaujeu, de Chaumont, d'Estutt, de Grivel, de Mont-saulnin.

De gueules, à trois lances d'or mises en triangle, brisées dans trois anneaux d'argent, al. *De gueules, au pairle d'argent, arrêté par un triangle brisé aux trois coins, portant sur autant d'anneaux aussi d'argent. —* Pl. XI.

Marolles. — Archives de la Nièvre. — La Thaumassière. — Preuves de page du Roi au Cabinet des titres, et preuves de Malte (grand prieuré de France) à la Bibliothèque de l'Arsenal.

Les armes de cette famille sont différemment décrites : notre première description se trouve dans l'*Histoire du Berry* de La Thaumassière, avec un abrégé de la filiation des Buffévent ; la seconde est extraite de l'*Inventaire des titres de Nevers* ; dans les preuves du Cabinet des titres, l'écu de René de Buffévent de Percey, d'une branche établie en Bourgogne, est : *De gueules, à trois lances d'or rompues, posées en triangle, celle de dextre renversée, et passées chacune dans un anneau d'or ;* enfin, à la Bibliothèque de l'Arsenal, ces armes sont : *De gueules, à trois boucles d'or assemblées en cœur.* Nous avons préféré la version de La Thaumassière, parce qu'elle se rapporte tout à fait, du moins pour la disposition des pièces, à un écusson de la famille qui nous occupe, sculpté sur un rétable du XVIIe siècle de l'église de La Celle-sur-Loire.

⚜ ⚜ ⚜

BUREAU, seigneurs de La Vallée, de Langy, de Montsenault, de La Motte-sur-Loire, de Chevannes-Bureau.

Châtellenies de Cercy-la-Tour, de Decize et de Moulins-Engilbert.

Alliances : Anyer, de Prenay, de Reugny, de Lichy, Berthier, du Chastel.

D'azur, au bouc rampant d'argent. — Pl. XI.

Marolles. — Archives de la Nièvre. — Collection de M. Lory.

⚜ ⚜ ⚜

DE BURGES, seigneurs de Lorgue. Bourbonnais et Nivernais.

Châtellenie de Châteauneuf-sur-Allier.

Alliances : Lanne, de Champropin; Boneuf.

Armoiries inconnues.

Marolles.

✤ ✤ ✤

DE BUSSIÈRE, seigneurs de Bussière, de Miniage, de Poirot, de Visenne.

Châtellenie de Montreuillon.

Armoiries inconnues.

Le Morvand.

Cette famille prenait son nom du fief de Bussière *(Buxeria)*, de la paroisse d'Ouroux, qui était vassal du comté de Château-Chinon.

✤ ✤ ✤

DE LA BUSSIÈRE *al.* DE LA BUXIÈRE, seigneurs de La Bussière, de Faveroy, de Marry, de Montécot, de Solière, de Chiddes, de Las, de Buzon, de Biétry, de Taurigny.

Châtellenies de Luzy et de Montreuillon.

Alliances : Cheureau, de Maisoncomte, de Maumigny, Boutillat, de Lodines, de Paris.

Bandé de six pièces. — Pl. XI.

Marolles. — *Le Morvand.*

Le château de La Bussière, entre Luzy et Moulins-Engilbert, fut le berceau de cette famille tout à fait distincte de l'autre famille du même nom dont nous allons parler, avec laquelle elle a été souvent confondue. On trouve dans la partie la plus ancienne du château (commencement du XV⁰ siècle) des écussons *bandés de six pièces* qui sont sans nul doute aux armes des premiers seigneurs du lieu.

✤ ✤ ✤

DE LA BUSSIÈRE, seigneurs de Mory, de Bois-Rétif, de Guerchy, d'Angeliers, de La Bruère, de Guédelon, de La Breuille, des Barres, de Sainpuits, de Précy, du Jarrier, de Sembrèves et de Molot. Poitou, Auxerrois, Nivernais, Berry.

Châtellenies de Decize, de Saint-Saulge, de Clamecy et de Druye.

Alliances : du Coing, Andras, de La Forest, Le Bouc, de Couryol, de Thoury, de Tournemire, Gougnon, de Chéry, Hurault, de La Ferté-Meun, du Broc, de Ganay, de Marry, de Moncorps, Borne.

D'azur, à la bande d'or, accostée de deux demi-vols abaissés de même et de deux étoiles d'argent, une au-dessus de chaqne demi-vol. — Pl. XII.

Marolles. — *Généalogie de Courvol.* — Armorial de la généralité de Moulins. — Preuves au Cabinet des titres. — *Dictionnaire de la noblesse.* — Archives de la Nièvre. — *Histoire du Berry.*

Les branches du Poitou, de l'Orléanais et du Berry portaient des armes un peu différentes : l'écu de la première, donné par La Chesnaye-des-Bois, était : *D'azur, à la bande d'argent, accompagnée en chef de deux vols de même, et en pointe, de deux molettes d'or.* Celui de la seconde, décrit dans l'*Armorial de la généralité d'Orléans*, était : *De gueules, au sautoir cantonné, aux 1 et 4, de deux étoiles, et, aux 2 et 3, de deux demi-vols, le tout d'or ;* enfin La Thaumassière nous donne ainsi celui de la troisième : *D'azur, au chevron d'argent, surmonté d'un vol et d'une étoile de même, et accompagné en pointe d'une étoile aussi d'argent.*

✤ ✤ ✤

DE BUSSY, seigneurs de Bussy, du Chef-du-Bois, de Neuville, du Port, de La Montoise.

Châtellenies de Montenoison, de Donzy et de La Marche.

Alliances : de Moisy, d'Estutt, du Broc, de Lisarde, de Champs, Sallonnier.

D'azur, au lion d'argent, armé et lampassé de gueules. — Pl. XI.

Marolles. — Registres de Cessy-les-Bois. — *Armorial de la généralité de Bourges.*

Nous connaissons le blason de cette famille par l'*Inventaire des titres de Nevers*, qui décrit les armes figurées sur un aveu et dénombrement du fief du Chef-du-Bois rendu, en 1575, par Jean de Bussy, écuyer; ces armes sont brisées d'une *moucheture d'hermine d'argent* entre les pattes de devant du lion. Nous donnons le blason plein de la famille sans tenir compte de cette brisure de cadet, qui cependant paraît avoir été adoptée par la famille, puisque nous trouvons un René de Bussy, sans doute descendant des seigneurs du Chef-du-Bois, qui fait enregistrer à l'Armorial général le blason suivant: *De gueules, au lion contourné d'argent, tenant, de sa patte senestre, une moucheture d'hermine de même.*

⁂⁂⁂

DE LA CAFONDRÉE, seigneurs de La Cafondrée.

Châtellenie de Montreuillon.

Alliance : de Vernizy.

Armoiries inconnues.

Marolles.

⁂⁂

DE CALINES, seigneurs de La Terre-au-Maire, de Montsauche, de Saint-Brisson.

Châtellenies de Saint-Brisson et de Liernais.

Alliances : de Glux, de Chaux.

D'azur, à cinq cailles d'or posées 2, 2 et 1. — Pl. XXIX.

Le Morvand. — Marolles.

Le Morvand, de M. l'abbé Baudiau, parle de cette famille, à laquelle il donne le nom de Calimus. L'*Inventaire des titres de Nevers* décrit ainsi le blason de Péronne de Calines, dame de Montsauche, figuré sur un aveu de La Terre-au-Maire de 1575 : *D'azur, à cinq perdrix ou cailles d'or.* Nous avons adopté les cailles, qui semblent constituer les armes parlantes de cette famille.

⚜ ⚜ ⚜

CARIMANTRANT ou mieux CARÊSMENTRANT, seigneurs de La Baratte.

Châtellenie de Nevers.

Alliances : Coquille, Lagerde, de Nevers, de Costure, Guynet, Parigot, Borne, Le Clerc, Petit, Michot, Sionnest, Ladieu, Lault, Chardé, Rémond.

De..... à deux bourdons de pélerin, passés en sautoir, accompagnés en chef d'une lune, aux flancs de deux croissants, et en pointe, d'un croissant contourné. — Pl. XXIX.

Marolles. — Archives de la Nièvre. — Archives de Nevers.

L'une des plus anciennes familles bourgeoises de la ville de Nevers, où elle avait une grande situation au XVᵉ siècle, bien que ses membres exerçassent alors la modeste profession de boucher. M. l'abbé Boutillier nous a communiqué une généalogie de cette famille, dressée en 1736, dans laquelle est transcrit le curieux testament de Simon Carismantrand ou Karismantrand, échevin de Nevers en 1420, 1426 et 1431, qui demande à être enterré dans le tombeau de sa famille, en l'église de

Saint-Victor, à laquelle il fait d'importantes donations. En tête de cette généalogie se voit un dessin des armoiries de la famille, sans indication des couleurs, telles que nous les donnons ici.

⚜ ⚜ ⚜

CARPENTIER DE CHANGY, seigneurs de Crécy, de Machy, de Laveau, de La Thuilerie, de Charbonnières, de Courtois, de Marigny, de Ratilly, de Changy, de Vanzé, du Bourdon, de Beaudéduit, des Pavillons; comtes de Changy.

Châtellenies de Decize, de Champvert et de Nevers.

Alliances : de Savigny, Magnien, de Courmondrain, Pommereuil, Foulé, de Vaulx, Lithier, Ory, Millot, Le Gentil, Brisson, Piga, Rapine, de Champs, Rapine de Saintemarie, de La Souche, de La Chasseigne, Moquot, de Lespinasse, Le Bault, Thoynard, de Neuchèze, Richard de Soultrait, Roux, Roussel, Pinet de Mantelet, Bardin, de La Fond, de Corvol, d'Astier, du Bois des Cours de La Maisonfort, de Cavailhès, de Chazal, de La Hogue, de Melotte d'Envoz.

> *D'azur, à l'étoile d'or, accompagnée de trois croissants d'argent.*
> — Pl. XII.

Archives de Decize et de la Nièvre. — Archives de la famille. — Marolles. — Armorial de la généralité de Moulins. — Armorial de Challudet. — *Dictionnaire de la noblesse. — Cahier de la noblesse du Nivernais.* — Confirmation de titre en 1860.

Voir dans le tome XI des *Archives de la noblesse de France*, de Lainé, la généalogie de cette famille, qui est rattachée, et cela d'après des lettres de maintenue, à une famille Carpentier de Flandre. La Chesnaye-des-Bois donne un fragment généalogique des Carpentier auxquels il attribue aussi une origine flamande.

⚜ ⚜ ⚜

CARREAU, seigneurs de Thayeneau, de Beaulieu, de Marcilly, du Buyer, de La Reppe.

Châtellenie de Montreuillon.

Alliances : de Marry, de Certaines.

Armoiries inconnues,

Marolles. — Titres de Bourgogne.

✠ ✠ ✠

CARRELET, seigneurs de Marzy. Bourgogne et Nivernais.

Châtellenie de Nevers.

Alliances : Gaillot de Lavanne, Chaillot de Lugny.

D'or, au lion de sable, lampassé et armé de gueules, au chef d'azur, chargé de trois losanges d'or. — Pl. XI.

Archives de la Nièvre. — Armorial général. — S. des Marches, *Histoire du parlement de Bourgogne.*

M. des Marches attribue à Bénigne-Antoine Carrelet de Loisy, conseiller au parlement de Bourgogne en 1777, un écu *d'azur, au lion d'or, au chef cousu de gueules, chargé de trois losanges d'argent.* Nous donnons les armoiries de la branche de Nevers d'après l'Armorial général et d'après des empreintes de cachets du XVIIIe siècle, aux Archives de la Nièvre.

✠ ✠ ✠

DE CARROBLE, seigneurs d'Ourouer, de Marcy, de Chassy, de Marigny, de Giverdy, du Plessis, de Curiot, de Juisard.

Châtellenies de Donzy, de Montenoison, de Metz-le-Comte et de Clamecy.

24

Alliances : d'Ourouer, de La Ferté-Meun, Perreau, de Loron, de Rolland.

D'azur, à la tête humaine d'argent. — Pl. XI.

Marolles. — Titres de Bourgogne. — Archives de la Nièvre et du château de Prunevaux.

Ces armes sont décrites par Marolles comme étant peintes sur un aveu et dénombrement, de 1575, de la terre du Plessis, fourni par Louis de Carroble, écuyer. Un autre aveu de la même année, aussi mentionné par Marolles, de la terre de Chassy, par Dieudonné de Carroble ou de Carrouble, est armorié : *De pourpre, à la tête humaine de vieillard d'argent.*

✤ ✤ ✤

DU CASTEL, V. DU CHASTEL.

✤ ✤ ✤

DE CERTAINES, seigneurs de Certaines, de Martigny, du Chemin, de La Fosse, de Villemolin, de Fricambault, de Mouasse, de Pinabeau, des Hattes, de Palmaroux, de Louvreau, de Lâché, d'Hully, de Corvol-Dambernard, de Jonchery, de Milly ; marquis de Certaines.

Châtellenies de Montreuillon, de Cercy-la-Tour et de Montenoison.

Alliances : Robin, de Bascoing, de La Croix, de Loron, Carreau, Martinet, Bongars, de Jaucourt, de Courvol, de Rolland, Pitois, Le Bascle, Perrot, Besave, de Lanfernat, Cotignon, de Muzy, Walsch, Viel de Lunas d'Espeuilles, de Rougé.

D'azur, au cerf passant d'or. — Pl. XII.

Marolles. — Preuves de Malte à la Bibliothèque de l'Arsenal. — Vertot. — *Le Morvand. — Cahier de la noblesse du Nivernais.* — Armorial de la généralité de Moulins. — *La Noblesse aux États de Bourgogne.*

✤ ✤ ✤

DE CHABANNES, seigneurs de Vandenesse, de Sainte-Colombe, de Huez, du Puy, d'Épiry, de Trucy-l'Orgueilleux, de La Motte-Feuille, de Faye, de Vaux, de Chaillou, d'Argoulois ; barons de Vergers ; marquis de Chabannes du Verger ; titrés *Cousins du Roi ;* pairs de France. Originaires du Limousin, Auvergne, Bourbonnais, Nivernais, Brie, etc.

Châtellenies de Moulins-Engilbert, de Donzy, de Montenoison, de Saint-Saulge, de Clamecy et de Montreuillon.

Alliances : de Prie, d'Armes, de La Rivière, de Cravant, Babute, Monnot, de Champdiou, de Charry, Sallonnier, Fournier de Quincy, de Boisgelin, de Dreuille, de Saint-Phalle, Vidaud de La Tour, de Bourbon-Busset, du Prat, de Choiseuil, de Veilhan, Vernin d'Aigrepont, de Mullot de Villenaut, Petitier, de La More, de Saint-Aubin, etc.

De gueules, au lion d'hermine, armé, lampassé et couronné d'or. — Pl. XII.

Archives de la Nièvre. — Marolles. — *Histoire des grands officiers de la couronne.* — Dossier au cabinet des titres, etc.

Branche de l'illustre maison de Chabannes, établie en Nivernais par le mariage de François de Chabannes, comte de Saignes, seigneur de Boislamy et de Nozerolles, chevalier de l'ordre du Roi, fils aîné de Joachim et de Charlotte de Vienne, avec Valentine d'Armes, fille de François, seigneur du Verger, de Trucy et de Sainte-Colombe, et de Anne Bernard ; cette alliance eut lieu en 1570, et porta dans la maison de Chabannes les terres du Verger, de Sainte-Colombe et de Trucy. François eut deux fils : Jacques, tige de la branche du Verger, encore existante en Nivernais, et Joachim, tige de la branche de Trucy, éteinte au commencement du XVIIIᵉ siècle.

On voit dans l'église de Trucy-l'Orgueilleux la statue tumulaire et l'épitaphe de Sérène de Cravant, femme de François de Chabannes, baron de Charlus, morte en 1600 ; l'écusson de cette dame est parti de Chabannes écartelé de La Tour-d'Auvergne. La généalogie de la maison de Chabannes a été imprimée dans le tome VII de l'*Histoire des grands officiers de la couronne*, dans le *Dictionnaire de la noblesse*, etc. Mme la comtesse Alfred de Chabannes a publié, en 1864, un volume in-4° qui, sous le titre trop modeste de *Notice historique sur la maison de Chabannes ou de Chabannées, suivie de l'armorial de ses alliances*, donne l'histoire complète de son illustre famille.

✤ ✤ ✤

CHAILLOT DE LUGNY, seigneurs de Lugny, de La Jarrie.

Châtellenie de Nevers.

Alliances : Lorrot, Gaudin, Carrelet, du Bois de Marzy, Berthelot.

D'argent, au chevron de gueules, accompagné en chef de deux glands versés de... et en pointe d'une rose de... — Pl. XII.

Archives de la Nièvre.

Nous donnons ces armes, incomplétement décrites, d'après plusieurs cachets de la famille Chaillot, dont les empreintes se trouvent aux Archives de la Nièvre.

✤ ✤ ✤

DU CHAILLOU, seigneurs du Chaillou, de Ville-lez-Anlezy, de Beaumont-sur-Sardolle, de La Chattonnière, de Sercolles, de Beugnon.

Châtellenies de Decize, de Saint-Saulge et de Cercy-la-Tour.

Alliance : de Beaudinent, de Veaulce, de La Tournelle, Saulnier.

De gueules, à la tête d'homme d'or, liée d'argent, adextrée d'une bouterolle d'épée aussi d'argent en pal. — Pl. XII.

Marolles. — Archives de Decize. — Collection nivernaise de l'auteur.

Ces armoiries, que nous donnons d'après une écartelure de l'écusson de Claude Saulnier, veuve d'Adrien de Logère, fille d'une du Chaillou, décrit par l'*Inventaire des titres de Nevers* comme étant peint sur un aveu et dénombrement de 1598, se trouvent grossièrement gravées sur une pierre tombale dans l'église de Saint-Cy ; cette tombe offre la représentation d'un chevalier, avec cette inscription : GY.GIST.NOBLE HOMME : JEHAN DU CHAILLO ESCUIER SEIGNEUR EN PARTIE..... : QUI TRESPASSA LAN DE L'INCAR:M:C:C:C:C:VIII:

⚜ ⚜ ⚜

CHAILLOU DES BARRES, seigneurs des Barres, des Huets, des Minerottes ; barons Chaillou des Barres.

Châtellenies d'Estais et de Saint-Verain.

Alliances : Fongebat, Morin, Mousnier, Bardet de La Tour, Chambrun, Billebault, Nompère de Champagny, du Havelt.

Tiercé en fasce : au 1, de gueules, à une branche de chêne posée en fasce d'argent, soutenue d'une muraille crénelée de trois pièces et d'une demi-pièce du même ; au 2, d'azur, à la croix alaisée d'or, cantonnée de quatre rubis au naturel ; au 3, de sinople, au rocher d'or mouvant d'une mer agitée d'argent. — Pl. XXIX.

Archives du château des Barres. — Lettres patentes du 29 mai 1842 conférant régulièrement à M. Chaillou des Barres, ancien préfet, le titre de baron, qui lui avait été donné en 1811 par l'empereur Napoléon Ier. — *Armorial historique de l'Yonne.*

Les armes primitives de cette famille, que l'on voit sur des plaques de cheminée du XVIIIe siècle au château des Barres, étaient : *D'azur, à la croix alaisée d'or, cantonnée de quatre cailloux* (chailloux) *d'argent.*

M. le baron Chaillou des Barres, administrateur distingué, écrivain et historien de mérite, était né à La Charité-sur-Loire ; son père était secrétaire du Roi au moment de la Révolution.

⚜ ⚜ ⚜

CHAILLOUX *al.* CHAILLOZ, seigneurs de Vaux, du Biez.

Châtellenie de Decize.

Armoiries inconnues.

Archives de la ville de Decize.

Il est probable que cette famille, de la haute bourgeoisie de Decize, n'a rien de commun avec la famille du Chaillou, cependant nous ne pouvons l'affirmer.

⚜ ⚜ ⚜

CHALLEMOUX, seigneurs de Marigny, de La Planche, de Vignaux, du Chambon. Originaires de Bourgogne, Nivernais.

Châtellenie de Nevers.

Alliances : de Vaux, Brisson, Girard d'Espeuilles, Fontaine, de Forestier, Millin, Lasné, Vyau de La Garde.

D'azur, à trois gerbes d'or. — Pl. XII

Archives de la Nièvre. — Marolles. — *Dictionnaire de la noblesse.* — *Noms féodaux.* — Armorial de la généralité de Moulins.

Les armes décrites au nom de cette famille dans l'Armorial de la généralité de Moulins sont évidemment fausses. Le blason réel des Challemoux, indiqué par plusieurs auteurs, se trouve sculpté, parti de celui des de Vaux, sur le beau rétable du XVIe siècle de l'église de Decize ; on le voit aussi sur des jetons des États de Bourgogne.

⚜ ⚜ ⚜

CHALLUDET, seigneurs de Boubry, de Brosseloir, de Neuvy, du Magny, de La Maisonfort, de La Borde ; vicomtes de Liffermeau. Nivernais et Orléanais.

Châtellenies de Saint-Verain et de Nevers.

Alliances : Gascoing, Dijon, de Rochechouart, Pernin, Tenon, Grène.

D'or, au lion de gueules, au franc quartier d'azur, chargé d'une étoile d'or. — Pl. XII.

Collection nivernaise de l'auteur. — *Mémoires de Castelnau.* — Armorial de la généralité de Bourges. — Armorial de Challudet. — Segoing. — Paillot.

Pierre Challudet, trésorier de France en la généralité d'Orléans, était issu d'une famille bourgeoise de La Charité-sur-Loire ; son père avait été maître de forges et lui avait laissé une fortune considérable. Il fit imprimer, en 1646, une généalogie de sa famille, la rattachant à la maison de Chaslus, de l'Auvergne, dont il ajouta les armes aux siennes. L'année suivante il fit fabriquer, probablement à l'occasion de l'érection de sa terre de Liffermeau en vicomté (février 1647), un assez beau jeton, dont voici le dessin, sur lequel figurent, outre ses armes de fantaisie, les écus des alliances supposées de sa famille. Décrivons les blasons compliqués de cette pièce : Mᴿᴱ P D CHALLVDET. CHᴿ VICONTE. D. LIFFERMEAV. SGᴿ DOYSON CONᴱᴿ. DESᵀ, grènetis au pourtour. Écu écartelé : *au 1, échiqueté de gueules et d'or,* qui est de Chaslus ; *au 2, contre-écartelé, aux 1 et 4, de sable, à la fasce d'or, et aux 2 et 3, de sable, à deux lions léopardés d'or,* qui est de Tenon ; *au 3, de gueules, semé de fleurs de lys d'argent,* qui est d'Alègre ancien ; *au 4, d'or, au gonfanon de gueules frangé de sinople,* qui est d'Auvergne ; *et sur le tout, d'or, au lion de gueules et au franc quartier d'azur chargé d'une fleur de lys d'or.* L'écu posé sur une terrasse, entouré du collier de Saint-Michel et timbré d'une couronne de comte ; au-dessus de la couronne, un casque de fasce, orné de ses lambrequins, timbré d'une couronne à l'antique, avec un lion issant tenant un petit étendard sur lequel se lit le commencement de cette devise : *Désir sans vanité ;* derrière l'écu, deux étendards placés en sautoir : l'un échiqueté, l'autre chargé du gonfanon des armes d'Auvergne.

℞. ALLIANCES. DE. LA. MAISON. DES. Sᴿˢ. DE. CHALLVDET. 1647., grènetis au pourtour. Dans le champ, huit écussons disposés en orle ; au-dessus de chaque écusson, le nom de la famille dont il offre le blason. Voici ces noms et ces blasons : DALEGRE, *de gueules, semé de fleurs de lys d'argent.* DE MARCENAT, *de gueules, au chevron accompagné de trois roses, le tout d'argent.* DE BOVLIER, *de gueules, à la croix ancrée d'argent.* DE CEBAZAT, *d'argent, à trois chevrons d'azur.* GRENE, *de gueules, au chevron d'argent, accompagné de trois épis de blé d'or.* GENTILS, *de sinople, à l'aigle éployée d'argent, armée, becquée et couronnée de gueules.* DE BRYE, *d'argent, à trois fasces de sable, un lion de gueules brochant sur le tout et une bordure engrêlée de même.* TENON, *écartelé : aux 1 et 4, de sable, à une fasce d'or ; aux 2 et 3, de sable, à deux lions léopardés d'or.* Au milieu de ces huit écussons, un neuvième *écartelé : au 1, d'or, au chêne de sinople et un sanglier de sable brochant sur le tout,* qui est de Colas ; *au 2, de gueules, à sept losanges d'argent,* qui est de Le Rebours ; *au 3, de gueules, au chien bracque d'or assis,* qui est de Brachet ; *au 4, vairé d'or et d'azur, au chef de gueules, chargé d'un lion passant d'argent,* qui est de Hennequin ; *sur le tout, d'argent, à trois tours de sinople, maçonnées et crénelées de gueules,* qui est de Dijon ; l'écu timbré d'une couronne à sept perles et entouré des lettres du mot DIION. Challudet, ayant perdu sa première femme Rose Dijon, épousa, en 1650, Suzanne de Rochechouart, fille de Louis de Rochechouart, seigneur de La Brosse et de Montigny, et, fier de cette illustre alliance, il émit un nouveau jeton portant au droit les armes de son père et de sa mère, et au revers les siennes et celles de ses deux femmes ;

voici cette seconde pièce. C'est ce même Pierre Challudet qui avait fait composer, en 1638, le curieux armorial, actuellement conservé à la Bibliothèque nationale, que nous avons si souvent occasion de citer.

Les armes de la famille du premier possesseur de ce manuscrit y sont figurées deux fois : c'est d'abord le blason du seigneur de La Maisonfort qui est : *D'or, au lion de gueules, à une nuée d'azur, chargée d'une étoile d'or, mouvant du canton dextre ;* puis celui du seigneur de Neuvy et de Liffermeau qui place le même écu sur celui des Tenon. Ce fut seulement quelques années plus tard que les Challudet remplacèrent la nuée par un franc quartier, et quelquefois, comme sur les jetons que nous avons décrits, l'étoile par une fleur de lys ; l'Armorial de la généralité de Bourges donne ainsi le blason de Pierre Challudet, écuyer, seigneur de Boubry.

✣ ✣ ✣

DE CHALON, seigneurs de Pierre-Pertuis, barons de Lorme.

Alliances : de Mello, des Baux, de La Trémoille, de Sainte-Maure.

De gueules, à la bande d'or. — Pl. XII.

Histoire des grands officiers de la couronne. — Marolles. — Moréri. — La Pise, *Histoire d'Orange,* etc.

Nous n'avons pas à parler ici de l'illustre maison de Châlon qui est connue de tout le monde. Disons seulement que la baronnie de Lorme, de laquelle relevaient de nombreux fiefs en Nivernais et en Bourgogne, fut partagée, en 1355, entre Gauthier IV de Brienne, duc d'Athènes, et Jean III de Châlon. Elle forma dès-lors deux seigneuries qui conservèrent le titre de baronnie : la première, sous le nom de *Lorme-Château-Chinon,* fut annexée à la seigneurie de Château-Chinon, et la seconde, sous le nom de *Lorme-Châlon,* resta dans la mouvance des comtés de Nevers.

✣ ✣ ✣

CHALOPIN, seigneurs de Vaux.
Châtellenie de Decize.

Armoiries inconnues.

Archives de Decize. — Marolles.

✣ ✣ ✣

DE CHALY *al.* DE CHAILLY, seigneurs de Chaly.
Châtellenie de Decize.

Armoiries inconnues.

Marolles. — Archives de la Nièvre.

✣ ✣ ✣

DE CHAMBON, seigneurs de Champeroux.

Châtellenie de Monceaux-le-Comte.

Armoiries inconnues.

Marolles.

✤ ✤ ✤

DE CHAMBON *al.* DU CHAMBON, seigneurs de Cougny. Originaires du Bourbonnais.

Châtellenies de Nevers et de Châteauneuf-sur-Allier.

Alliances : d'Avantois, de Montchemin, Bréchard, de Boulnit, de Rochedragon.

Coupé d'or et de sable : l'or, à une fasce de gueules , surmontée de deux merlettes de sable ; le sable, à trois chevrons d'hermine. — Pl. XIV.

Marolles. — *Noms féodaux.* — D'Hozier. — Vertot. — Armorial de la généralité de Moulins. — *Armorial du Bourbonnais.*

On trouve, dans d'Hozier, une généalogie de cette famille depuis 1523 seulement.

✤ ✤ ✤

CHAMBRUN D'UXELOUP DE ROSEMONT, seigneurs de Mousseaux, de La Vesvre, de Reugny, d'Uxeloup, de Rosemont. Originaires du Berry.

Châtellenie de Nevers.

Alliances : Gasque, Moreau, Michel, Chaillou des Barres, Gondier de Vernizy, de Mullot de Villeneau, Nugue, Vyau de La Garde.

D'argent, à trois pals de gueules, au chef d'azur, chargé de trois étoiles d'or. — Pl. XIV.

Archives de la Nièvre. — Registres du parlement de Metz. —*Cahier de la noblesse du Nivernais.*

Aucun armorial ne donne les armes de cette famille que nous décrivons d'après d'anciens cachets.

⚜ ⚜ ⚜

DE CHAMERY, seigneurs de Chamery, de Poissons.

Châtellenie de Châteauneuf-au-val-de-Bargis.

Alliance : de Vernizy.

Armoiries inconnues.

Marolles.

⚜ ⚜ ⚜

DE CHAMPALLEMENT ou mieux DE CHAMPAL-LEMAND, seigneurs de Champallement.

Châtellenie de Champallement.

Armoiries inconnues.

Archives de la Nièvre. — *Gallia christiana.* — Bulliot, *Histoire de Saint-Martin d'Autun.*

Peut-être cette famille, dont on ne trouve plus le nom dans les chartes à partir des dernières années du XIIIe siècle, avait-elle une origine commune avec la famille Allemand mentionnée ci-dessus.

⚜ ⚜ ⚜

DE CHAMPAUDON, seigneurs de Champaudon *al.* Champodon.

Châtellenie de Montenoison.

Armoiries inconnues.

Archives de la Nièvre. — Collection nivernaise de l'auteur.

⚜ ⚜ ⚜

DE CHAMPCHEVRIER, seigneurs de Champchevrier.

Châtellenie de Châteauneuf-sur-Allier.

Armoiries inconnues.

Archives de la Nièvre.

✤ ✤ ✤

DE CHAMPDIOU *al.* DE CHANDIOU, seigneurs de Champdiou, de Brinay, de Buxy, de La Pomerée, de Poussignol, de Vaumely, de Ville-Thibert, de Pressure, de Poussains, de Vaulx, d'Ougny. Nivernais et Bourgogne.

Châtellenies de Moulins-Engilbert, de Saint-Saulge, de Montreuillon et de Clamecy.

Alliances: de La Tournelle, de Billy, de Valery, de Frasnay, de Damas, de Maisoncomte, de Champs, de Beauffremont, de Chabannes, de Chaumont, de Boute, de Fournay, de Rochefort.

D'hermine, à la fasce de gueules. — Pl. XII.

Archives de la Nièvre et de Vandenesse. — Collection nivernaise de l'auteur. — *Inventaire des titres de Nevers.* — *La Noblesse aux États de Bourgogne.* — Paillot, etc.

Le château de Champdiou, près de Moulins-Engilbert, dont cette famille prit son nom, est l'une des plus belles ruines féodales du Nivernais. Bâti au XIIIᵉ siècle, il a été remanié au XVᵉ, puis au XVIIᵉ; mais il conserve encore des parties bien caractérisées de sa construction primitive. (Voir la description de ce château dans notre *Statistique monumentale de la Nièvre.*) Une muraille, qui devait être l'une des parois de la grande salle, offre encore des peintures du XVᵉ siècle aux armes des Champdiou, parties d'un *vairé d'or et de gueules,* qui est de Beauffremont. M. Luquet, imprimeur à Château-Chinon, possède un sceau en bronze, qui paraît dater du XVᵉ siècle, portant un écu *parti de..., au chef de..., chargé d'une étoile à dextre,* et de Champdiou. La légende, en lettres capitales gothiques, est: ISABEAV DE CHANDEO; nous n'avons pu retrouver ce qu'était cette Isabeau. On lit dans le chapitre LXIII de l'*Histoire du bon chevalier Jacques de Lalain:*

« Qu'vn ieune escuyer du pays de Bourgongne, nommé Pierre de
» Chandio, » vint le premier toucher l'écu de Jacques de Lalain,
pour le combattre à Saint-Laurent-lez-Châlon, en 1449; puis plus
loin, dans la description du combat : « Ledict escuyer de Chandio
» avoit par dessus son harnois vne cotte d'armes vestue, qui estoit
» escartellée de Chandió et de Beaufremont, et sont les armes de
» Chandio d'*hermines à une fasce de gueules*, etc. »

Voir plusieurs sceaux des Champdiou, aux mêmes armes, dans la
collection des quittances scellées de la Bibliothèque nationale.

⚜ ⚜ ⚜

DE CHAMPENOIS.

Châtellenies de Montreuillon et de Metz-le-Comte.

Alliances : de Muneis, de Vaulsery.

Armoiries inconnues.

Marolles.

⚜ ⚜ ⚜

DE CHAMPFREMEUX, seigneurs de Champfremeux.

Châtellenie de Cercy-la-Tour.

Armoiries inconnues.

Marolles.

⚜ ⚜ ⚜

DE CHAMPIGNOLLE, seigneurs de Champignolle, de Villemolin, de Trégny.

Châtellenies de Metz-le-Comte et de Neuffontaines.

Alliances : de La Courcelle, de Hochberg, de Bascoing.

Armoiries inconnues.

Marolles. — Archives du château de Bazoches. — *Le Morvand.*

⚜ ⚜ ⚜

DE CHAMPLEMY, seigneurs de Champlemy, de Brinon, de Montagu, de Bulcy, de Solières, du Perchain, de Rosay.

Châtellenies de Châteauneuf-au-val-de-Bargis, de Montenoison, de Nevers, de La Marche et de Moulins-Engilbert.

Alliances : de Bazerne, de Boisjardin, de Varigny, d'Arthel, de Mornay, d'Ordon, de Saigny-Saffre, de La Rivière.

De..., à la fasce chargée de trois sautoirs, al. *à la fasce fretée.* — Pl. XXIX.

Archives de la Nièvre. — Manuscrits de D. Viole. — Marolles. — Titres de Bourgogne.

Nous donnons ces armes d'après un petit sceau de Louis de Champlemy, écuyer, appendu à une charte de 1376 de la collection des quittances scellées de la Bibliothèque nationale. Ce sceau porte un écu dont la fasce est chargée d'objets assez peu déterminés, qui ressemblent à des sautoirs ou flanchis; on lit autour... DE CHAMPLEMIS, en capitales gothiques.

Il ne faut pas confondre cette famille, éteinte depuis fort longtemps mais puissante aux XIII⁰ et XIV⁰ siècles, avec une branche de la maison de La Rivière qui a porté le nom de la seigneurie de Champlemy acquise aux La Rivière, au commencement du XV⁰ siècle, par le mariage de Philiberte, dame de Champlemy, fille de Jacques, seigneur du Perchain, et de Marguerite de Saigny-Saffre, avec Bureau de La Rivière, chambellan du Roi et du comte de Nevers, gouverneur du Nivernais et du Donziois en 1410, qui périt à la bataille d'Azincourt. (*Tablettes chronologiques, historiques et généalogiques*, V⁰ partie.)

⚜ ⚜ ⚜

DE CHAMPROBERT, seigneurs de Champrobert, de Poligny, de Sougy, de Chideaux, de Mont-sur-Loire, de Bresche, de Marcy, de Montécot, de Bussières, de Lautour, des Brûlés, des Bois, du Fossé, de La Jarrie, de Verne. Nivernais et Bourbonnais.

Châtellenies de Champvert, de Decize, de Châteauneuf-sur-Allier, de Savigny-Poil-Fol, de Cercy-la-Tour et de Luzy.

Alliances : de Charency, de Reugny, Coquille, de Chevigny, Cotignon, du Pré, de Marolles, Bidaud, Passelat, de Fontaine, de Reugny, Fernul, Le Bault, du Crest.

Armoiries inconnues.

Archives de Decize et de Vandenesse. — Marolles. — Titres de Bourgogne. — Registres de Maisons-en-Longue-Salle (Fours). — *Noms féodaux.*

⚜ ⚜ ⚜

DE CHAMPROBERT, V. PIERRE.

⚜ ⚜ ⚜

DE CHAMPROPIN *al.* DE CHAMPRUPIN, seigneurs de Champropin, de Beuvron. Bourbonnais et Nivernais.

Châtellenies de Châteauneuf-sur-Allier et de Clamecy.

Alliance : de Burges.

Armoiries inconnues.

Marolles. — *Noms féodaux.*

⚜ ⚜ ⚜

DE CHAMPS, seigneurs de Champs *al.* des Champs, de Tangy, de Pesselières, de Bussy, de Lange, de Saint-Parize-le-Châtel, de Champcourt, de Brain, d'Achun, de Saint-Léger-de-Fougeret, de Salorge, des Prés, de Mouasse, du Creuset, du Ris, de Sichamps, de La Boube, de Mont, du Plessis.

Châtellenies de Montreuillon, de Druye, de Château neuf-sur-Allier, de Moulins-Engilbert et de Saint-Saulge.

Alliances : de Ligny, de Grivel, d'Aulnay, de Bussy, de Lange, de Champdiou, Tridon, Pitois, Desprez, Le Bourgoing, de Paris, de Nourry, de Blanchefort, Doreau, Carpentier, des Ulmes, Borne, Moreau, de Courvol, Save d'Ougny, de Bréchard, de Montagu, de Rolland, Cellard du Sordet, de Raffin, d'Abbadie de Barrau, de Ladmirault, Thiroux de Gervilliers, Dervieu de Varey, de Gassard, Le Breton, Godard, Léveillé du Fournay, de Prévost, Richard de Soultrait, Dollet de Chassenet, du Liège, Richou, Millin de Dommartin, du Bosc, de Dormy.

D'azur, à cinq plantes de mandragore d'argent mal ordonnées, au franc canton d'hermine. — Pl. XII.

Archives de la Nièvre et de Decize. — Marolles. — *Généalogie de Courvol.* — Preuves de page du Roi et de Saint-Cyr au Cabinet des titres. — Titres de Bourgogne. — Armorial de la généralité de Moulins. — *Cahier de la noblesse du Nivernais.*

Il est probable que les armoiries primitives de cette famille portaient six plantes de mandragore, et que le franc canton d'hermine, qui prend la place de l'une de ces herbes mentionnées dans les livres de cabale du moyen-âge, fut adopté en souvenir d'une alliance avec les Champdiou.

M. de Champs a recueilli au château de Chazelles, près de Pougues, l'épitaphe d'une femme du XVIIIe siècle de sa famille, qui se trouvait dans l'église de Rouy ; au-dessus de cette épitaphe est sculpté un écusson des de Champs qui donne, d'une façon exacte, la forme des plantes de mandragore de ces armoiries souvent dénaturées ; ainsi, dans certaines preuves de Malte conservées à la Bibliothèque de l'Arsenal à Paris, le blason des de Champs est dit : *D'azur, semé de soucis d'argent ;* dernièrement encore, les membres de cette famille chargeaient leur écusson de cinq écrevisses.

M. Maurice de Champs de Saint-Léger, fils aîné de Jacques-Louis de Champs de Saint-Léger et de Marie-Augustine-Henriette de Bréchard, dernière descendante de sa famille, a relevé le nom et les armes de Bréchard. (Voir ce nom.) Les armes de ce rameau de la famille sont donc :

Écartelé : aux 1 et 4 d'azur, à cinq plantes de mandragore d'argent mal ordonnées, au franc canton d'hermine, et aux 2 et 3, d'azur, à trois bandes d'argent, qui est de Bréchard.

⚜ ⚜ ⚜

DES CHAMPS.

Châtellenies de Decize et de Nevers.

Alliances : Tillot, Dollet, Bernard, des Prés, Millin, de Lamoignon, de Druy.

D'azur, à la gerbe d'or, sur laquelle est perché un oiseau contourné d'argent. — Pl. XIV.

Archives de la Nièvre et de Decize. — Armorial de Challudet.

⚜ ⚜ ⚜

DE CHANAY, seigneurs de Chanay.

Châtellenie de Donzy.

Armoiries inconnues.

Marolles.

⚜ ⚜ ⚜

DE CHANCEAUX, seigneurs de Chanceaux, de Neuville.

Châtellenie de Donzy.

Alliance : de La Bruyère.

Armoiries inconnues.

Marolles.

⚜ ⚜ ⚜

DE CHANTELOUP, seigneurs de Chanteloup, de Chaillenoy, de Vaularnoux, de Jussy, de La Bretonnière.

Châtellenies de Monceaux-le-Comte, de Donzy et d'Entrains.

Alliances : de Saisy, de Migie, Grenoille, de Breulle, de La Chaume.

Armoiries inconnues.

Marolles. — Archives de la Nièvre.

⚜ ⚜ ⚜

LE LA CHAPELLE, seigneurs de La Chapelle, de Cuzy, de Montjalmain, de Villefargeau, des Choux, de Vaux. Charolais et Nivernais.

Châtellenies de Luzy et de Cosne.

Alliances : de Serre, Amelot de Courteville.

Armoiries inconnues.

Marolles. — Archives de la Nièvre, fonds de l'abbaye de Roches.

⚜ ⚜ ⚜

CHAPPAR, seigneurs de Chevannes. Charolais et Nivernais.

Châtellenies de Decize et de Luzy.

Armoiries inconnues.

Marolles.

⚜ ⚜ ⚜

DE CHAPPES, seigneurs de Chappes, de La Motte-Feule.

Châtellenies de Montenoison, de Champallement et de Donzy.

Alliances : d'Olon, de Moresche, de Nantaulx.

Armoiries inconnues.

Marolles. — Titres de Bourgogne.

⚜ ⚜ ⚜

DE CHARENCY, seigneurs de Charency, de Montécot.

Châtellenies de Decize, de Savigny-Poil-Fol et de Luzy.

Alliance : de Champrobert.

Armoiries inconuues.

Marolles. — Archives de Decize.

⚜ ⚜ ⚜

DE CHARENTON, seigneurs de La Motte-sur-Loire.

Châtellenie de Decize.

Armoiries inconnues.

Marolles. — Archives de Decize.

⚜ ⚜ ⚜

DE CHARGÈRE, seigneurs de La Verchère, de Mont-charlon, du Plessis, de Sapinière, de Montécot, de Chizy-le-Migien, d'Aultot, de La Goutte, d'Ettevaux, de Maugneray, d'Entrezy, de Chevannes-Dagou, de Pommeray, de La Bouttière, des Gris, de Tourny, de Vaux, de Tars, de Montigny, de Roche, de La Cœudre, de Vauvray ; barons de La Motte-Marcilly ; marquis du Breuil. Originaires de Savoie, Nivernais, Bourgogne et Bourbonnais.

Châtellenies de Luzy et de Savigny-Poil-Fol.

Alliances : du Crest, des Vernois, d'Anguy, de La Menue, de Jacquinet, de·Moncrif, de Vingles, Mathieu, d'Aligret, de Ponard, de Charry, Bernat, Ballard, d'Avrillon, de Juisard, du Gourlier, Bourguigon, de Lamoignon, Galline, de Sauvages, de Druy, Bernard, de Vichy, Damas, des Jours, de Valerot, de Guerry, de Barrault, de Bongars, de La Bouttière, de Caron, d'Anstrude.

D'azur, au lion léopardé d'or, lampassé de gueules, surmonté de trois trèfles d'argent rangés en fasce. — Pl. XII.

Marolles. — Archives de la Nièvre et de Vandenesse. — *Dictionnaire de la noblesse.* — Armorial de la généralité de Moulins et de la généralité de Bourgogne. — *La Noblesse aux États de Bourgogne. — Cahier de la noblesse du Nivernais.* — Preuves pour l'École militaire au Cabinet des titres.

La Chesnaye-des-Bois a donné une généalogie de cette famille, aux diverses branches de laquelle il attribue des armes quelque peu différentes. Selon cet auteur, les branches de Vaux et de Pommeray auraient porté les armes primitives de la famille : *D'azur, fascé d'or, au léopard d'or et à trois trèfles d'argent rangés en chef*, et les autres branches : *D'azur, au lion d'or, au chef cousu de gueules, chargé de trois trèfles d'argent.* L'écu des Chargère de La Goutte se trouve ainsi décrit dans une généalogie manuscrite de la maison de Lamoignon faisant partie de la riche bibliothèque héraldique de M. Ernest de Rozière : *D'azur, au lion léopardé d'or, armé et lampassé de sable, accompagné de deux burelles de même, l'une en chef et l'autre en pointe, celle du chef surmontée de trois trèfles d'argent;* cet énoncé aide à comprendre la description peu héraldique du blason donné par La Chesnaye aux Chargère de Vaux et de Pommeray. Il est probable que le premier blason des Chargère fut un lion ; Marolles décrit ainsi celui qui était peint sur un aveu de 1575 rendu par Jean de Chargère, seigneur de Sapinière et d'Estuault : *D'azur, au lion d'or morné;* il décrit également l'écu de Jeanne de Chargère, femme de Jean Mathieu, écuyer, seigneur de Chenaux en 1612 : *D'argent, au lion passant de gueules, au chef d'azur chargé de trois trèfles d'argent.* Dans les preuves pour l'École militaire présentées, en 1778, par Eustache de Chargère (au Cabinet des titres), l'écusson est : *D'azur, au lion d'or, lampassé de gueules, au chef d'argent, chargé de trois trèfles de sinople.* Les baronnies du Breuil et de Chargère, en Bourgogne, furent érigées en marquisat en 1670. *(Tablettes chronologiques.)*.

✣ ✣ ✣

DE LA CHARNAYE, seigneurs de La Charnaye.

Châtellenie de Cuffy.

Armoiries inconnues.

Marolles.

✣ ✣ ✣

DE CHARRY, seigneurs de Charry, d'Aiguilly, de Huez, de Coueron, de Vendonne, de Giverdy, de Boulon, de Précy, de Lurcy-le-Bourg, de Ligny, de Bona, de Marancy, d'Arbourse, de La Tour-d'Isenay, de La Ronde, d'Aubigny-le-Chétif, de Sangué, de Marré, de La Bretonnière, de La Roche, de Villeneuve, de Savoye, de Goui, de Fourviel ; vicomtes de Beuvron ; comtes de Charry. Nivernais et Bourbonnais.

Châtellenies de Saint-Saulge, de Montenoison, de Decize et de Châteauneuf-au-val-de-Bargis.

Alliances : de Lanty, Le Roy, de Chéry, du Verne, de Vendonne, de Julien, Bonin, de Chargère, de Montsaulnin, de Rolland, de Bigny, du Deffend, de Maumigny, Tricault, Girard, de La Perrière, de Sallazar, de La Ferté-Meun, de Chabany, de Bourbon, Mathieu, Girard, Gudin, des Prés, de Bussi, Berthier, de Bony, Boulet, Mullot de Villenault, etc.

D'azur, à la croix ancrée d'argent. — Pl. XIII.

Archives de la Nièvre. — Marolles. — *Noms féodaux.* — D'Hozier. — Titres de Bourgogne. — Preuves pour Saint-Cyr et preuves de Cour au Cabinet des titres. — *Abrégé chronologique de la maison du Roi.* — *Mémoires de Castelnau.* — *Armorial du Bourbonnais.* — Registres de Beuvron.

Cette famille est l'un des plus marquantes et des plus anciennes de la noblesse militaire du Nivernais ; ses armoiries se voient dans la verrière d'une chapelle de l'église de Prémery.

✥ ✥ ✥

DE LA CHASSAIGNE, seigneurs de La Chassaigne, de Soultrait, de Rosemont, de Luthenay, d'Uxeloup, de La Vesvre, des Granges, de Forgues, de La Verrière, de Sermoise, de Bois, de Pully, de Villorgeau, de Pougny, de Charpaigne, de Gâcogne ; barons de Cours-les-Barres et de Givry.

Châtellenies de Châteauneuf-sur-Allier, de Nevers, de Donzy, de Montreuillon et de Cuffy.

Alliances : des Chiens, de Forgues, de Mesangarbe, de Saint-Vincent, de Bongars, Carpentier, Gascoïng, Bouet, Le Bègue, Pierre, de L'Espinasse, Damoiseau, Sallonnier, des Prés, du Broc, Baudron.

D'azur, à la fasce d'argent chargée d'un lévrier courant de sable, colleté d'argent, cloué de gueules, et accompagnée de trois glands d'or, posés deux en chef et un en pointe. — Pl. XIII.

Archives de la Nièvre, de La Chassaigne et d'Uxeloup. — Marolles. — Armorial de Challudet. — Armorial de la généralité de Bourges.

Le vieux manoir de La Chassaigne, près de Saint-Parize-le-Châtel, qui datait du XVIᵉ siècle, a été en partie détruit et remplacé par un fort beau château de style de la Renaissance. M. le comte de Montrichard a fait conserver une cheminée en pierre dont le haut manteau est sculpté d'un écusson mutilé des La Chassaigne, timbré d'un casque avec lambrequins d'un fort bon style et accompagné de bâtons fleurdelysés entourés de rubans, sur lesquels se lisaient des devises malheureusement effacées. La plaque de cette cheminée porte le même blason au milieu d'une guirlande.

Il est curieux de voir, dans les riches archives de cet ancien fief, comment les La Chassaigne, simples paysans de Saint-Parize-le-Châtel au milieu du XVᵉ siècle, arrivèrent, en moins d'un siècle, à occuper une des plus hautes positions dans l'aristocratie de notre ancien duché.

✤ ✤ ✤

DE CHASSENAY, seigneurs de Chassenay.

Châtellenie de Decize.

Armoiries inconnues.

Marolles.

✤ ✤ ✤

DE CHASSY, seigneurs du Marais, de Jailly, du Coudray, de La Grange-Folle. Originaires du Charolais, Nivernais, Bourgogne, Champagne et Berry.

Châtellenies de Montenoison et de Saint-Saulge.

Alliances : de Sarre, d'Anlezy, de La Platière, Prévost, de La Rivière, de Pocquières, du Deffend, de Montsaulnin, Regnier de Guerchy, de Grieu, de Chavigny, Février, de Courvol, de La Ferté-Meun, de Hannique, Le Fort de Villemandeur, de La Porte d'Issertieux, de Boisselet, Roux de Chamon, de L'Espinasse, Bérault des Billiers.

D'azur, à la fasce d'or, accompagnée de trois étoiles de même. — Pl. XIII.

Archives de la Nièvre. — Marolles. — D'Hozier. — La Thaumassière. — Preuves pour Saint-Cyr au Cabinet des titres.

Une généalogie fort bien faite de cette famille se trouve dans le tome V des *Archives de la noblesse de France.* L'*Histoire du Berry* lui avait aussi consacré quelques lignes. Les armoiries des Chassy et de quelques-unes de leurs alliances sont sculptées sur le portail du château du Marais (commencement du XVIᵉ siècle), mais ces sculptures sont en partie effacées.

✤ ✤ ✤

DE CHASSY, V. BELLON.

✤ ✤ ✤

DE CHASTEAU.

Châtellenie de Nevers.

Alliances : Chevalier, Coquille, Cotignon.

Armoiries inconnues.

Archives de la Nièvre. — Marolles. — *Archives de Nevers.*

✤ ✤ ✤

DU CHASTEL *al.* DU CASTEL, seigneurs de Chassy, de Villiers, d'Aurely-sur-Yonne, de Chevannes-Bureau, de Sichamps.

Châtellenies de Nevers, de Moulins-Engilbert et de Montenoison.

Alliances : d'Aulnay, de Villaines, Berthier, Galoppe, Andras, Bureau, Chauvelin.

Fascé de sable et d'argent de huit pièces, la première fasce d'argent alaisée. — Pl. XIV.

Archives de la Nièvre. — Marolles.

✤ ✤ ✤

DE CHASTELLUX, seigneurs de Bazoches, de Cha-laux, de Marigny-l'Eglise, de Champagne, d'Island, de Nuars, de Moissy, de Noison. Bourgogne et Nivernais.

Châtellenies de Monceaux-le-Comte et de Metz-le-Comte.

Alliances : de Bordeaux, de Saint-Verain, de Toucy, Bréchard, de Bourbon, de Pierre-Pertuis, de Longwy, de Savoisy, d'Aulnay, de Hochberg, Blosset, de Clermont d'Amboise, de Pontailler, de La Tournelle, Le Genevois de Blaigny, de La Ferté-Meun, Le Sueur, Barrillon, Daguesseau, de Plunkett, Jubert, de Durfort, de Damas, de La Croix de Chevrières, de La Duz.

D'azur, à la bande d'or, accompagnée de sept billettes de même, quatre en chef et trois en pointe. — Pl. XIII.

Histoire généalogique de la maison de Chastellux, etc.

Tous les ouvrages historiques et généalogiques ont parlé de la maison de Chastellux ; nous nous contentons de renvoyer au beau travail, d'une grande importance pour l'histoire de l'Auxerrois et du Nivernais, que M. le comte de Chastellux vient de publier sur sa maison.

⚜ ⚜ ⚜

DE CHASTENAY.

Châtellenies de Châteauneuf-sur-Allier et de Nevers.

Alliance : de Noë.

Armoiries inconnues.

Marolles.

⚜ ⚜ ⚜

DE CHATEAU-CHINON, V. DE LORME.

⚜ ⚜ ⚜

DE CHATEAUNEUF, seigneurs de Villaines.

Châtellenie de Druyes.

Alliances : de Miniers, de Saint-Aubin.

Armoiries inconnues.

Marolles.

※ ※ ※

DE CHATEAUVILLAIN, seigneurs de Luzy. Originaires de Champagne, Nivernais et Bourgogne.

Châtellenie de Luzy.

Alliances : de Luzy, de Torote, de Châtillon-en-Bazois,
de Forez, de Thianges.

*De gueules, semé de billettes d'or, au lion de même brochant sur le
tout.* — Pl. XIII.

Marolles. — *Histoire des grands officiers de la couronne.* — Duchesne, *Histoire
de la maison de Dreux,* etc. — Pérard.

Le sceau de Jean, sire de Châteauvillain et de Luzy, décrit dans
l'*Inventaire des titres de Nevers* comme étant appendu à une charte
de 1284, portait un cavalier en harnois de guerre, tenant un écu à un
lion sur un champ billeté.

※ ※ ※

DE CHATEL-PERRON, seigneurs de Saint-Parize-
le-Châtel ; barons de La Ferté-Chauderon. Originaires du
Bourbonnais.

Châtellenie de Châteauneuf-sur-Allier.

Alliances : Chauderon, Dauphin, de Bourbon, de Châtillon-en-Bazois.

Écartelé d'or et de gueules. — Pl. XIV.

Marolles. — *Noms féodaux.* — *Nobiliaire d'Auvergne.* — Segoing. — *Armorial du Bourbonnais,* etc.

Sur un sceau de Hugues de Châtel-Perron, seigneur de Châtel-Perron et de La Ferté-Chauderon, de 1316, décrit par Marolles, se voyait la représentation équestre d'un chevalier dont l'écu était *écartelé.*

⚜ ⚜ ⚜

DE CHATILLON, sires de Châtillon-en-Bazois; seigneurs de La Montagne, de Cours-les-Barres, de Champallement, de Glux, de Fragny, de Plainpied, de Montescot, de Remeron, de Champrobert, de La Perrière, de Bussy-la-Pesle ; vicomtes de Clamecy; barons de La Roche-Milay.

Châtellenies de Saint-Saulge, de Moulins-Engilbert, de Cuffy, de Champallement, de Nevers, de Savigny-Poil-Fol et de Clamecy.

Alliances : de Mello, de Château-Villain, de Châtel-Perron, de Bourbon, de Courtenay, de Frolois, de Couches, etc.

Losangé d'or et d'azur. — Pl. XXX.

Marolles. — *Histoire de la maison de Chastillon.* — Paillot. — Titres de Bourgogne, etc.

Voici ce que dit de cette famille Duchesne, dans les preuves de son *Histoire de la maison de Chastillon-sur-Marne*, au paragraphe des familles qui ont porté le nom de Châtillon : « CHASTILLON-EN-BAZOIS. » La chastellenie de Chastillon-en-Bazois est l'vne des principales du » païs, et qui a donné surnom à vne très-noble famille, car d'elle sont » yssuës diverses branches lesquelles ont possedé plusieurs belles et » riches terres, asçauoir Chastillon, Ialligny, Treteaux, Escolle, La » Palice, La Ferté-Chauderon, Arcies, La Roche-de-Milay et autres, » et se sont alliées aux meilleures maisons de Niuernois de Bour-» gongné, d'Auvergne, de Bourbonnois et de Berry. » Duchesne cite ensuite diverses chartes des XIIIe et XIVe siècles relatives à la maison de Châtillon.

Coquille, dans son *Histoire du Nivernais*, parle ainsi des seigneurs ou sires de Châtillon : « Le sire de Chastillon-en-Bazois, qui est vassal
» du duché et du ressort, pretend auoir reng auant les Barons (les titu-
» laires des quatre premières baronnies de la province), en la conuoca-
» tion de l'arrière-ban et autres assemblées des nobles ; mais le sieur
» Baron de La Ferté-Chauderon contredit ceste precedance disant qu'il
» est le premier : L'vn et l'autre a grand nombre de fiefs, le Baron de
» la Ferté a droict de ressort sur la pluspart de ses fiefs : le seigneur de
» Chastillon a plus grand nombre de fiefs et de plus grande marque et
» valeur, mais il n'a point de ressort, ains le ressort de tous ses vassaux
» est au bailliage de Niuernois... »

L'*Inventaire des titres de Nevers* décrit plusieurs sceaux de la maison de Châtillon : les sceaux équestres d'Eudes, de 1218, et de Robert,
de 1323, dont l'écu est losangé, et un troisième sceau de ce même
Robert, seulement armorié, avec des femmes pour tenants et pour
cimier, ce qui pourrait bien être une erreur de Marolles, car les supports et les cimiers n'ont commencé à être employés sur les sceaux que
vers la fin du XIVe siècle.

Une charte de 1285, analysée dans les Extraits des titres de Bourgogne et de Nivernais (p. 491 du manuscrit), était scellée de trois
sceaux dont deux appartenaient à des membres de la maison de Châtillon : l'un, de Jean, sire de Châtillon, portait un écu losangé ; l'autre,
de Henri, sire de La Roche-Milay, offrait la représentation d'un chevalier (sans doute à cheval) brandissant une épée.

En démolissant l'église paroissiale de Châtillon, on a trouvé, sous le
dallage, une pierre tombale assez belle quoique mutilée portant, gravée
au trait, la représentation d'un seigneur de Châtillon, en costume
militaire du XIVe siècle, placée sous une arcade ogivale, aux montants
de laquelle sont adossés des figures de prêtres et de clercs et des anges
tenant des flambeaux. On lit autour de la dalle, en lettres capitales
gothiques, cette partie de l'épitaphe : *(cy gist)* MONSEIGNEVR : IEHAN :
SEIGNEVR : DE : C(has)TILLON : QUI : TRESPASSA : L...... S : IOVR : DE : S : COSME :
ET : S : DAMIEN : LAN : MIL : CCC : LXX... DIEV : PAR : SA : SAINTE : PITIE : LI :
VVILLE : PDONER : TOVS : SES : PECHIE(s) : AMEM :

Ce personnage est sans nul doute Jean de Châtillon, dernier seigneur
de Châtillon de sa famille, qui mourut entre 1366 et 1370, laissant
plusieurs filles de Marguerite de Frolois sa femme. *(Histoire de la
maison de Chastillon*, preuves, p. 6.)

CHAUDERON, seigneurs de Saint-Parize-le-Châtel, de Tresnay, de Parenches, de Précy, de Toury-sur-Jour, de Chaumes, de Dorne ; barons de La Ferté-Chauderon. Nivernais, Bourbonnais et Forez.

Châtellenies de Châteauneuf-sur-Allier et de Decize.

Alliances : de Pierre-Pertuis, de Châtel-Perron.

D'or, au chef de sable. — Pl. XXX.

Archives de la Nièvre. — Marolles. — Armorial de Gilles Le Bouvier. — La Roque, *Traité du ban et de l'arrière-ban.* — Steyert, *Armorial du Lyonnais, Forez et Beaujolais.* — *Revue historique,* tome VII, p. 64. — Coste, *Essai sur la ville de Roanne.*

Cette famille, l'une des plus anciennes et des plus puissantes du Forez, dont on ne retrouve cependant la mention en Nivernais dans aucun acte antérieur à 1201, était bien probablement, dès l'origine de la féodalité, en possession de la seigneurie de La Ferté, qui porte le nom de La Ferté-Chauderon *(Firmitas Calderonis)* dans les chartes du XIIIe siècle.

La Ferté-Chauderon, fief situé au sud de Nevers, sur l'Allier, était la première des quatre principales baronnies du Nivernais. Le baron de La Ferté-Chauderon prenait le titre de maréchal et sénéchal du Nivernais ; ce qui lui donnait le droit de commander l'avant-garde du Comte en partant pour la guerre, et l'arrière-garde au retour ; ses gages étaient payés le double de ceux d'un baron, et le jour d'une bataille il pouvait, après le Comte, choisir le meilleur cheval de la troupe. Il était en outre le second conseiller de son seigneur. Guy Coquille, qui nous donne ces détails, ajoute *(Histoire du Nivernois,* p. 370) que le possesseur de cette baronnie avait le droit de battre monnaie, ce qui a été répété par Duby. Un aveu de la baronnie de La Ferté-Chauderon, de 1332, mentionné dans l'*Inventaire des titres de Nevers,* prouve que le droit de monnayage des premiers barons du Nivernais a bien réellement existé. En voici le texte : « Aveu que rend à monseigneur le comte de Nevers » Ysabeau de Châtel Le Perron, dame de La Ferté-Chauderon, pour » cause de feu noble homme son chier seigneur et père M. Hugues de » Châtel Le Perron, seigneur de La Ferté-Chauderon, chevalier. Pre- » mièrement, La Ferté-Chauderon et la baronnie. Item, son droit de » faire monnoye en ladite baronie. Item, la senechaucée de Nivernois, » avec les droits dicelle, c'est asçavoir que (quand) M. le Comte va en

» bataille pour cause de ladite comté de Nevers, avoir l'avant-garde, et
» l'arrière-garde au retour; prendre le meilleur cheval du seigneur
» Comte, luy monté, et doubles gages de banneret, etc. » La branche
des barons de La Ferté s'éteignit à la fin du XIIIe siècle, mais d'autres
branches existaient encore dans la première moitié du XVe, entr'autres
celle des seigneurs de Dorne. C'est sans doute de cette branche que
Gilles Le Bouvier donne les armes, dans son Armorial (marche du
Berry). Le *Répertoire héraldique du Forez*, de Pierre Gras, décrit
ainsi les armes des Chauderon : *D'or, au chef de sable*, alias *D'argent,
au chef emmanché de trois pointes de sable.* Il est regrettable que
M. Gras n'ait point indiqué où il avait vu les armes des Chauderon
ainsi figurées. Nous ne connaissons aucun sceau des barons de La
Ferté-Chauderon.

⚜ ⚜ ⚜

DE CHAUGY, seigneurs de Cossaye, des Oullières,
de Chaumigny, de Craux, de Saint-Gratien, de Savigny-
sur-Canne, de Gien-sur-Cure, de Montigny-sur-Canne, des
Écots, de Pouligny-sur-Aron, de Matonge, de Mirebault,
de Bussière, de Fouquette, des Doreaux. Originaires du
Bourbonnais, en Nivernais, Bourgogne, Berry et Forez.

Châtellenies de Decize, de Cercy-la-Tour et de Luzy.

Alliances : de Montesche, de La Bouttière, Olivier,
d'Ambly, de Las, Pinet.

Écartelé d'or et de gueules. — Pl. XIV.

Inventaire des titres de Nevers. — Archives de la Nièvre, de Decize et de Van-
denesse. — *Dictionnaire de la noblesse.* — Preuves au Cabinet des titres et à la
Bibliothèque de l'Arsenal. — Paillot. — *La Noblesse aux États de Bourgogne.* —
Histoire de la maison de Chastellux. — *Le Morvand*, etc.

La généalogie abrégée des Chaugy donnée par La Chesnaye-des-Bois
ne mentionne pas les fiefs importants possédés en Nivernais, de la fin du
XIVe siècle au milieu du XVIIIe, par cette famille, dont les armes sont
souvent écartelées de divers blasons. La plus ancienne représentation
que nous connaissions des armoiries des Chaugy se voit sur le beau
tableau à volets de l'église d'Ambierle, près de Roanne (Loire); deux

Chaugy et leurs femmes, agenouillés devant des prie-Dieu et assistés de leurs saints patrons, occupent quatre compartiments du tableau, dont la provenance est attestée par les vers suivants inscrits en lettres minuscules gothiques et maintenant effacés en partie :

CESTE TABLE EN CELIEU PRESENT

DONNA POUR FAIRE A DIEU PRESENT

MESS^e MICHIEL DE CHAUGY

CONSEILLE^r CHAMBELLAIN AUSSY

ET LE PREMIER MAISTRE DHOSTEL

DU NOBLE PRINCE DONT NEST TEL

PHILIPPE BON DUC DE BOURGONGNE

EN LAN QUE LEGLISE TESMOINGNE

MIL QUATRE CENT SOIXANTE SIX

DIEU VEUILLE QUEN GLOIRE SOIT

La cotte d'armes et la draperie du prie-Dieu de Michel offrent l'écu écartelé *d'or et de gueules*, écartelé lui-même *de sinople, à la croix d'or cantonnée de vingt croisettes de même, de cinq en cinq en sautoir en chaque canton*, qui est de Montaigu. L'autre chevalier du tableau, un Chaugy du prénom de Jean, car il est assisté du saint Précurseur, doit être Jean de Chaugy, seigneur de Chesnay et de Cossaye, en Nivernais, probablement frère aîné de Michel ; il porte son écu sans écartelure. De ce Jean sont issues les quatre branches de la famille ; trois seulement ont été données par le *Dictionnaire de la noblesse*, qui a omis la branche nivernaise dont l'auteur fut sans doute Simon de Chaugy, seigneur de Cuzy. Nous croyons que cette branche et celle des seigneurs d'Anost et de Lantilly, en Bourgogne, portèrent l'écusson *écartelé d'or et de gueules* sans brisure. (Preuves de page du Roi, de 1712, au Cabinet des titres.) La branche de Savigny-l'Étang joignait à son blason celui de Savigny (Bourgogne) qui est *de gueules* al. *d'azur, à trois lionceaux d'argent* al. *d'or, armés lampassés et couronnés d'or.* (Marolles, Paillot.) Enfin la branche la plus marquante, celle des comtes de Roussillon, écartelait d'un *échiqueté d'or et d'azur*, qui est de Roussillon en Dauphiné. (Preuves de Malte de 1633, Bibliothèque de l'Arsenal.) Cette dernière écartelure est singulière, car les Roussillon du Dauphiné et ceux de l'Autunois étaient parfaitement distincts les uns des autres, bien que les deux familles aient eu également la prétention de descendre du fameux Gérard de Roussillon, prétention que nous n'avons point à examiner ici. Nous possédons un petit sceau en bronze, de la fin du XIVe siècle, d'un membre de la famille de Roussillon de Bourgogne, dont l'écu porte une croix.

✥ ✥ ✥

DE LA CHAUME, seigneurs de La Chaume, du Bois, de Beaulieu, du Meix-Richard, de Beuvron, d'Oulon, du Tremblay, de Chaillant, de Ceuneron, de Jailly, de Giverdy.

Châtellenies de Montreuillon, de Montenoison, de Clamecy et de Saint-Saulge.

Alliances : d'Ormeaux, de Chanteloup, Boudault, de Lichy, Le Tort, de Folanfans, du Gourlier.

D'azur, à la fasce d'argent, chargée de trois larmes de sable. — Pl. XIV.

Marolles. — Archives de la Nièvre et du château de Marcilly.

C'est l'*Inventaire des titres de Nevers* qui nous donne les armoiries de cette famille, d'après l'écu de Gilberte de La Chaume, femme de Jacques du Gourlier, peint au bas d'un aveu de 1575 ; toutefois il se pourrait que ces armoiries ne fussent pas celles que la famille portait dans l'origine : une cheminée du château de La Chaume, près de Corbigny, bâti dans la seconde moitié du XVe siècle, que nous croyons être le berceau des La Chaume, porte un écusson sculpté, *parti de trois mouchetures d'hermine, et de trois tourteaux, à la bordure engrêlée ;* ce dernier blason est celui des Le Tort (branche de Moulins-Engilbert) ; l'autre, celui du mari, nous semble ne pouvoir être attribué qu'aux La Chaume. Voici comment nous proposons d'expliquer ce changement de blason : Peut-être les meubles héraldiques mal dessinés, comme ceux des écus dont on ornait les aveux et dénombrements, pris par Marolles pour des larmes, étaient-ils les mouchetures d'hermine des armoiries primitives, qui auraient été placées sur une fasce à la fin du XVIe siècle, époque où les familles se plurent souvent à compliquer leur écu. Toutefois, faute d'autres monuments, nous adoptons le blason, fort correct du reste, décrit dans l'*Inventaire des titres de Nevers.*

Il se pourrait aussi que la famille de La Chaume fût la même que la famille Boudaud ou Boudauld dont nous avons parlé.

✥ ✥ ✥

CHAUVELIN, marquis de Grosbois, etc. Nivernais et Paris.

Châtellenie de Moulins-Engilbert.

Alliances : du Chastel, Jacob, Reulley.

D'argent, au chou pommé arraché de sinople, entouré d'un serpent d'or. — Pl. XIV.

Marolles. — Collection nivernaise de l'auteur. — *Dictionnaire de la noblesse.* — Paillot. — Chevillard. — Dubuisson. — *Dictionnnaire véridique*, etc.

La Chesnaye-des-Bois donne une généalogie fort détaillée de cette famille très-marquante dans la robe et dans l'épée, à laquelle il attribue pour premier auteur Toussaint Chauvelin, vivant en 1553, procureur au Parlement, puis procureur général de la reine Catherine de Médicis. Ce Toussaint était le fils d'un autre Toussaint Chauvelin, qui était procureur à Moulins-Engilbert dans les premières années du XVIe siècle. Une branche de la famille, restée dans une position fort modeste, continua à habiter le Nivernais ; nous possédons divers contrats de mariage de cette branche, de la fin du XVIe siècle et du XVIIe.

Les auteurs héraldiques donnent le blason des Chauvelin de diverses manières ; Paillot et Dubuisson le décrivent ainsi : *D'argent, au chou pommé de cinq branches arraché de sinople, entouré par la tige d'une bisse d'or, la tête en haut.* D'après Chevillard, le chou est *terrassé de sinople.* On remarque dans le vitrail d'une chapelle de l'église de Saint-Étienne-du-Mont, à Paris, les deux écussons, entourés de guirlandes de fleurs, de François Chauvelin, avocat au parlement de Paris, intendant de la reine Marie Stuart, après la mort de François II, et de Marie Charmolue sa femme ; sur ces écussons, le chou de sinople, à larges feuilles, est entouré d'un serpent d'argent et se dessine sur un champ d'or. Ce François était le petit-fils du procureur de Moulins-Engilbert. Une maison de cette ville, du XVIe siècle, porte encore le nom de maison Chauvelin. Il est bien entendu que nous ne reproduisons point, à la suite du nom des Chauvelin, l'énumération de leurs nombreuses seigneuries dont aucune n'était dans notre province.

⚜ ⚜ ⚜

DE CHÉRY, seigneurs de Giverdy, de Chaillant, de Montgazon, de Champmoreau, d'Oulon, de La Varenne, de Jailly, de Vanay, de Montigny-sur-Canne, de Lancray, du Marais, de Saint-Christophe; de Gimouille, d'Aglan, de Mussy, de Villars, de Grosboux, du Doreau, du Coudray, de La Planche, de Chandoux, de Beaumont-sur-Sardolle, de La Cave, de La Loge, de Lurcy-le-Bourg, de Beuvron, du Chastellier, de Rigny, de Vaujat, de Montigny, d'Usseau, de Chevannes-sous-Montaron, de Vitry, de Lancray, de Beausson, de Sancy, de Poisson, de Saint-Gratien, du Tremblay, de Marolles; barons de Poiseux, de Neuvy; marquis de Chéry. Originaires du Bourbonnais, Nivernais et Berry.

Châtellenies de Montenoison, de Saint-Saulge, de Cercy-la-Tour, de Decize et de Nevers.

Alliances : de Thianges, Cornillat, de Conquérant, des Ulmes, de La Ferté-Meun, de La Barre, de Lanvault, de Paris, du Lys, de Saint-Simon, Palierne, de Barillet, d'Armes, de Charry, Le Roy, de Guingues, des Prés, Quinquet, Gauthier, de Comeau, Le Bascle, Berault, Le Berde, Gaucher de Vaucourt, de Maunoury, de La Rochefoucauld.

D'azur, au chevron d'or, accompagnée de trois roses d'argent, boutonnées d'or. — Pl. III.

Archives de la Nièvre et de Decize. — Preuves pour Saint-Cyr au Cabinet des titres. — Marolles. — *Noms féodaux.* — Preuves de Malte aux archives du Rhône. — D'Hozier. — Guillaume Revel. — Vertot. — *Le Roy d'armes.* — Dubuisson. — Paillot. — Armorial de la généralité de Moulins. — *Cahier de la noblesse du Nivernais.*

Cette famille, dont l'Armorial de d'Hozier donne un fragment généalogique, prit son nom d'un petit fief situé près de Souvigny en Bourbonnais, qu'elle paraît avoir possédé jusqu'au milieu du XVIe siècle; elle avait quitté, dès cette époque, sa province originaire pour s'établir en Berry et en Nivernais. Ce sont certainement des roses et non des quintefeuilles qui accompagnent le chevron sur l'écu des

Chéry, bien que quelques membres de la famille aient adopté ces derniers meubles héraldiques. Dans l'Armorial de Guillaume Revel, on
trouve, à la ville de *Sovinhi* (Souvigny), Pierre de Chéry, qui *crie
Chery !* et qui porte : *D'azur, à trois roses d'argent, à la bande de
gueules, chargée en chef d'une étoile du second émail* (comme brisure)
brochant sur le tout, avec un buste de femme coiffé d'un hennin pour
cimier ; et à Aisnay, en Berry, Jacques de Chéry, seigneur du Moulin-
Porcher, qui porte : *D'azur, à la bande de gueules, accompagnée de
trois roses d'argent, deux en chef et une en pointe,* et qui *crie le
Moulin-Porcher !* Les armes de l'évêque Eustache de Chéry sont sculptées, avec le chevron et les trois roses, sur les lucarnes de l'ancien logis
du prieur de Lurcy-le-Bourg.

⚜ ⚜ ⚜

DU CHESNAY, seigneurs de Neuvy, des Barres, du Bois. Originaires de l'Orléanais, Nivernais et Bourgogne.

Châtellenies de Saint-Verain et de Saint-Sauveur-en-
Puisaye.

Alliances : de Corquilleray, de Roux, de Rochechouart,
de Courtenay.

*De gueules, à trois chaînes d'or mouvantes du chef, posées en pal,
soutenant trois coquilles de même.* — Pl. XIV.

Marolles. — *Dictionnaire de la noblesse.* — Paillot. — *Histoire de la maison de
Courtenay.* — Dey, *Armorial de l'Yonne.*

La Chesnaye-des-Bois décrit ainsi les armes de Jean du Chesnay,
seigneur de Neuvy, chevalier de l'ordre du Roi au milieu du XVIᵉ siècle :
Écartelé : aux 1 et 4, du Chesnay (comme ci-dessus), et, *aux 2 et 3,
d'azur, à trois têtes de léopard d'or,* qui est de Le Roux. On lit, dans
l'église de Neuvy-sur-Loire, l'épitaphe de Claude de Rochechouart,
veuve de Jean du Chesnay, morte à la fin du XVIᵉ siècle, et l'on
remarque dans cette même église deux écussons aux armes de la famille
du Chesnay : l'un sculpté à la clef de voûte d'une chapelle du
XVIᵉ siècle, tenu par deux anges, ne porte que les trois chaînes et les
coquilles ; l'autre, plus moderne, colorié, encastré dans le mur de cette
même chapelle, est *écartelé : au 1,* du Chesnay ; *au 2, d'azur, à trois
fasces ondées d'or ; au 3, d'azur, à trois besants d'or ; et au 4, d'azur,*

à la croix d'or. Le second et le troisième quartier sont aux armes, inexactement reproduites comme couleurs, des Rochechouart et des Courtenay, alliances directes des du Chesnay ; le troisième doit être de Faudoas.

⚜ ⚜ ⚜

CHEVALIER, seigneurs de Ris, de Pressures, de Saint-Martin-de-La-Bretonnière, de Champmoreau, de Minières, de Ribourdin. Originaires d'Auxerre.

Châtellenies de Clamecy, de Champallement et de Montenoison.

Alliances : Le Breton, Courtois, de Chasteau, du Plessis, de La Rivière, de Loron, Jacqueron, de Courvol.

D'azur, à la tour d'or al. d'argent. — Pl. XIV.

Marolles. — Titres de Bourgogne. — *La Noblesse aux États de Bourgogne.*

MM. Beaune et d'Arbaumont mentionnent, dans leur *Noblesse au États de Bourgogne*, une famille Chevalier, bien certainement la même que celle qui fait l'objet de cet article, à laquelle ils donnent pour armoiries : *Tiercé en chevron : au 1, d'azur, à deux bustes de femme habillés d'argent ; au 2, d'argent, à deux lions affrontés de sable ; au dernier, de gueules à l'aigle d'or.* L'*Armorial de l'Yonne* de M. Dey décrit ainsi les armes de cette famille Chevalier : *D'azur, au chevron d'argent, chargé de deux lions de sable affrontés, armés et lampassés de gueules, le chevron accompagné en chef de deux bustes de femme d'argent, chevelés d'or, et, en pointe, enté de gueules, à l'aigle d'or éployée.* Ces blasons sont à peu près semblables à celui des Le Clerc de Juvigny dont nous parlerons plus loin. Nous doutons fort qu'ils aient jamais été portés par quelques membres de la famille Chevalier, dont les armoiries sont décrites par Marolles comme étant peintes au bas d'un aveu et dénombrement, de 1575, de la terre de Champmoreau, près de Clamecy ; sur cet écu, la tour est flanquée d'une molette d'éperon qui est évidemment une brisure. La *Généalogie de la maison de Courvol* indique ainsi les armes des Chevalier : *Écartelé : aux 1 et 4, d'azur, à la tour d'argent maçonnée de sable ; et aux 2 et 3, de gueules, à la moucheture d'hermine d'argent.*

⚜ ⚜ ⚜

DE CHEVENON, seigneurs de Chevenon, de La Grange-de-Chevenon, de L'Essard, de Saint-Agnan, de Pully, de Bois, de Sermoise, de Cresancy, de Passy, de Champlevois, de Champeron, de Chezeaux-aux-Amognes.

Châtellenies de Nevers et de Decize.

Alliances : de Digoine, de Chevigny, Girard, de Maumigny.

D'argent, à la fasce de gueules, accompagnée de trois quintefeuilles de même. — Pl. XIII.

Archives de la Nièvre. — Marolles. — *Histoire des grands officiers de la couronne.* — Gilles Le Bouvier. — *Noms féodaux.* — *Dictionnaire de la noblesse.* — La Thaumassière. — *Le Roy d'armes.* — *Armorial du Bourbonnais.*

L'*Histoire des grands officiers de la couronne* nomme, à l'article de Bernard de Chevenon, évêque et comte de Beauvais au commencement du XVe siècle, quelques membres de cette famille, qui prenait son nom d'une seigneurie située au sud de Nevers et qui nous est connue depuis 1296. Ces seigneurs de Chevenon comptaient, au XIVe siècle, parmi la haute noblesse de la province; ils paraissent s'être éteints en la personne de Guillaume de Chevenon tué à Azincourt. Toutefois il est de tradition que la famille de Chevenon-Bigny, l'une des plus marquantes du Bourbonnais et du Berry, descend des Chevenon du Nivernais.

Le P. Anselme et La Chesnaye-des-Bois ajoutent au blason des Chevenon, décrit ci-dessus, un *cœur d'azur en pointe.* Aucun monument ancien n'offre d'exemple de cette adjonction, qui pouvait être une brisure propre à l'évêque de Beauvais. Les sceaux de Jean de Chevenon, écuyer tranchant de Charles VI en 1391, et de Jean de Chevenon, seigneur de Chevenon en 1390, décrits par l'*Histoire des grands officiers de la couronne*, portent la *fasce accompagnée de trois tiercefeuilles* ou *quintefeuilles*, avec une bordure pour le second; ce que l'on peut vérifier sur un sceau original de la collection des quittances scellées de la Bibliothèque nationale. Dans l'Armorial de Gilles Le Bouvier, l'écu de Chevenon est: *D'argent, à la fasce de gueules, accompagnée de trois tiercefeuilles de même, pistillées de sable;* enfin un écu aux mêmes armes se trouve sculpté au château de Chevenon.

⚜ ⚜ ⚜

DE CHEVENON-BIGNY.

D'azur, au lion d'argent, à l'orle de cinq poissons de même. —
Pl. XIII.

Noms féodaux. — *Histoire des grands officiers de la couronne.* — *Dictionnaire
de la noblesse.* — La Thaumassière. — *Armorial du Bourbonnais.*

Nous donnons ici les armes de cette famille à cause de son origine
nivernaise. Le P. Anselme les indique comme étant semées de poissons;
mais nous remarquons que, sur les anciens sceaux, on ne trouve
jamais que cinq poissons; il en est de même sur le revers d'un jeton de
Jean d'Albret-Orval, qui porte les armes de Claude de Bigny, seigneur
d'Aisnay-le-Viel, gouverneur de la Bastille, lequel fut, en 1524,
exécuteur testamentaire de Jean d'Albret; nous avons décrit ce jeton
dans notre *Essai sur la numismatique nivernaise* (p. 118).

La généalogie de la famille de Bigny est donnée par l'*Histoire du
Berry*, par l'*Histoire des grands officiers de la couronne* et par La
Chesnaye-des-Bois.

⚜ ⚜ ⚜

DE CHEVIGNY, seigneurs de Chevigny, de Saint-
Loup, de Glouvé, de La Cave, de Marigny, de Chassenay,
de Champrobert, de La Tanche, de Beaurepaire, de Bois-
chaud, de Lurcy-sur-Abron, de La Forest, de La Motte,
des Espoisses, de La Chassagne, des Ulmes.

Châtellenie de Decize.

Alliances : de Nuys, de Chevenon, de La Ferté-Meun,
Le Tort, de Champrobert, de Reugny.

D'argent, au lion d'azur, armé et lampassé de gueules. — Pl. XIII.

Marolles. — Archives de la Nièvre, de Decize et de Vandenesse.

Nous croyons que cette famille, qui prenait son nom de la seigneurie
de Chevigny près de Decize, s'éteignit à la fin du XVII⁰ siècle et n'a
rien de commun avec une famille de Chevigny, d'origine bourgeoise et
portant à peu près les mêmes armes, que mentionnent MM. Beaune et
d'Arbaumont.

⚜ ⚜ ⚜

DE CHOISEUIL, seigneurs de Chassy, des Bordes, de Montautier, de Champs, de Giry, de Couloutre, de La Rivière, de Villars-de-Montreuillon, de Montsauche, de Bussière, d'Argoulois, de Palmaroux, de Pairs, du Pré, d'Oussy, de Sermoise, de Bois, de Pully, etc. Originaires du Bassigny.

Châtellenies de Montreuillon, de Montenoison, de Donzy, de Saint-Brisson et Liernais et de Nevers.

Alliances : d'Esguilly, de Reugny, Brisson, de Malain, de La Rivière, de Chanlecy de Pleuvault, de Lambertye, de Champagne-La-Suze, de Durfort, O'Brien, de Frasnay, Sallonnier, Brachet, de La Briffe, Maréchal, de Beaumont, de Foudras, Girard de Vannes, de Sérent.

Écartelé : aux 1 et 4, d'azur, à la croix d'or, cantonnée de dix-huit billettes de même, cinq et cinq, quatre et quatre; et, aux 2 et 3, de gueules, au lion d'argent couronné d'or, qui est d'Aigremont. — Pl. XIV.

Histoire des grands officiers de la couronne. — Marolles. — *Dictionnaire de la noblesse.* — Paillot. — Archives de Vandenesse.

La généalogie de l'illustre maison de Choiseuil se trouve dans tous les ouvrages généalogiques. La branche autunoise et nivernaise, connue sous le nom de Choiseuil d'Esguilly, portait, selon le *Dictionnaire de la noblesse : Écartelé : au 1, de Choiseuil; au 2, d'azur, à la croix ancrée d'argent; au 3, de gueules, au lion d'or; au 4, d'argent, au lion de gueules, à la bordure de sable, chargée de huit besants d'argent.* Au-dessus de la porte principale du château de Chassy, construit au XVIIe siècle par Jacques de Choiseuil, comte de Chevigny, baron de Chassy, se voient le blason mutilé de ce seigneur et celui de sa femme, Madelaine de Malain, avec la date 1649 ; l'écu de Jacques est semblable à celui qui nous avons décrit ci-dessus ; il a pour supports deux lions et il est timbré d'un casque avec lambrequins. Le blason dessiné sur les Preuves de Jean de Choiseuil d'Esguilly, reçu chevalier de Malte en 1640, est de même, et c'est celui qui nous semble avoir toujours été adopté par la branche qui fut si grandement possessionnée dans notre province.

⚜ ⚜ ⚜

DE CHOLLET, seigneurs de Rognard *al.* Regnard, d'Assars, de La Chapelle, de Saint-Benin-des-Bois, de Montgazon, du Vernet, de Mont, de Saint-Andelain, de Cuilly.

Châtellenies de Donzy, de Saint-Saulge et de Montenoison.

Armoiries inconnues.

Archives de la Nièvre. — Marolles.

⚜⚜⚜

CHOPPART, seigneurs de Chevannes.

Châtellenies de Luzy et de Ganay.

Armoiries inconnues.

Archives de la Nièvre.

⚜⚜⚜

CHOUET, seigneurs de Bonnefonds.

Châtellenies de Nevers, de Clamecy et de Saint-Saulge.

Alliances : Piga, Taillandier, Esmoingt.

D'argent, au chevron de gueules accompagné en chef de deux quintefeuilles d'azur et en pointe d'une chouette au naturel. — Pl. XIV.

Archives de la Nièvre. — Registres de Coulanges-lez-Nevers.

Nous donnons ces armes d'après un cachet de la famille, du XVIIIe siècle ; un autre cachet des Chouet, de la même époque, ne porte que la chouette.

⚜⚜⚜

DE CIZELY, seigneurs de Cizely, de Challement.

Châtellenies de Saint–Saulge et de Monceaux-le-Comte.

Armoiries inconnues.

Marolles. — Archives de la Nièvre.

⚜ ⚜ ⚜

LE CLERC, seigneurs de Givry ; barons de Cours-les-Barres. Nivernais, Bourgogne, Auxerrois, Brie, Paris, etc.

Châtellenies de Saint-Sauveur, de Nevers et de Cuffy.

Alliances : de Cran, Le Muet, Frappier, Guesdat, de Dangeul, Apaupée, de Beauvais, de Trie, de Pisseleu, Dauvet, etc.

De sable, à trois roses d'argent, au pal de gueules brochant sur la rose du milieu. — Pl. XIII.

Archives de la Nièvre. — Titres de Bourgogne. — *Histoire des grands officiers de la couronne.* — *Histoire des chanceliers de France.* — *Dictionnaire de la noblesse.*

On lit dans les ouvrages de Blanchard, de La Chesnaye-des-Bois et du P. Anselme des généalogies détaillées de cette famille, originaire de la châtellenie de Saint-Sauveur-en-Puisaye, qui a donné plusieurs personnages marquants, notamment Jean Le Clerc, chancelier de France de 1420 à 1423, mort à Nevers en 1438. Les armoiries du chancelier sont décrites de diverses manières ; selon Le Féron (*Histoire des connétables, chanceliers,* etc.) elles auraient été : *D'azur, à trois cygnes d'argent,* et, selon le *Dictionnaire de la noblesse : D'azur, au chevron d'argent, chargé de deux lionceaux affrontés de sable, et accompagné de trois bustes de femme de carnation.* Le P. Anselme seul est dans le vrai en attribuant aux Le Clerc l'écu aux trois roses, qui est sculpté à l'extérieur de la chapelle fondée par cette famille à la cathédrale de Nevers, et qui figure, supporté par deux levrettes et timbré d'un casque avec un lion pour cimier, sur le sceau de François Le Clerc, chambellan et maître d'hôtel de Louis XII, arrière-petit-fils du chancelier. (*Histoire des grands officiers de la couronne,* t. VI, p. 389.) Charles Le Clerc, baron de Fleurigny et de La Forest-le-Roy, fils de

29

François, qui paraît avoir abandonné notre province pour la Bourgogne, écartela, ainsi que ses descendants, de Fleurigny qui est : *De sinople, au chef d'or, au lion de gueules brochant sur le tout.*

✤ ✤ ✤

LE CLERC DE JUVIGNY, seigneurs de Château-du-Bois, de Cigogne. Originaires de Bourgogne, en Nivernais.

Châtellenie de Nevers.

Alliances : Save, Guillemin, Pellé de Mont, Gudin.

D'azur, au chevron d'argent, chargé de deux lionceaux affrontés de sable, et accompagné, en chef, de deux bustes de femme de carnation et, en pointe, d'une aigle d'argent. — Pl. XIII.

Dictionnaire de la noblesse. — Armorial de Bourgogne. — Dictionnaire véridique. — Armorial de l'Yonne.

Les Le Clerc de Juvigny sont une branche des Le Clerc d'Auxerre que La Chesnaye-des-Bois a voulu rattacher aux Le Clerc de Fleurigny. Il suffit de comparer la généalogie fort contestable du *Dictionnaire de la noblesse* à celle du chancelier donnée par l'*Histoire des grands officiers de la couronne* (t. VI, p. 387), pour se convaincre qu'il n'y a de commun que le nom entre ces deux familles, toutes deux fort anciennes et marquantes. Selon La Chesnaye-des-Bois, la branche aînée de Bourgogne portait : *D'azur, au lion d'or, au chef cousu de gueules, chargé de trois bustes de femme de carnation, coiffés du second émail;* d'autres Le Clerc avaient supprimé l'un des bustes de femme pour y substituer une aigle éployée. (Voir au sujet des armoiries des diverses branches de cette famille l'*Armorial de l'Yonne*, de M. Dey, p. 91.)

✤ ✤ ✤

DU CLERROY, seigneurs de La Jarrousse, de Maisonneuve, de Mary, de Niault, de Villars, de Bouys, d'Ettevaux, de Pierrefitte, de Lally, de Cyoles, de Chevannes; comtes du Clerroy. Originaires du Bourbonnais.

Châtellenie de Moulins-Engilbert.

Alliances : de Ferrier, de Grandry, de Merans, du Crest, de La Ferté-Meun, Sallonnier, Olivier, de La Motte-d'Apremont, de Bréchard, de Beauvais, du Puy de Semur, de Monestay-Chazeron, de Bodinat.

D'azur, au mouton passant d'argent, couronné d'or. — Pl. XIII.

Archives de la Nièvre. — *Armorial de Bourgogne.* — *Généalogie de Courvol.* — *Le Morvand.* — Marolles. — *Cahier de la noblesse du Nivernais.*

⚜ ⚜ ⚜

DE CLÈVES, seigneurs de Saint-Germain-des-Bois, d'Asnois, d'Amazy, de Saligny.

Châtellenies de Saint-Verain et de Montenoison.

Alliances : Perreau, Anjorrant, de La Barre, de Lamoignon, des Prés, de La Ferté-Meun, d'Armes.

Écartelé : aux 1 et 4 de gueules, au ray d'escarboucle fleurdelysé d'or, enté en cœur d'argent, à l'escarboucle de sinople, qui est de Clèves; *aux 2 et 3 d'or, à la fasce échiquetée d'argent et de gueules de trois traits,* qui est de La Mark; *et un filet de sable en barre brochant sur le tout.* — Pl. XIII.

Marolles. — Archives de la Nièvre. — *Mémoires de Castelnau.* — Titres de Bourgogne. — *Histoire des grands officiers de la couronne.*

Branche bâtarde légitimée de la maison de Clèves, issue d'Herman de Clèves, seigneur d'Asnois, d'Amazy et de Saligny, fils naturel de Jean, deuxième du nom, duc de Clèves, légitimé par lettres du roi Louis XII données à Blois le 14 janvier 1506.

Il ne faut pas confondre cette branche bâtarde de la maison de Clèves, dont les *Mémoires de Castelnau* donnent la généalogie, avec celle, également bâtarde, des seigneurs de Fontaines et de Rosoy, en Berry, issue de Louis, bâtard de Clèves, fils de Louis, abbé de Tréport; à laquelle appartenait l'évêque de Bethléem, prieur de La Charité, mentionné ci-dessus. L'*Histoire des grands officiers de la couronne* donne (t. III, p. 452) la filiation de ces seigneurs de Fontaines.

⚜ ⚜ ⚜

COCHET, seigneurs de Mont, de Toury-sur-Abron'
d'Alligny, de Couroux, de Montcouroux, des Chanais, de
Toury-sur-Jour, de Précy, de Livry, de Froïdefont, des
Bruères, de Couse; barons de La Ferté-Chauderon.

Châtellenies de Decize, de Châteauneuf-sur-Allier et de
Nevers.

Alliances : Morin, de Favardin, de Berault, Enfert,
Bernard, Millin, Rameau.

D'or, à trois coqs de gueules. — Pl. XXX.

Archives de la Nièvre, de Decize et du château de Toury-sur-Abron. — Marolles.
— Armorial de la généralité de Moulins. — Armorial de Challudet.

Ces armes, timbrées d'un casque avec lambrequins, se voyaient, il y
a quelques années, sculptées au-dessus d'un portail des premières
années du XVIIᵉ siècle, au château de Toury; on les retrouve sur le
sceau de Léonard Cochet, baron de La Ferté-Chauderon et marquis de
Murbel en Italie, surintendant des finances du duc Charles [II de
Nevers, dont plusieurs actes des archives de Toury sont scellés. Dans
l'Armorial de Challudet, les armes d'un seigneur de Mont, de cette
famille, sont : *D'azur, à trois coqs d'or.* Nous avons adopté les émaux
donnés par l'Armorial de la généralité de Moulins.

☙ ☙ ☙

DE CODDE, seigneurs de Codde.

Châtellenie de Cercy-la-Tour.

Armoiries inconnues.

Marolles.

☙ ☙ ☙

DE COERON, seigneurs de Coeron *al.* Coueron.

Châtellenies de Cercy-la-Tour et de Decize.

Alliances : de Montjournal, d'Arron.

Armoiries inconnues.

Archives de la Nièvre. — Marolles.

✣ ✣ ✣

COILHETTE *al.* COILLETTE, seigneurs de Monts, de La Grange-de-Lys.

Châtellenies de Monceaux-le-Comte et de Metz-le-Comte.

Alliances : Chaudière, de Montgazon, de Chevannes.

Armoiries inconnues.

Marolles. — Archives de la Nièvre.

✣ ✣ ✣

COINCTET, seigneurs de Châteauvert ; barons de Coinctet. Originaires du Nivernais, Bourgogne et Franche-Comté.

Châtellenie de Clamecy.

De sable, au sautoir d'argent, au chef d'or. — Pl. XIII.

Nobiliaire manuscrit de Franche-Comté. — *Album du Nivernais.*

✣ ✣ ✣

DU COING, seigneurs du Grateiz, de Giverdy, de La Porte, de Marigny. Nivernais et Berry.

Châtellenies de Châteauneuf-sur-Allier, de Nevers et de Montenoison.

Alliances : Le Bourgoing, de Lamoignon, Bussière, Bourdin, de Lesperon, de Lucenay, de Sauzay, Bongars, des Colons, Pernin, des Prés, de Saulieu.

D'or, au chevron de gueules, chargé de trois coquilles du champ et accompagné de trois coings d'azur. — Pl. XIII.

Marolles. — Collection nivernaise de l'auteur. — La Thaumassière. — *Recueil des priviléges de la ville de Bourges.* — *Éloge panégyrique de la ville de Bourges.* — *Dictionnaire véridique.*

Une note manuscrite de l'exemplaire de l'*Histoire des présidents à mortier* de Blanchard, qui est au cabinet des manuscrits de la Bibliothèque nationale, donne les armes primitives de cette famille : *D'azur, à trois coings d'or, tigés et feuillés de même;* quelques-uns de ses membres y ajoutèrent depuis le *chevron chargé de coquilles;* enfin d'autres remplacèrent les coings par des larmes, et, pour faire allusion aux coquilles et aux larmes de ce nouveau blason, ils prirent cette devise : *Peregrini lacrymantes.*

⚜ ⚜ ⚜

DE LA COLLANCELLE, seigneurs de La Collancelle.

Châtellenie de Saint-Saulge.

Alliances : Fillet, de Saint-Père.

Armoiries inconnues.

Collection nivernaise de l'auteur.

⚜ ⚜ ⚜

COLLIN *al.* COLIN, seigneurs de Lhuis-Lorey, du Tartre, de Saugny. Nivernais et Bourgogne.

Châtellenies de Montreuillon et de Monceaux-le-Comte.

Alliances : Rousseau, Bongars, d'Hivers, Rousset, Borne de Gouvault, Bonamour.

De sable, à deux chiens affrontés d'argent, colletés de gueules — Pl. XXIX.

Le Morvand. — Armorial de la généralité de Moulins.

✤ ✤ ✤

COLLIN DE GÉVAUDAN, seigneurs de Concley; comtes de Gévaudan. Bourgogne et Nivernais.

Châtellenie de Luzy.

Alliances : Champeaux de Saucy, Favre de Longry. Joly de Bévy, Vyau de Baudreuil de Fontenay.

D'azur, au sautoir d'argent, chargé en cœur d'une aigle de sable, et accompagné en pointe de trois tiges de lys du second émail. — Pl. XIII.

Cahier de la noblesse du Nivernais.

Il est probable que cette famille est une branche des Collin, originaires du Bourbonnais, bien que le *Nobiliaire de Saint-Allais* ne mentionne point cette branche, établie en Bourgogne, dans la généalogie qu'il a donnée des Collin (t. III).

✤ ✤ ✤

DU COLOMBIER, seigneurs de Vero, de Pron.

Châtellenie de Cercy-la-Tour.

Armoiries inconnues.

Marolles. — Archives de Vandenesse.

✤ ✤ ✤

DU COLOMBIER *al.* **DE COLOMBIER,** seigneurs de Cougny, de Marigny, d'Alligny-en-Morvand, de Chastelnot, de Monts, de Champlois, de La Tour-d'Ocle, de Gouloux. Originaires de Bourgogne.

Châtellenies de Liernais et Saint-Brisson et de Château-neuf-sur-Allier.

Alliances : Bréchard, de Vingles, de Saint-Belin, de Grandchamp, Cotignon.

De gueules, au chef d'argent, chargé de trois coquilles du champ. — Pl. XIII.

Marolles. — Archives de Saint-Pierre-le-Moûtier. — *La Noblesse aux États de Bourgogne.* — *Le Morvand.*

L'Inventaire des titres de Nevers décrit ainsi le blason qui se trouvait peint sur un aveu et dénombrement rendu, en 1575, par Arthur de Colombier, écuyer, seigneur d'Alligny, Chastelnot, etc., pour La Tour-d'Ocle et Alligny : *De gueules, coupé sous argent, à trois coquilles aussi de gueules, posées sur l'argent en fasce, et au lambel de trois pendants d'azur en chef.* Le lambel qui figure dans cette description, peu correcte au point de vue héraldique, était une brisure de cadet.

✤ ✤ ✤

DU COLOMBIER, V. DE BEAUJEU.

✤ ✤ ✤

DES COLONS *al.* DE COLONS, seigneurs de La Bussière, de La Boulonne, de Chitain, de La Charnaye, de La Salle-aux-Dames, de Demeurs, de Villecourt, de Mingot, de Gondière, des Prés, d'Aiguilly, de Contres, de Montcenots, de Romenay, de Remeron.

Châtellenies de Nevers, de Decize et de Châteauneuf-sur-Allier.

Alliances : de Biches, Cotignon, de Montjournal, Coquille, Berthier, Moquot, de Vaux, Tenon, Collesson, Jacob, du Coing, Garnier, Charbon, Magneau, de Corbigny, des Granges, Sirot, de La Cour, Vincent de Marcé, etc.

FAMILLES.

DE CHARRY.

DE LA CHASSAIGNE.

DE CHASSY.

DE CHASTELLUX

DE CHASTEAUVILLAIN.

DE CHEVENON.

DE CHEVENON-BIGNY.

DE CHEVIGNY.

LE CLERC DE FLEURIGNY.

LE CLERC.

DU CLERROY

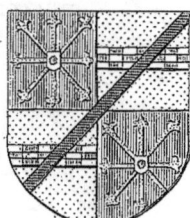

DE CLÈVES

COINCTET.

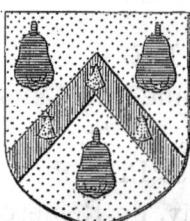

DU COING.

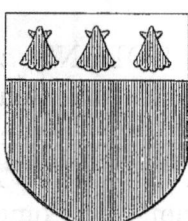

DE COLOMBIER

COLLIN DE GEVAUDAN.

DES COLONS.

DE COMÉAU.

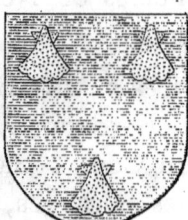

COQUILLE.

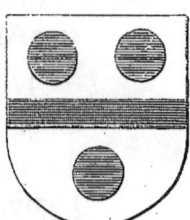

DE COSSAYE

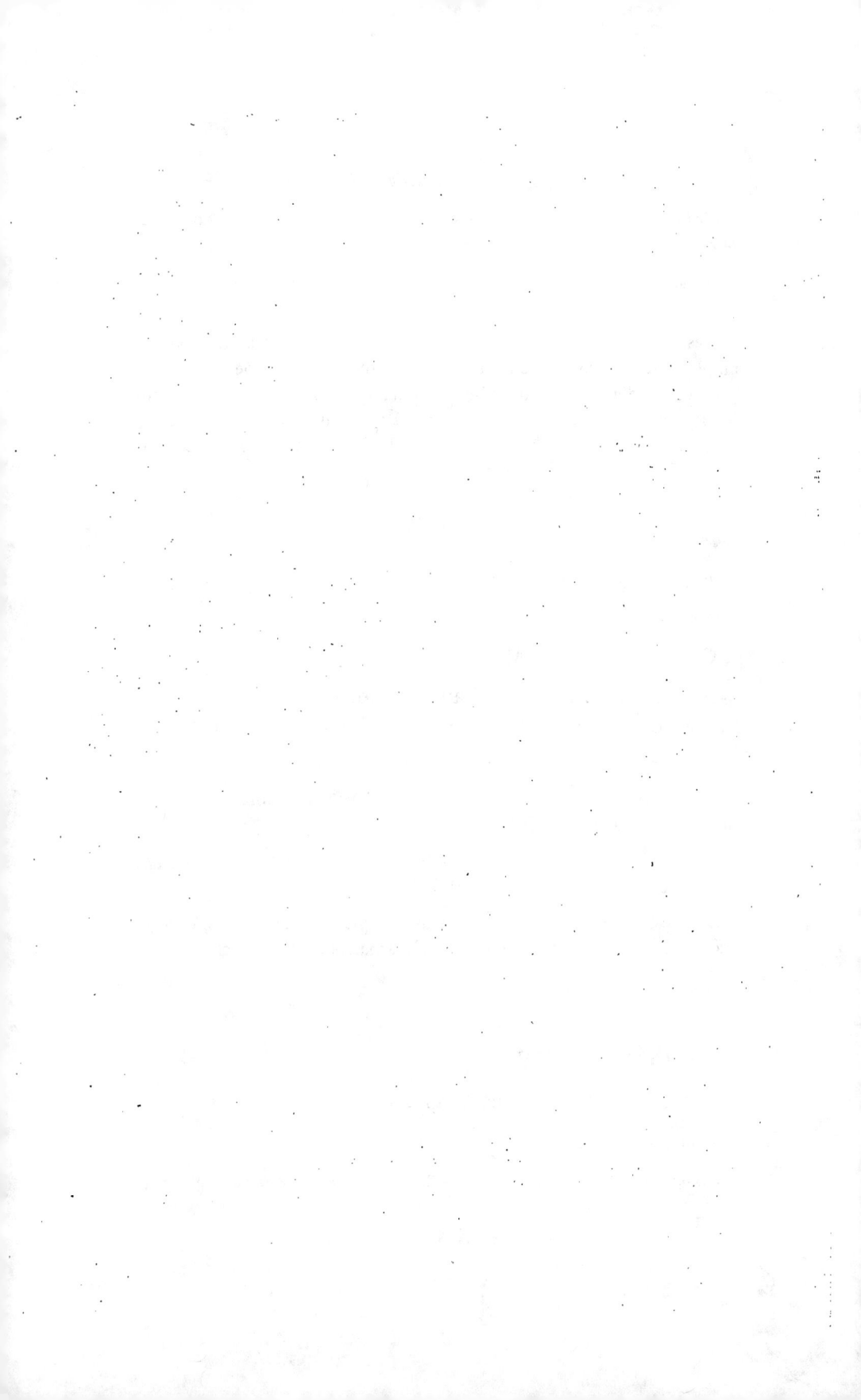

D'azur, à la fasce d'or, accompagnée de trois canettes, ou mieux de trois colombes de même. — Pl. XIII.

Marolles. — Archives de la Nièvre, de Decize et de Vandenesse. — Armorial de Challudet.

Il est probable que, dans l'origine, le blason de cette famille portait simplement les trois colombes qui constituaient ses armes parlantes. Un écusson *d'azur, à trois oiseaux d'or,* que nous croyons être celui des de Colons, se trouve, parti *d'azur, à trois roses d'or,* sur le socle d'une Notre-Dame-de-Pitié en pierre, du XVIe siècle, conservée dans l'église de Neuville-lez-Decize.

⚜ ⚜ ⚜

DE COMEAU, seigneurs de Passy. Bourgogne et Nivernais.

Châtellenie de La Marche.

Alliances : Rapine de Saintemarie, Cochet, de Charry, Foulé, de Mullot, de Chéry, de Reugny, de La Ferté-Meun, Gravier de Vergennes, etc.

D'azur, à la fasce d'or, accompagnée de trois étoiles à six rais cometées d'argent. — Pl. XIII.

Archives de la Nièvre. — *Dictionnaire de la noblesse.* — *La Noblesse aux États de Bourgogne.* — *Cahier de la noblesse du Nivernais.*

La Chesnaye-des-Bois donne une généalogie de cette famille, dont la branche de Pont-de-Vaux se fixa en Nivernais au XVIIe siècle.

⚜ ⚜ ⚜

DE COMMAGNY.

Châtellenie de Moulins-Engilbert.

Armoiries inconnues.

Histoire de Saint-Martin d'Autun. — Collection nivernaise de l'auteur.

⚜ ⚜ ⚜

DE COMMAILLE, seigneurs de Fontenelle.

Châtellenie de Montenoison.

Alliances : Tridon, Goby.

Armoiries inconnues.

Registres de Brinon-les-Allemands. — Titres de Bourgogne.

Nous croyons cette famille étrangère à la famille Commaille encore existante en Nivernais, à laquelle appartenait un chanoine de Varzy, curé d'Oudan, mort en 1483, dont la belle tombe gravée se voit dans l'église d'Oudan, près de Varzy.

⚜ ⚜ ⚜

CONRADE *al.* COURRADE, seigneurs du Marais. Originaires d'Italie.

Châtellenie de Nevers.

Alliances : Panseron, Samadet, Magnien, Philippe, Rousseau, Noret.

Coupé : en chef de..., à une aigle issante couronnée de...; et en pointe de..., au sautoir de... flanqué de deux molettes d'éperon, ou mieux : De..., au sautoir de... flanqué de deux molettes d'éperon de... au chef de..., chargé d'une aigle issante couronnée de... — Pl. XXIX

Archives de la Nièvre. — *La Faïence et les Faïenciers de Nevers,* par L. du Broc de Segange.

Nous donnons ces armoiries, sous toutes réserves, d'après une planche de l'ouvrage de M. du Broc de Segange; cette planche reproduit un écusson figurant sur une copie, du XVIIe siècle, des lettres de naturalisation octroyées, en 1572, à cette famille d'artistes faïenciers que le duc de Nevers Louis de Gonzague avait fait venir des environs de Savone pour établir à Nevers l'industrie de la faïence. Il est possible que ces armes ne soient autres que celles de la petite ville d'Albissola, patrie des Conrade.

⚜ ⚜ ⚜

DE CONTRES, seigneurs de Contres, de Frasnay-le-Ravier, de Montigny-sur-Canne.

Châtellenies de Nevers, de Cercy-la-Tour et de Saint-Saulge.

Armoiries inconnues.

Archives de la Nièvre. — Collection nivernaise de l'auteur.

✤ ✤ ✤

COPPIN, seigneurs des Aubus, des Caillots, de Glouvé, de Chappeaux, de Villecourt, de Chevannes, des Ecots, de Saint-Loup.

Châtellenie de Decize.

Alliançes : Pignier, Millot, Simonin, de Virgilie, Alixand.

D'or, au lapin d'azur. — Pl. XIV.

Archives de Decize. — Marolles. — Armorial de la généralité de Moulins.

✤ ✤ ✤

COQUILLE, seigneurs de Roche, de La Douaire, de Grenoy, de La Motte-sur-Loire, de Romenay, de Beau-déduit.

Châtellenies de Nevers, de Decize, de Champvert et de Châteauneuf-sur-Allier.

Alliances : Bruillard, Morinat, de Brain, Anceau, de Bard, de Fontaine, Guesdat, de Vaux, des Colons, de Carmonne, Le Bourgoing, Bolacre, Pommereuil, du Plessis, Le Bault, Le Tort, Rapine, de Pougues, Gascoing, Le Breton, des Prés, Le Lièvre, Ravizy, du Coing, de

Chasteaux, Save, Garnier, Guillier, Simonnet, Ollivier, de La Grange, Bongays, Thonnelier, etc.

D'azur, à trois coquilles d'or. — Pl. XIII.

Archives de la Nièvre et de Decize. — Marolles. — Titres de Bourgogne. — Préface des *Œuvres de Guy Coquille* (éd. de 1666). — Archives de la famille Coquille. — *Dictionnaire de la noblesse.* — Dubuisson. — *Notice sur Decize,* par M. Girerd, etc.

Cette famille, à laquelle appartenait l'éminent jurisconsulte et historien du Nivernais Guy Coquille, est fort ancienne. Un Guillaume Coquille avait, en 1265, sa maison dans la ville de Nevers, dont il était l'un des échevins. Jean, son petit-fils, quitta Nevers pour Decize, où il fonda une chapelle, sous le vocable de Notre-Dame-de-Piété, et un tombeau, pour lui et ses descendants, dans l'église de l'hôpital; il eut plusieurs fils auteurs des diverses branches de la famille, dont deux au moins sont encore existantes.

La branche de l'historien du Nivernais était l'aînée; La Chesnaye-des-Bois et le *Dictionnaire des anoblissements* (t. II, p. 51) rapportent qu'elle avait été anoblie, en juillet 1391, en la personne de Hugues Coquille, quatrième aïeul de Guy.

D'autres branches habitèrent Decize, Nevers, Paris et les colonies.

Le sceau de Regnaud Coquille, prévôt de Nevers en 1315, avait pour type une coquille (préface des *Œuvres de Coquille*); l'écu aux trois coquilles est imprimé sur un sceau fort bien conservé de Guillaume Coquille, bailli de Saint-Pierre-le-Moûtier, appendu à une charte de 1466 des Archives de la Nièvre (fonds du Chapitre de Nevers); on le voit ainsi figuré aux retombées des nervures de la chapelle des Coquille à Saint-Aré de Decize, et, dans cette même église, sur les débris d'un rétable donné par Guillaume Coquille et par Jeanne Le Bourgoing, sa femme.

Guy Coquille, dans ses *Poemata (Niverni ex officina P. Roussin, 1590)*, p. 158, parle ainsi de son blason et de celui de l'une de ses femmes, sans doute d'Anne Le Lièvre:

> *De Stemmate gentilitio maiorum*
> *meorum et uxoris.*
> *Clausa domo et gemino circundata tegmine testæ*
> *Vix vnquam admisso lumine concha patet.*
> *Cumque procelloso jactatur flamine pontus*
> *In mediis naves anchora sistit aquis.*
> *Anchora cum concha (nostræ duo stemmata gentis)*
> *Secreti et stabilis consilii esse monet.*

Le *mât alaisé* et le chevron qui figurent quelquefois, avec les coquilles, dans le blason de la famille qui nous occupe étaient des brisures propres à la branche de Paris et à celle [du général Coquille du Gommier fixée aux colonies. Une généalogie de la famille Coquille est imprimée dans la préface de l'édition des *Œuvres de Coquille* citée plus haut.

✤ ✤ ✤

DE CORBELIN, seigneurs de Corbelin.
Châtellenie de Donzy.

Armoiries inconnues.

Manuscrits de D. Viole, *Notice sur Sainte-Eugénie de Varzy.*

✤ ✤ ✤

DE CORBIGNY, seigneurs de Cheveroches, d'Azy, de Poissons, de Thaix, d'Omery-les-Goths.

Châtellenies de Clamecy, de Monceaux-le-Comte, de Neuffontaines, de Nevers, de Cercy-la-Tour et de Cuffy.

Alliances : Frappier, Tenon, Le Bourgoing, Perreau, du Coing, Maignien, Roy, des Colons, Le Clerc, Guillemère, de Rémilly, Marion.

D'azur, à trois corbeilles d'or. — Pl. VII.

Archives de la Nièvre et de Decize. — Marolles. — Titres de Bourgogne. — *Roy d'Armes.* — Paillot. — Segoing. — Armorial de Challudet. — *Mémoires de Castelnau.*

Cette famille prit son nom de la ville de Corbigny, dont elle était originaire.

✤ ✤ ✤

DE CORCELLE, seigneurs de Corcelle et de La Grange.

Châtellenie de Decize.

Armoiries inconnues.

Archives de la Nièvre et de Decize.

⚜ ⚜ ⚜

DE CORGUILLERAY *al.* **DE CORQUILLERAY,** seigneurs de Tracy, des Barres.

Châtellenies d'Estaiz et de Cosne.

Alliances : de Mullot, du Chasnay, de Champs.

D'or, à trois fasces ondées de gueules. — Pl. XXIX.

Marolles. — Titres de Bourgogne. — Armorial de Gilles Le Bouvier. — Preuves de Malte à la Bibliothèque de l'Arsenal.

L'Armorial de Gilles Le Bouvier, publié par Vallet de Viriville, mentionne (marche de France, n° 199) *ceulx de Corguilleray* comme portant : *D'or, à deux fasces ondulées de gueules.* Le nombre des fasces fut ensuite de trois ; ces armes sont ainsi sculptées, supportées par deux lions, au château de Tracy (XVᵉ siècle), et gravées sur une tombe du XVIᵉ siècle dans l'église de Vielmanay ; enfin, dans les Preuves de Malte de Jean de La Barre de Gérigny, le blason de Louise de Corguilleray, femme de Gaspard de Champs, seigneur de Pesselières à la fin du XVIᵉ siècle, est tel que nous le décrivons ici.

⚜ ⚜ ⚜

DU CORMIER, seigneurs du Cormier, de Cossaye, de La Grange, de La Motte, du Tremblay, de Benne, de Bourdelier, de Lucenay-les-Aix.

Châtellenie de Decize.

Alliances : de Montcorbier, du Seel, Bréchard, de Thaix.

Armoiries inconnues.

Archives de Decize. — Marolles.

⚜ ⚜ ⚜

DE COSSAYE, seigneurs de Cossaye, de Verou, de Poissons, de Lhuis-l'Abbé, de Raunon, de Salorge, de Chaumigny, de Trisy, de Beauvoir, de Saint-Germain-en-Viry, de Lanty, de Tannay, de Lurbigny, de Saint-Gratien, de Dumflun, du Coudray, de Vitry, de Moligny, de Savigny-sur-Canne, de Sizely, de Roche, de Challement, de La Tour-Rabuteau, de Verneuil, du Peron, de Marigny.

Châtellenies de Decize, de Montreuillon, de Cercy-la-Tour, de Savigny-Poil-Fol, de Saint-Saulge et de Monceaux-le-Comte.

Alliances : de Poissons, Bréchard, de Roche, Marbeau, du Deffend, de Tazilly, d'Anlezy, de Lancray, Favre de Dardagny.

D'argent, à la fasce de sable, accompagnée de trois tourteaux d'azur. — Pl. XIII.

Archives de la Nièvre, de Decize et de Vandenesse. — Marolles. — *Mémoires de Castelnau.* — *Le Morvand.*

Cette famille est peut-être la même que la famille du Cormier mentionnée ci-dessus, dont une branche aurait adopté le nom de la seigneurie de Cossaye, près de Decize, qui lui appartenait dès les premières années du XIVe siècle. L'*Inventaire des titres de Nevers* décrit les armes peintes sur un aveu et dénombrement de la terre de Chaumigny rendu, en 1575, par Claude de Cossaye, seigneur de Lurbigny et de Chaumigny ; ces armes étaient telles que nous les avons données, sauf un *compon de gueules sur la fasce, à senestre*, qui était sans doute la brisure de la branche cadette de Chaumigny.

⚜ ⚜ ⚜

COSSON *al.* COURSON, seigneurs de Cosson *al.* La Motte-Cosson.

Châtellenie de Moulins-Engilbert.

Alliances : de Perny, de Frasnay.

Armoiries inconnues.

Archives du château de Vandenesse. — Marolles.

⚜ ⚜ ⚜

COSTESEICHE, seigneurs de Dornecy.

Châtellenie de Metz-le-Comte.

Armoiries inconnues.

Archives de la Nièvre. — Marolles.

⚜ ⚜ ⚜

COTIGNON, seigneurs de Mouasse, du Moussot, de Taillon, de Traclin, de Bretrix, de La Fosse, de Chaulme, de Villacot, de La Charnaye. Nivernais et Berry.

Châtellenies de Moulins-Engilbert, de Châteauneuf-sur-Allier et de Montreuillon.

Alliances : La Miche, du Château, Le Bault, des Colons, Lallemand, de Grandrye, de Frasnay, de Saint-Victor, Hochet, Royer, Bernaut, de Faron, de Dangeul, du Lys, Mathieu, Bréchard, Save, des Ulmes, Robin, Pilloux, Millot, Pinet, Le Roy, Goussot, Mocquot, de L'Espinasse, Tridon, d'Anguy, de Courvol, Guyot, de Certaines, du Verne, de La Bussière, de Saulieu.

D'azur, au sautoir d'or, accompagné en chef d'une molette de même. — Pl. XV.

Archives de la Nièvre. — Marolles. — Titres de Bourgogne. — *Histoire des grands officiers de la couronne.* — Segoing. — Armorial de Challudet. — *Généalogie de Courvol.*

Les manuscrits de Duchesne, à la Bibliothèque nationale, renferment une généalogie de la famille Cotignon remontant au milieu du XIIe siècle; nous n'avons point à nous prononcer sur le plus ou moins d'authenticité des plus anciens degrés de cette généalogie. Les premiers membres de la famille qui nous soient connus par les titres originaux sont Jean Cotignon, garde du scel à Saint-Pierre-le-Moûtier en 1397 et 1400, et Dreux ou Droin Cotignon qui habitait Moulins-Engilbert à peu près à la même époque. Les armoiries des Cotignon ne se trouvent pas toujours décrites ou figurées de la même manière. Dans l'Armorial général, l'écu du seigneur de La Charnaye porte le sautoir d'or en champ de gueules, tandis que ceux de plusieurs autres membres de la famille sont chargés du même sautoir d'or, mais sur champ d'azur, avec une étoile en chef; l'Armorial de Challudet reproduit le même blason; Segoing donne deux écussons des Cotignon, l'un avec l'étoile, l'autre avec la molette; enfin le P Anselme adopte ce dernier meuble héraldique.

⚜ ⚜ ⚜

DE COUGNY, seigneurs de Cougny, des Écots, de La Varenne.

Châtellenies de Nevers, de Decize et de Châteauneuf-sur-Allier.

Alliances : des Réaux, de Bréchard.

Armoiries inconnues.

Archives de Decize et de Saint-Pierre-le-Moûtier. — Marolles.

Peut-être y eut-il deux familles nobles de ce nom, toutes deux éteintes depuis le milieu du XVe siècle, originaires, l'une de Cougny-aux-Amognes, l'autre de Cougny près de Saint-Pierre-le-Moûtier.

⚜ ⚜ ⚜

COUJARD *al.* DE COUJARD, seigneurs d'Eugny, de La Chaise, de La Planche, de Lazy, de La Verchère, de Tazilly.

Châtellenies de Luzy, de Decize et de Montreuillon.

Alliances : Pierre, Crevel, Pitois, Bidault, Girard, de La Goutte, etc.

D'or, à la cigogne de sable. — Pl. XIV.

Archives de la Nièvre et de Decize. — Armorial de la généralité de Moulins. — *Le Morvand.*

✤ ✤ ✤

DE COULON, seigneurs de Mirebeau, de Villecray, de Maison-Comte, de Montsenault, de Charil.

Châtellenie de Decize.

Alliances : de Courtenay, du Merlier, de Boisthierry, du Crest, des Mollins, de Cossay, de La Chasse.

D'argent, à la licorne passante d'azur, au chef de gueules chargé de trois colombes d'argent. — Pl. XIV.

Archives de la Nièvre et de Decize. — Marolles. — Armorial de la généralité de de Moulins.

✤ ✤ ✤

DE COURAILLES, V. D'ESCORAILLES.

✤ ✤ ✤

DE LA COURCELLE *al.* DE LA CORCELLE, seigneurs de La Courcelle, de Châtin, de Villemoulin, de Pressy, de Chaligny, de Ruère, de Bailly, de Cuzy.

Châtellenies de Monceaux-le-Comte et de Montreuillon.

FAMILLES.

DE CHAMBON

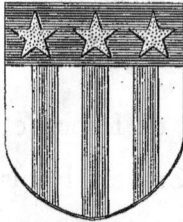

CHAMBRUN DE ROSEMONT

DES CHAMPS

DU CHASTEL

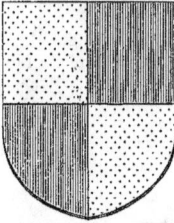

DE CHÂTEL-PERRON. DE CHAUGY

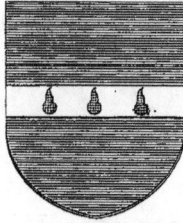

DE LA CHAUME

CHAUVELIN

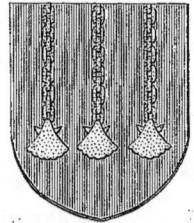

DU CHESNAY

CHEVALIER

DE CHOISEUIL-ESGUILLY

CHOUET

COPPIN

COUJARD

DE COULON

DE COURAILLES

DU CREUZET

CREVEL

DE LA CROIX

DE CRAY

DIEN

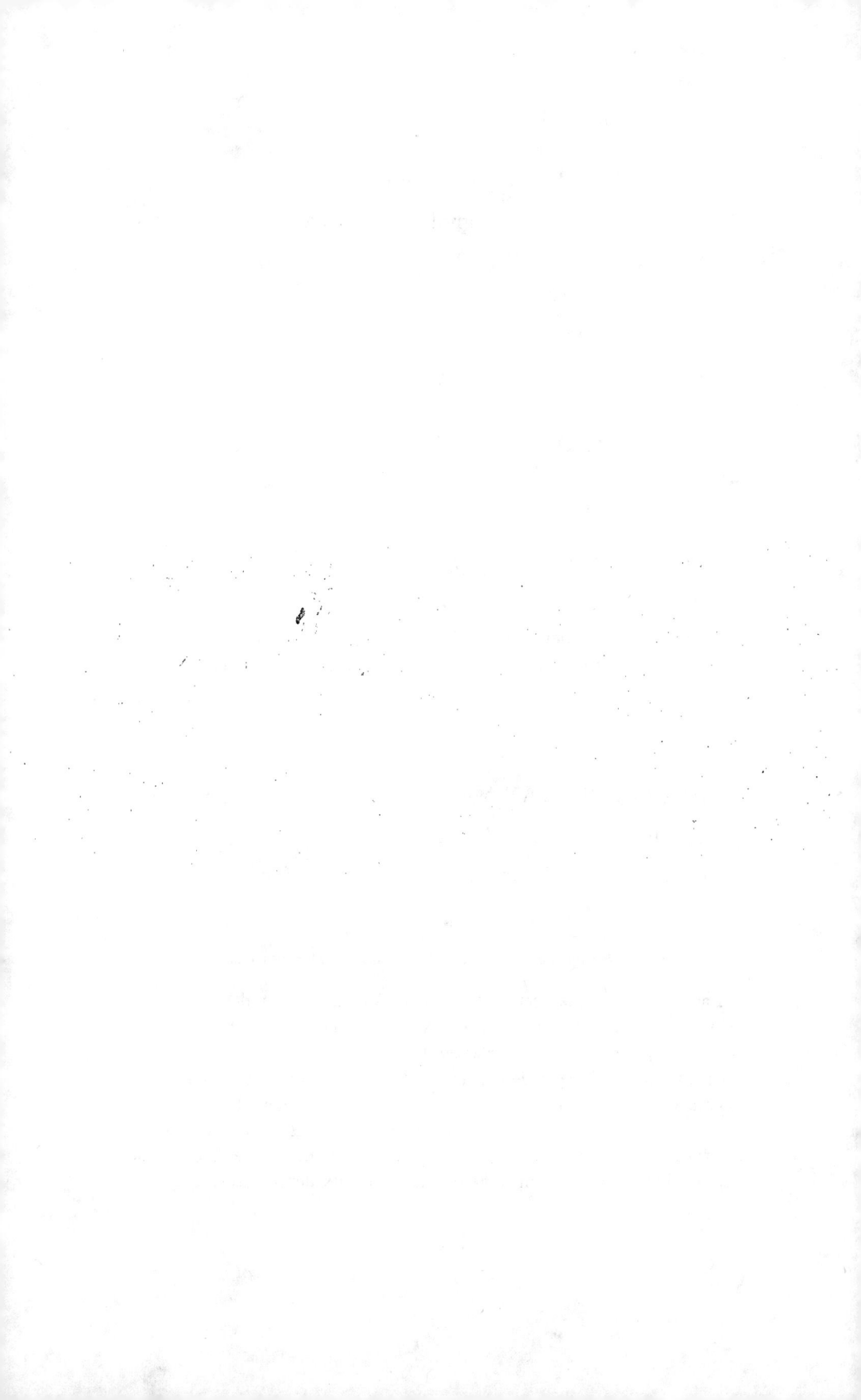

Alliances : de Champignolle, des Réaux, de La Tournelle.

Armoiries inconnues.

Marolles. — *Le Morvand.*

✤ ✤ ✤

DE COUROU *al.* DE COURROUX, seigneurs de Courou.

Châtellenie de Decize.

Armoiries inconnues.

Marolles.

Cette famille prenait son nom' de la seigneurie de Couroux ou des Courroux, qui est actuellement une ferme de la terre de Toury-sur-Abron.

✤ ✤ ✤

DE COURTENAY, seigneurs de Neuvy-sur-Loire.

Châtellenie de Saint-Verain.

Alliances : du Chesnay, du Sart, de Durfort, de Loron.

D'or, à trois tourteaux de gueules. — Pl. I.

Histoire généalogique de la maison de Courtenay. — Marolles, etc.

La branche des seigneurs de Bléneau de la maison de Courtenay posséda, depuis 1571 jusqu'à son extinction, la seigneurie de Neuvy-sur-Loire qui avait été apportée en dot à Gaspard de Courtenay, premier du nom, seigneur de Bléneau, de Villars, etc., par Esmée du Chesnay, d'une famille dont nous avons parlé. Selon du Bouchet, les seigneurs de Neuvy auraient écartelé *aux 1 et 4, de France, à la bordure engrêlée de gueules,* et leurs statues tombales, élevées dans l'église de Bléneau, étaient revêtues de manteaux fleurdelysés.

✤ ✤ ✤

COURTOIS, seigneurs de Poligny, de Longboux, de Thurigny, de Monts-sur-Aron, de Grenessay, du Creuzay, de Saint-Gremanges, du Bazoy, de Champcourt, de Varennes.

Châtellenies de Moulins-Engilbert et de Monceaux-le-Comte.

Alliances : Chevalier, de Paris, Sallonnier, Tenon.

Armoiries inconnues.

Archives de la Nièvre. — Marolles. — Collections nivernaises de M. Lory et de l'auteur. — *Le Morvand.*

⚜ ⚜ ⚜

DE COURVOL *al.* DE CORVOL, seigneurs de Corvol-d'Embernard, d'Isenay, du Tremblay, de Poussery, de Faveray, de Thaix, de Montaron, de Chatenois, de Moulins, de Villiers-sur-Nohain, de Saint-Gervais-lez-Verneuil, de Thomery, de Saint-Michel-en-Longue-Salle, de Savigny, de Bazolle, de Montas, des Aubus, de Lucery, de Grandvaux, de Lombraux, de Lucy, de Billeron, de Villaines, de Croizy, de Champeaux. Nivernais et Berry.

Châtellenies de Montenoison, de Cercy-la-Tour, de Donzy, de Decize, de Saint-Saulge, de Corvol-l'Orgueilleux et de Montreuillon.

Alliances : de Dissi, Bidaud, de La Tournelle, de Saint-Julien, de Cesac, de La Perrière, de Saint-Père, du Réau, de Bazay, de Montigny, de Gourdon, des Paillards, de Gayot, de La Bussière, de Bongars, de La Venne, de Certaines, de Montsaulnin, de Chassy, de Troussebois, de Champs, de Frasnay, Save, Bréchard, Pagany, de La Barre, Pierre, de Reugny, de Thoury, Carpentier, de

Grandry, Bezave, Le Normand, Chevalier, de Quantin, Bigé, Compaing, de Moncorps, Dupin, de Mullot, Mathieu, de Veyny.

De gueules, à la croix ancrée d'or, cantonnée en chef de deux étoiles d'argent. — Pl. XV.

Archives de la Nièvre. — Marolles. — La Thaumassière. — *Dictionnaire de la noblesse.* — Preuves au Cabinet des titres. — *Généalogie de la maison de Courvol*, etc.

La généalogie de cette famille, rédigée de la façon la plus consciencieuse au siècle dernier, ne fait remonter sa filiation suivie qu'à 1301 ; mais il est bien certain qu'elle a pour auteur Hugues de Corvol, mentionné dans des chartes du prieuré de La Charité de la fin du XIᵉ siècle. La Thaumassière et La Chesnaye-des-Bois ont aussi donné des généalogies abrégées des Courvol.

⚜ ⚜ ⚜

DE COUSES, seigneurs de Couses.

Châtellenie de Moulins-Engilbert.

Alliance : de Vigneul.

Armoiries inconnues.

Marolles.

⚜ ⚜ ⚜

DE CRAY *al.* DE CRAIS, seigneurs de Pitié.

Châtellenie de Decize.

Alliances : de Marigny, Le Febvre, Gourdon, de Bernault, Giraud, Quantin, de La Souche, Goussot, Blondel, Esmalle, Godemard, Blondat, Robert, Durin, Conchon, Tiersonnier.

D'azur, au chevron d'or, accompagné en chef de deux croissants contournés d'argent et, en pointe, d'un cœur de même. — Pl. XIV.

Marolles. — Archives de Decize. — Armorial de Challudet. — Armorial de la généralité de Moulins.

L'Armorial de la généralité de Moulins attribue à cette famille, la plus ancienne de Decize, les armoiries suivantes : *D'or, au créquier de sable*. Nous avons préféré l'écusson donné par l'Armorial de Challudet.

✤ ✤ ✤

DE CRESENCY, seigneurs de Cresency.

Châtellenie de Châteauneuf-sur-Allier.

Alliance : de Monceau.

Armoiries inconnues.

Marolles. — Archives de la Nièvre.

Nous avons trouvé, dans la collection des quittances scellées de la Bibliothèque nationale, deux sceaux de personnages de ce nom : l'un de Jean de Cresancy, chevalier, appendu à un acte de 1383, porte un écu *fascé de six pièces*, supporté par deux chiens et timbré d'un heaume dont le cimier est un vol banneret aux armes de l'écu, renfermant une tête ; l'autre, de Raoulin de Cresancy, de 1420, offre un écu à un *chevron accompagné de trois lionceaux*. Nous ne pouvons affirmer, bien que cela soit probable, que l'un de ces personnages ait appartenu à la famille nivernaise de Cresancy qui, connue du XIIIᵈ siècle au XVIᵉ, prenait son nom d'un fief situé près de Chevenon.

✤ ✤ ✤

DU CREST, seigneurs de Ponay, de Montreuillon, de Chizy-le-Gros, de Montjou, de Longboux, de Vaux, de Montigny, de Villaine. Originaires de Bourgogne.

Châtellenies de Luzy, de Savigny-Poil-Fol et de Moulins-Engilbert.

Alliances : Le Bourgoing, de Champrobert, des Jours, du Clerroy, de Ponnard, de Gevengy, de Semur, Sallonnier, de La Souche, Vaget, de Chargères, de Vichy, de Berthelon, d'Escorailles, de La Menue, des Prés, Bonneau, Brisson, etc.

D'azur, à trois bandes d'or, au chef d'argent, chargé d'un lion issant de sable, armé, lampassé et couronné de gueules. — Pl. XV.

Marolles. — D'Hozier. — *Dictionnaire de la noblesse.* — *La Noblesse aux États de Bourgogne.* — Preuves au Cabinet des titres. — *Cahier de la noblesse du Nivernais.*

Il est possible que les armes primitives de cette famille aient été simplement trois bandes. L'*Inventaire des titres de Nevers* décrit ainsi l'écu de Gilbert du Crest, seigneur de Ponay en 1575 : *D'argent, à trois bandes de gueules.* Il est vrai que le même ouvrage donne le blason de Hugues du Crest, peint sur un aveu et dénombrement de 1584, à peu près de la même manière que nous l'avons nous-même donné. Des généalogies peu complètes des du Crest se trouvent dans d'Hozier et dans La Chesnaye-des-Bois.

⚜ ⚜ ⚜

DU CREUSET, seigneurs de Richerand, de Chevenon, de La Tour-de-Chevenon, des Chamons, de Maillot, de Cresancy.

Châtellenies de La Marche et de Nevers.

Alliances : Garnier, d'Estutt.

D'argent, au lion de gueules. — Pl. XIV.

Archives de la Nièvre.

Nous ne connaissons les armes de cette famille que par le cachet de Louis-Antoine du Creuset, qualifié chevalier, marquis de Richerand, grand bailli du Nivernais et lieutenant-général pour le Roi dans cette province en 1749. D'après une note des Archives de la Nièvre, cette famille se nommait Creuset et avait pour auteur Pierre Creuset, notaire et praticien à Chaulgne en 1600. Le fief de Richerand était dans le village même de Chaulgne.

⚜ ⚜ ⚜

CREVEL.

Châtellenie de Nevers.

Alliances : Grosson, Matandé, Coujard.

D'argent, à trois chiens courants de sable. — Pl. XIV.

Collection nivernaise de l'auteur. — Armorial de la généralité de Moulins.

✣ ✣ ✣

DE LA CROIX, seigneurs de La Croix, de Fleury-sur-Loire. Originaires du Nivernais, en Périgord et à Bordeaux.

Châtellenie de Decize.

D'argent, à la croix alaisée d'azur, surmontée d'un lion de gueules. — Pl. XV.

Marolles. — Collection nivernaise de l'auteur. — *Dictionnaire de la noblesse.*

La généalogie des branches de cette famille étrangères au Nivernais se trouve dans La Chesnaye-des-Bois.

✣ ✣ ✣

DE LA CROIX, seigneurs de La Croix, de Vauclaix, de Palmaroux, de Montbaron, des Champs, de Saulce.

Châtellenies de Montreuillon, de Saint-Brisson et Liernais et de Moulins-Engilbert.

Alliances : David, du Pontot, de Certaines, Le Bourgoing, de Paris, de Roland, de Noury.

D'azur, au poisson d'argent mis en fasce, accompagné de trois besants d'or. — Pl. XIV.

Marolles. — *Le Morvand.*

✣ ✣ ✣

Mgr CROSNIER, protonotaire apostolique, né à Nevers.

D'azur, au chrisme d'argent. — Pl. XXIX.

Ce fut le pape Clément Ier qui institua les protonotaires. Ces dignitaires ecclésiastiques, d'abord au nombre de sept, avaient pour fonction de recueillir les fastes des martyrs et d'enregistrer tout ce qui pouvait intéresser l'Église. Depuis le nombre des protonotaires a été fort augmenté, et cette charge est devenue une dignité qui permet à celui qui en est revêtu d'avoir des armoiries surmontées d'un chapeau noir à deux rangs de houppes de chaque côté (Paillot), de porter, comme les évêques, la soutane violette et, dans certains cas, d'officier pontificalement avec la permission de l'évêque.

⚜ ⚜ ⚜

DE CRUX, seigneurs de Crux, de Trohans, de Sardy-les-Forges, de Fontenay, de Champeaux, de Vacy; vicomtes de Druyes. Nivernais et Bourgogne.

Châtellenies de Saint-Saulge, de Metz-le-Comte, de Monceaux-le-Comte et de Druye.

Alliances : de Vienne, des Barres, de Damas, etc.

D'or, à trois fasces de vair et un chef d'hermine. — Pl. XV.

Archives de la Nièvre. — Marolles. — *Dictionnaire de la noblesse.* — Paillot. — Guichenon.

Crux, actuellement commune du canton de Saint-Saulge, était un fief important des vaux de Montenoison, relevant de la châtellenie de Saint-Saulge, qui appartenait, à la fin du XIIe siècle, à Hugues, sire de Crux, dont le sceau, décrit dans l'*Inventaire* de M. Douët d'Arcq (tome Ier, p. 558), porte un écu *d'hermine,* arrondi par le haut, très-allongé et se terminant en pointe. Le sceau d'un autre Hugues, sire de Crux en 1271, est mentionné dans l'*Inventaire des titres de Nevers* (col. 177) comme « offrant un écusson semé de fuseaux ou fusées, avec une bor- » dure, » et cette légende : SCEAU DE HUES CHEVALIER SIRE DE CRUX. Les fuseaux ou fusées, vus par Marolles sur le sceau, étaient des mouche tures d'hermine. Depuis lors, les armoiries de cette famille changèrent : le sceau d'Érard, sire de Crux, attaché à une pièce de 1380 de la collection des quittances scellées, porte bien, sur un fond quadrillé, un écu *à trois fasces et un chef d'hermine*, timbré d'un heaume avec vol banneret aux mêmes armes ; ce sceau est décrit dans l'*Inventaire des titres de Nevers*. La pierre tombale de Jeanne de Crux, fille de Louis de Crux, seigneur de Trouhans, morte à l'âge d'un mois en 1555, que nous avons relevée dans l'église d'Arceau, près de Dijon, offre la figure d'un enfant au maillot et un écusson *fascé de huit pièces, au chef chargé de trois mouchetures d'hermine ;* c'est bien à peu près l'écusson des Crux, tel que le donnent Paillot, Guichenon et La Chesnaye-des-Bois : *Coupé d'argent, à trois mouchetures d'hermine, et fascé de sable et d'or ;* enfin Lainé, dans ses *Archives de la noblesse de France*, et Courcelles, dans son *Histoire généalogique des pairs de France*, décrivent le blason de Crux : *D'or, à trois fasces de vair et un chef d'hermine ;* peut-être ce dernier blason fut-il celui de la branche nivernaise éteinte dans les Damas à la fin du XIVᵉ siècle, tandis que la branche bourguignonne portait celui donné par Paillot.

⚜ ⚜ ⚜

DE CUY, seigneurs de Cuy.

Châtellenie de Montreuillon.

Armoiries inconnues.

Marolles.

⚜ ⚜ ⚜ ⚜ ⚜

DE DAMAS, seigneurs de Fleury-la-Tour, de Poigny, d'Étaules, de Pressoires, de Châtillon, de Vaux, de Tou-teuille, de Montigny-aux-Amognes, de Crux, d'Anlezy, de Lurcy-le-Châtel, de Thianges, de Lys, de Saint-Parize-le-Châtel, de Demain, de Sardy-les-Forges, du Deffend, de Fétigny, de La Collancelle, de Ménestreau, de Brèves,

de Tannay, de Morache ; vicomtes de Druyes ; comtes et marquis d'Anlezy ; ducs de Damas ; pairs de France. Originaires du Forez, Nivernais, Auvergne, Bourgogne, etc.

Châtellenies de Saint-Saulge, de Châteauneuf-au-val-de-Bargis, de Nevers, de Montenoison, de Decize, de Monceaux-le-Comte, de Châteauneuf-sur-Allier, de Metz-le-Comte, de Saint-Brisson et Liernais, de Donzy et de Druyes.

Alliances : de Montagu, de La Rivière, de La Magdelaine, de La Platière, de Crux, d'Avenières, de Mello, de Digoine, de Rochechouart, de Bonnay, de Grivel, de Veilhan, d'Orge, de La Chambre, de La Chapelle, de Harlay, de Bar, Arnault, Hanapier, Tiercelin de Rancé, Palatin de Dio, des Vaux, de Gassion, Le Veneur de Tillières, de Roffignac, de Tanlay, de Lespinasse, de Noury, de Brèves, d'Arces, de Cardaillac, de Pracomtal, Coutier de Souhey, d'Achey, de Menou, de Ligny, de Serent, etc.

D'or, à la croix ancrée de gueules. — Pl. XV.

Histoire des grands officiers de la couronne. — Archives de la Nièvre. — Marolles. — Lainé, etc.

Le P. Anselme et Courcelles donnent de cette illustre famille des généalogies moins détaillées et moins complètes que celle qui se trouve dans le tome V des *Archives de la noblesse de France.* D'après cette dernière généalogie, travail historique des plus intéressants, les Damas de Morande et de Cormaillon, de Bourgogne, non mentionnés par le P. Anselme, dont Courcelles a donné la filiation dans le tome II de son *Histoire des pairs de France,* seraient une branche de la grande maison de Damas ; cela est probable. Cette branche, à laquelle appartenait M. le lieutenant-général baron de Damas, pair de France, ministre de la guerre, gouverneur de Mgr le duc de Bordeaux, etc., avait pour armes : *D'argent, à la hie ou poteau de mer de sable en bande, accompagnée de six roses de gueules en orle ;* ses descendants actuels portent les armes des Damas-Crux.

Les membres des diverses branches de la maison de Damas se

distinguèrent les uns des autres par des brisures ou par des écartelures : les seigneurs de Thianges écartelèrent de Rochechouart, de Damas-Digoine, d'Aumont, de Mello, comme on peut le voir sur les sceaux de Léonard Damas, chevalier, seigneur de Thianges, Fleury-la-Tour, etc., autèur de ce rameau, publiés dans la généalogie de Damas de M. Lainé ; les seigneurs d'Anlezy brisaient d'une *bordure d'azur*, que nous retrouvons sur le plus ancien monument donnant, en Nivernais, les armes des Damas ; ce monument est la dalle funéraire de Claude Damas, conservée dans l'église d'Anlezy, laquelle porte, grossièrement gravée au trait, la représentation d'un chevalier armé de toutes pièces, ayant à ses pieds un chien et à son côté son casque et ses gantelets ; on lit autour de la dalle, en lettres minuscules gothiques : CY GIST NOBLE SEIGNEUR CLAUDE DAMAS EN SON VIVANT BARON DANLEZY, SEIGNEUR..... *(qui trespassa le)* 23 SEPTEMBRE 1522. PRIEZ DIEU POUR SON AME. AMEN. Deux écussons ornent aussi cette tombe : l'un de Damas, avec la bordure ; l'autre parti de Damas et d'un *échiqueté*, blason d'Antoinette de Digoine, femme de Claude.

Nous connaissons à la Bibliothèque nationale deux quittances de Jean IV Damas, baron d'Anlezy, petit-fils de Claude : la première, du 25 février 1568, est scellée d'un sceau appliqué sur lequel figure un écu à bords contournés entouré du collier de l'ordre de Saint-Michel, portant une croix ançrée et une bordure ; sur le sceau de la seconde quittance, du 14 janvier 1579, l'écu est sans bordure. Cette brisure se retrouve sur le jeton, dont voici le dessin, que fit frapper, en 1580, ce même Jean Damas, qui avait épousé Edmée de Crux, dame de Sardy-les-Forges, etc. Marolles décrit les armes de la branche d'Anlezy

avec la bordure d'azur que nous retrouvons dans l'Armorial de Challudet de 1638.

⚜ ⚜ ⚜

DE DANGEUL, seigneurs de La Motte-Carreaul, de Prye-sur-l'Ixeure, d'Omery-les-Gots. Nivernais, Bourgogne et Beauce.

Châtellenies de Nevers et de Cuffy.

Alliances : Le Clerc, de Saint-Aubin, d'Aleray, Cotignon.

Burelé d'argent et d'azur de huit pièces, à la bande de sable brochant sur le tout. — Pl. II.

Marolles. — Titres de Bourgogne. — *Dictionnaire de la noblesse.*

✤ ✤ ✤

DANGUY, V. D'ANGUY.

✤ ✤ ✤

DAUPHIN, seigneurs de Dornes, de Luzy ; barons de La Ferté-Chauderon. Originaires d'Auvergne, Bourbonnais et Nivernais.

Châtellenie de Châteauneuf-sur-Allier.

Alliances : de Châtel-Perron, de Sancerre, de Frolois, de Culant.

D'or, au dauphin pâmé d'azur, chargé d'un lambel de gueules de trois pièces. — Pl. XXX.

Marolles. — *Histoire des grands officiers de la couronne.* — Baluze, *Histoire généalogique de la maison d'Auvergne,* etc.

Les Dauphin, seigneurs de Jaligny, en Bourbonnais, et barons de La Ferté-Chauderon, étaient une branche cadette des comtes de Clermont, dauphins d'Auvergne. Nous décrivons les armes ci-dessus d'après l'*Histoire des grands officiers de la couronne,* qui donne la généalogie des Dauphin (tome VIII); toutefois il est à remarquer que Baluze (tome Ier, p. 213) attribue aux Dauphin de Jaligny, pour brisure, non point un *lambel,* mais bien un *bâton de gueules en bande, chargé d'un écu d'argent en chef.* Il est probable que les armoiries de la branche cadette des comtes de Clermont ne portèrent, en réalité, ni l'une ni l'autre de ces brisures dont on ne voit pas de traces sur les sceaux de ces seigneurs. Nous trouvons dans le P. Anselme les sceaux de Guichard Dauphin, de 1372 à 1398, chargés d'un écu à un dauphin, supporté par deux lions et ayant pour cimier une tête d'animal au centre d'un vol banneret. La collection des quittances scellées de la Bibliothèque nationale renferme trois sceaux de ce même personnage qui ne portent que le dauphin avec des arbalètes figurées au contre-sceau ou accostant l'écu. Marolles décrit ainsi le sceau équestre de Guichard Dauphin, deuxième du nom, second baron de La Ferté-Chauderon de sa famille, appendu à une charte de 1406 : « Sceau de » Guichard, où il est à cheval, tenant son écu écartelé des armes des » Dauphin et de Champagne. » Guichard II écartelait ses armes de celles de sa mère Isabeau de Sancerre, dame de Bomiers, et portait, d'après le P. Anselme : *Écartelé, aux 1 et 4, d'or, au dauphin pâmé d'azur ; et aux 2 et 3, d'azur, à la bande d'argent, côtoyée de deux cotices potencées et contre-potencées d'or, au lambel de gueules brochant sur le tout.* — Pl. XXX.

Ajoutons enfin, à l'appui de notre opinion sur le peu d'ancienneté du lambel des armes des Dauphin, que dans l'Armorial de Gilles Le Bouvier, le blason de Robert Dauphin, seigneur de Combronde, frère aîné de Guichard Ier, seigneur de La Ferté-Chauderon, est : *D'or, au dauphin d'azur, la langue, l'œil et l'ouïe de gueules.*

Guichard Ier eut un fils naturel : Claude, bâtard de Jaligny, auquel son frère Guichard fit don de la seigneurie de Dorne, en 1407, et qui fut père d'une fille nommée Marguerite, femme de Jean de Thory, dit de Montgarnaut.

⚜ ⚜ ⚜

DU DEFFEND, V. DE VARIGNY.

⚜ ⚜ ⚜

DE DEMOX *al.* DEMOUX, seigneurs de Couroux, de Choys, de Choron, des Murs.

Châtellenies de Decize et de Nevers.

Alliance : Gobert de La Forest.

Armoiries inconnues.

Archives de la Nièvre, de Decize et du château des Bordes. — Marolles.

⚜ ⚜ ⚜

DE DICY *al.* DE DISSY, seigneurs de Villefranche, de Chastel-sur-Arron, de Salières, de La Garde, de Colmery.

Châtellenies de Cercy-la-Tour et de Donzy.

Alliances : de Valery, de Courvol.

De....., à l'aigle. — Pl. IX.

Archives de la Nièvre et de Decize. — Marolles. — Titres de Bourgogne.

Nous donnons le blason de cette famille d'après les sceaux de Guillaume et de Marceau de Dicy, de 1315 et de 1372, qui font partie de la collection des quittances scellées de la Bibliothèque nationale. Le sceau de Pierre de Dicy, de 1320, de la même collection, est *parti d'un lion et d'une aigle ;* le lion était sans doute le blason de sa femme.

❖ ❖ ❖

DIEN *al.* DYEN, seigneurs de Monrepoux, de Clérinon.

Châtellenie de Nevers.

Alliances : Gascoing, Moreau, Carruchet, Berger, Litault.

De gueules, au chevron d'argent, accompagné en chef de deux étoiles d'or, et, en pointe, d'un soleil de même, au chef cousu d'azur, chargé de trois étoiles d'or. — Pl. XIV.

Archives de la Nièvre. — Marolles. — Armorial de Challudet. — Armorial de la généralité de Moulins.

Nous décrivons ces armes d'après l'écusson de Florimonde Dien, femme de Léon Moreau, en 1605, décrit par Marolles; mais on trouve le blason de cette famille de deux autres manières ; dans l'Armorial de Challudet, elles sont : *D'azur, au soleil d'or, chappé d'argent, au chef abaissé d'azur, chargé de trois étoiles du second émail ;* et dans l'Armorial général : *De gueules, au chevron d'or, accompagné en pointe d'un chapeau d'argent.*

✤ ✤ ✤

DE DIGOINE, seigneurs de Champlevois, de Codes, de Limanton, de Ruaut, de Ternant, de Savigny-sur-Canne, de Saint-Franchy, du Petit-Bouffard, de Demain, de Houstes, de Breugny, de Thianges, de Saint-Gratien, d'Asnois, de Pouligny-sur-Arron, de Monaton, de La Rivière. Bourgogne et Nivernais.

Châtellenies de Cercy-la-Tour, de Savigny-Poil-Fol, de Montenoison, de Decize, de Monceaux-le-Comte, de Saint-Verain et de Donzy.

Alliances : de Boisjardin, de Chevenon, de Chaugy, Boisserand, Anceau, de Damas, de La Rochette, etc.

Échiqueté d'argent et de sable. — Pl. XV.

Archives de Decize. — Marolles. — Titres de Bourgogne. — Paillot. — *Dictionnaire de la noblesse.* — *La Noblesse aux États de Bourgogne*, etc.

L'*Inventaire des titres de Nevers* mentionne un hommage de la terre de Champlevois rendu, en 1276, par Philippe de Digoine, auquel est appendu un sceau portant un écu *échiqueté, à une bande ;* Philippe brisait son blason d'une bande comme cadet. Il existe aux Archives de France (Titres de Nevers, J. 256), une charte de 1241 par laquelle Guillaume de Digoine, oncle (?) de Philippe, rend hommage à Mahaut, comtesse de Nevers. A cette charte est suspendu un sceau représentant un chevalier monté sur un cheval, dont la housse est échiquetée. Citons encore le curieux sceau de Louis de Digoine, écuyer, appendu à une pièce de 1380 de la collection des quittances scellées : ce personnage est représenté debout, armé de toutes pièces, tenant sa lance et son écu, qui est *échiqueté à une bande*, deux dragons sont couchés à ses pieds.

La Chesnaye-des-Bois a donné un fragment de la généalogie de cette famille.

✤ ✤ ✤

DOIBT *al.* DOUET, seigneurs de Rabotin, de Chaillant ; barons de Poiseux.

Châtellenies de Châteauneuf-sur-Allier et de Nevers.

Alliances : Gascoing, de Viry, Taillefert, Vyau.

D'argent, à trois feuilles de houx de sinople, au chef d'azur, chargé de trois étoiles d'or. — Pl. XV.

Archives de la Nièvre et de Decize. — Armorial de Challudet. — Marolles.

✤ ✤ ✤

DOLLET, seigneurs de La Motte-Palluau, de Chassenay, de Solières, de Troisaigues, de Varennes-lez-Nevers.

Châtellenies de Saint-Saulge et de Nevers.

Alliances : Marion, Lithier, Vavin, Bachelier, Damon, du Plessis, Brisson, Tridon, Prisye, Coquelin, Sallonnïer, de Trassy, Certain, Cosselle de Verville, Richard de Soultrait, de Champs.

D'azur, au sautoir d'or. — Pl. XV.

Archives de la Nièvre et de Decize. — Marolles. — Armorial de Challudet. — Armorial de la généralité de Moulins.

✤ ✤ ✤

DOREAU, seigneurs des Prés, de Semelins, de Travan, de Chevannes, de Frasnay, de Blanzy, de Courcelles.

Châtellenies de Saint-Saulge, de Decize, de Nevers et de Montenoison.

Alliances : Valot, Garnier, de Champs, Gascoing, Caillot, Pivert, Charleuf, Daudier, Mallet, Roy, La Ligue.

33

D'azur, à la fasce d'or, accompagnée en chef d'un pélican d'argent, sa piété de gueules, et en pointe d'une rose d'argent. — Pl. XV.

Archives de la Nièvre. — Armorial de Challudet. — Registres de Brinon-les-Allemands.

⚜ ⚜ ⚜

DORLET, seigneurs de Courcelles, de La Pommerée, de Palmaroux, de Saint-Aubin.

Châtellenie de Liernais et Saint-Brisson.

Alliances : des Blins, de Razout, d'Aulnay, de Thomassin, Borne de Gouvault, Gagnereau de Saint-Victor.

Armoiries inconnues.

Le Morvand.

⚜ ⚜ ⚜

DE DORNE, V. FOUET.

⚜ ⚜ ⚜

DOUET, V. DOIBT.

⚜ ⚜ ⚜

DE DRACY, seigneurs de Dracy.

Châtellenie de Decize.

Armoiries inconnues.

Archives de la Nièvre.

⚜ ⚜ ⚜

DE DREUILLE, seigneurs d'Avril-sur-Loire, de Lorgue, de La Garenne, de La Croix, du Vernou, de Lurcy-sur-Abron, de Chailly ; comtes de Dreuille. Originaires du Bourbonnais, en Nivernais.

Châtellenies de Decize et de Châteauneuf-sur-Allier.

Alliances : de La Barre, de Lichy, de Genestoux, d'Amonville, de La Barre, de Chabannes, de Charly, d'Estutt d'Assay.

D'azur, au lion d'or, couronné de même — Pl. XV.

Noms féodaux. — Guillaume Revel. — Vertot. — Armorial de la généralité de Moulins. — Registres d'Avril-sur-Loire. — Preuves de Malte aux archives du Rhône. — Lainé. — *Armorial du Bourbonnais*.

La généalogie complète de cette famille se trouve dans le tome X des *Archives de la noblesse de France* et dans le tome II du *Nobiliaire* de Saint-Allais.

⚜ ⚜ ⚜

DE DRUY, seigneurs de Sougy, d'Avril-les-Loups, de Ris, de La Motte-sur-Loire, d'Arcy, de Marcy, de Tors, de Cizely, de Berne, de Saisy, d'Aglan, de Marancy, de Bussières-sous-Thianges, de Mirebault, de Chapeaux, du Marest, de Chazault, de La Boloise, des Écots, de Ville-cray, des Chaises, de Chevannes-les-Crots, de Dienne, de Saint-Michel-en-Longue-Salle.

Châtellenies de Decize, de Cercy-la-Tour, de Saint-Saulge et de Champvert.

Alliances : de Vaux, de Paris, Bernard, de Thouys, du Verne, de Veaulce, Moreau, des Champs, de Char-gère, etc.

De gueules, à la fasce d'argent, accompagnée de trois canettes de même. — Pl. XV.

Archives de Decize. — *Noms féodaux.* — Marolles. — Armorial de la généralité de Moulins. — *Cahier de la noblesse du Nivernais.*

⚜ ⚜ ⚜

DUBLÉ *al.* DU BLED, seigneurs de Loiselot, du Boulois. Originaires de Bourgogne.

Châtellenies de Monceaux-le-Comte et de Châteauneuf-sur-Allier.

Alliances : Sallonnier, Charry.

D'argent, à une touffe de bled de..., au chef de gueules, chargé d'un croissant accosté de deux étoiles de... — Pl. XXIX.

Nous donnons ces armes d'après un cachet de N. Dubled du Boulois, conseiller au siége de Saint-Pierre-le-Moûtier en 1775. Les branches de cette famille restées en Bourgogne portaient : *D'azur, à trois gerbes de bled d'or.* (Armorial de la ville d'Autun.)

✤ ✤ ✤

DUPIN, seigneurs de Cœurs, de Courcelles, de Ferrières ; barons Dupin.

Châtellenie de Montenoison.

Alliances : Jolyveau, Gervais, de Grandry, de Piles, Prisye, Brunier, de Courvol, du Hamel de Breuil, de Lantilly, Neyron de Saint-Julien, etc.

D'azur, à trois coquilles d'or. — Pl. XV.

Archives de la Nièvre. — Registres de Varzy. — Collection nivernaise de l'auteur. — *Généalogie de Courvol.* — *Biographie universelle.* — Titre de baron accordé en 1824.

✤ ✤ ✤

DUPRÉ, V. DU PRÉ.

✤ ✤ ✤

DUVERNE, V. DU VERNE.

✤ ✤ ✤

DE LA DUZ, seigneurs de Pommeray, de La Garenne, de Vieuxchamps. Bourgogne et Nivernais.

Châtellenies de Druyes et de Montenoison.

Alliances : d'Anguy, d'Assue, de Chamigny, de Chastellux, Le Roy de Cuy, etc.

D'argent, à deux lions léopardés de gueules. — Pl. XV.

Marolles. — Titres de Bourgogne. — Dubuisson. — *Histoire de la maison de Chastellux.* — *Cahier de la noblesse du Nivernais.* — Registres de Montapas.

❀ ❀ ❀ ❀ ❀

ENFERT, seigneurs de Villette.

Châtellenies de Decize, de Moulins-Engilbert, de Luzy et de Nevers.

Alliances : Bernard, Cochet, de Chevannes, Berger, Callard, Esmalle.

Armoiries inconnues.

Archives de Decize. — Collection nivernaise de l'auteur. — Armorial de la généralité de Moulins. — *Le Morvand.*

Les armes attribuées par l'Armorial général à Gabriel Enfert, notaire à Decize : *De sable, au diable d'argent,* sont évidemment de fantaisie, et nous ne les donnons que pour mémoire.

✤ ✤ ✤

D'ENTRAINS, seigneurs d'Entrains.

Châtellenie d'Entrains.

Armoiries inconnues.

Archives de la Nièvre. — Titres de Bourgogne.

✤ ✤ ✤

D'ESCORAILLES, V. DE SCORAILLES.

⚜ ⚜ ⚜

D'ESGREVILLE, V. D'AIGREVILLE.

⚜ ⚜ ⚜

D'ESGUILLY, seigneurs de Lucenay-les-Aix, de Chassy, de Montarlot, de Bussière, de Grosbois, de Berne, de Champoulet, du Chemin, du Deffend, d'Enfert, de Montjournal, de Montbenoit. Bourgogne et Nivernais.

Châtellenies de Decize, de Montreuillon et de Donzy.

Alliances : de Varigny, de Serain, de Troussebois, Le Bourgoing, de Choiseuil.

D'azur, à trois pals d'or. — Pl. XV.

Marolles. — Titres de Bourgogne. — *Histoire de la maison de Chastellux.* — Preuves de Malte à la Bibliothèque de l'Arsenal.

⚜ ⚜ ⚜

ESMALLE, seigneurs de Bornay.

Châtellenie de Decize.

Alliances : de Cray, Enfert, Breton, Véron, des Champs, Bolacre, Coppin, Godard, Simonin.

D'azur, à la bande vivrée d'or. — Pl. XVI.

Archives de Decize. — Marolles. — Armorial de la généralité de Moulins.

⚜ ⚜ ⚜

D'ESME, seigneurs de Chanteloup.

Châtellenie de Monceaux-le-Comte.

Alliance : Gentil,

De gueules, à trois fasces ondées d'argent, au chef d'or. — Pl. XVI.

Marolles. — Armorial de la généralité de Moulins.

Nous avons adopté la description des armoiries de la famille d'Esme telle que la donne l'*Inventaire;* l'Armorial général décrit ainsi les armes de Laurent d'Esme, écuyer, seigneur de Chanteloup : *De sable, à trois rivières ondées en fasce d'or, au chef cousu de gueules.*

⚜ ⚜ ⚜

D'ESPEUILLES, seigneurs d'Espeuilles.
Châtellenie de Saint-Saulge.
Alliance : de Mullot.

Armoiries inconnues.

Archives de la Nièvre. — Marolles.

⚜ ⚜ ⚜

DE L'ESPINASSE, seigneurs de Champallement, de Saxi-Bourdon, de Garchizy, de Pougues. Originaires du bailliage de Semur-en-Brionnais, Auvergne, Nivernais, Bourbonnais, etc.
Châtellenies de Champallement et de Nevers.
Alliances : de Thianges, de L'Espinasse de La Clayette, de Fontenay, de Sercey, de Bourbon-La-Boulaye, de Mello.

Fascé d'argent et de gueules de huit pièces. — Pl. XV.

Archives de la Nièvre. — Marolles. — *Noms féodaux.* —, Guillaume Revel. — *Masures de l'isle Barbe. — Histoire des grands officiers de la couronne. — Histoire des pairs de France,* etc.

La branche nivernaise de l'illustre maison de L'Espinasse, dont la généalogie se trouve dans le tome II de l'*Histoire des pairs de France* de M. de Courcelles, eut pour auteur Hugues de L'Espinasse, fils de Dalmas III, sire de L'Espinasse, et de Marguerite de Saint-Bury, qui épousa, vers 1350, Marguerite de Thianges, dame de Champallement;

on voit encore, dans l'église de Saint-Révérien, la pierre tombale de Marguerite de Thianges offrant, gravée au trait, la représentation de cette dame, qui mourut eu 1413; mais la dalle est évidemment postérieure de plus d'un siècle à la mort de Marguerite. Nous trouvons dans Marolles la description d'un sceau d'Odard de L'Espinasse, seigneur de Champallement, qui était appendu à une charte de 1425; ce sceau avait pour type un écu à *trois fasces* seulement. La dalle funéraire d'Humbart de L'Espinasse, mort en 1324, conservée dans l'église de la Bénissons-Dieu, en Forez, porte la représentation d'un chevalier en harnois de guerre et un écu *fascé de huit pièces, brisé d'une bande.* La collection des quittances scellées renferme plusieurs sceaux de membres de cette famille sur lesquels se remarquent diverses brisures.

⚜ ⚜ ⚜

DE L'ESPINASSE *al.* DE LESPINASSE, seigneurs de La Grange, de Vieux-Moulin, de Rabotin, des Pivotins, de Mannay, de Garchy, de Verger, du Pavillon, des Garennes, de Marteauneuf, du Battouée, de Planchevienne; comtes de L'Espinasse, pairs de France.

Châtellenies de Nevers, de Donzy, de La Marche et de Châteauneuf-sur-Allier.

Alliances: Le Maire, de La Chasseigne, Marchand, Bongards, Forestier, Piquet, Frétet, Le Blanc, Cotignon, Carpentier, Bogne, Bigot, Vannier, Boucher de La Baume, Durand, Challier, Frappier, de Bèze, Rapine de Saxi, Sallé de Choux, Tixier de Ligny.

Fascé d'argent et de gueules de huit pièces; et le général comte de L'Espinasse : *Écartelé : au 1, d'azur, au serpent d'argent, se regardant dans un miroir d'or, autour du manche duquel il est entortillé,* qui est des sénateurs comtes de l'Empire; *aux 2 et 3, fascé de gueules et d'argent; et au 4, de gueules, à la bande d'argent, au lambel de même brochant sur la bande.* — Pl. XV et XVI.

Archives de la Nièvre. — Registres de Magny-Cours. — Armorial des généralités de Moulins et de Bourges. — *Recueil des priviléges de la ville de Bourges.* — Courcelles, *Histoire des pairs de France.*

Bien que cette famille ait porté le même nom et les mêmes armes que la maison de L'Espinasse mentionnée ci-dessus, nous ne croyons pas qu'elle descende des seigneurs de Champallement.

L'écu des L'Espinasse de La Charité et de Bourges était, d'après les armoriaux, *fascé de six pièces* seulement ; cette branche avait diminué le nombre des pièces de son blason pour se distinguer de son aînée.

Le général de L'Espinasse, militaire et écrivain distingué, né à Pouilly-sur-Loire en 1736, mort en 1816, officier avant la Révolution, sénateur, comte de l'Empire, puis pair de France, dont nous avons donné le blason impérial, était le dernier de l'une des branches de cette famille, dont les Le Blanc ont relevé le nom.

Les L'Espinasse de Saint-Pierre-le-Moûtier paraissent avoir porté un blason tout différent de celui décrit ci-dessus. L'écusson de dom Abel de L'Espinasse, prieur de Saint-Pierre à la fin du XVIIIe siècle, figuré sur un plan des propriétés de cette maison, est : *D'azur, à la fasce d'argent, chargée de trois étoiles de..., accompagnée en pointe de trois pommes de pin versées d'argent.*

⚜ ⚜ ⚜

DES ESPOISSES, seigneurs des Espoisses.

Châtellenie de Decize.

Armoiries inconnues.

Archives de la Nièvre. — Archives de M. Canat de Chizy.

Cette famille, dont nous avons trouvé le nom dans plusieurs chartes du XIIIe siècle, possédait le château des Espoisses *(de Espoissiis)*, dont il ne reste plus qu'une motte assez considérable située dans la commune de Toury-Lurcy.

⚜ ⚜ ⚜

D'ESTUTT DE TRACY *al.* STUTT ou STUD, seigneurs de Saint-Père, d'Insèches, de Chassy, de Rosiers, de Prémoisson ; comtes et marquis de Tracy ; comtes de l'Empire ; pairs de France. Originaires d'Ecosse, Nivernais, Bourgogne et Bourbonnais.

Châtellenies de Donzy, de Saint-Verain, de Monceaux-le-Comte et de Saint-Saulge.

Alliances : Brisse, Le Roy, d'Assigny, Régnier de Guerchy, de La Souche, de Veilhan, de Bussy, Boisselet, de Bar, de Buffévant, de Carroblè, de Bonin, de La Platière, de La Magdelaine-Ragny, Marion de Sauvages, de Druy, de Verzure, de Dreuille, etc.

Écartelé : aux 1 et 4, d'or, à trois pals de sable ; et aux 2 et 3, d'or, au cœur de gueules. — Pl. XV.

Marolles. — *Noms féodaux.* — *Tablettes historiques et généalogiques.* — Preuves de Malte aux archives du Rhône. — *Dictionnaire de la noblesse.* — Vertot. — Armorial de la généralité de Moulins. — *La Noblesse aux États de Bourgogne.* — Courcelles. — *Dictionnaire véridique.* — *Armorial du Bourbonnais.* — *Armorial de l'Empire*, etc.

L'écu des d'Estutt, timbré d'un casque et supporté par des lions, le tout fort mutilé, est sculpté au-dessus de la porte d'entrée du château de Tracy (fin du XVIᵉ siècle), avec la devise : DON BIEN ACQUIS, dont voici l'origine d'après la tradition :. Quatre frères Stutt ou Destutt, gentilshommes écossais, vinrent en France avec Jean Stuart, qui fut connétable de France, au secours du dauphin Charles, vers 1418 ; ils se trouvèrent à la bataille de Baugé et, en récompense de leurs services, le Roi leur donna des fiefs conquis sur les Anglais. Pour perpétuer la mémoire de ce fait, la famille d'Estutt prit, comme devise de ses armes, les mots ci-dessus. Des cœurs décorent les hauts frontons des lucarnes de Tracy. Les armes des d'Estutt, seigneurs de Saint-Père, se voient aussi, seules et parties de celles de Regnier de Guerchy, aux clefs de voûte de l'église de Saint-Père de Nuzy. Le comte de Tracy, sénateur, portait, d'après l'*Armorial de l'Empire* : *Écartelé : au 1, de comte sénateur ; aux 2 et 3, d'or, au cœur de gueules, et au 4, palé de sable et d'or.*

⚜ ⚜ ⚜

ÉTIGNARD DE LA FAULOTTE, seigneurs de La Faulotte, de Corcy, de Coulon, de Chantereau, de Cussy, de Précy, de Vaussegrois, de Vermenoux, de Traclin, des Anglois, de Tilleux, de Bouteloing. Bourgogne et Nivernais.

Châtellenie de Moulins-Engilbert et comté de Château-Chinon.

Alliances : Febvre, Mazilier, Garcement de Fontaine, etc.

D'azur, à deux roses d'or, tigées d'argent, mouvantes d'un croissant de même, et un chevron d'or, brochant sur les tiges des roses, surmonté d'une étoile aussi d'or. — Pl. XVI.

Archives de la Nièvre et du château de Mouron. — *Le Morvand.* — Armorial de la généralité de Moulins.

⚜ ⚜ ⚜

L'ÉVESQUE.

Châtellenie de Nevers.

Alliance : de Borniolle.

Armoiries inconnues.

Archives de Nevers. — Armorial de la généralité de Moulins.

Voici, d'après l'Armorial général et pour mémoire, les armoiries parlantes de trois personnages de cette famille de l'ancienne bourgeoisie de Nevers : *De sinople, à deux crosses d'argent passées en sautoir, accompagnées en chef d'une étoile d'argent, et, en pointe, d'une rose de même. — D'argent, à une crosse de sinople posée en pal, côtoyée de huit pots (sic) de vair de gueules, posés quatre de chaque côté, l'un sur l'autre, aussi en pal. — De gueules, à une mitre d'or, soutenue d'un croissant d'argent.*

⚜ ⚜ ⚜ ⚜ ⚜

FAURE *al.* FAVRE DE DARDAGNY, seigneurs de Saint-Germain, de Beauvoir, de Beaurepaire. Bourbonnais et Nivernais.

Châtellenie de Decize.

Alliances : de Cossaye, de Bonnay.

D'argent, au chevron d'azur, au chef de même chargé de trois étoiles du champ. — Pl. XVI.

Archives de Decize. — *Noms féodaux.* — *Tableau chronologique.*

Nous donnons ces armes d'après un ancien cachet, et elles figurent aussi sur la litre de l'église paroissiale de Saint-Germain-Chassenay. Nous ne pensons pas qu'il y ait de rapport entre cette famille et une famille du même nom qui habitait Nevers à la fin du XVIIe siècle et au XVIIIe, à laquelle l'Armorial général donne pour armes : *D'or, au léopard d'azur.*

⚜ ⚜ ⚜

DE FAVARDIN, seigneurs d'Azy-les-Vignes, de La Motte-Carreau.

Châtellenie de Nevers.

Alliances : de Maintenant, des Trappes, de Corbigny, Cochet, Caillot, Semelier, Bolacre, Roux.

D'azur, à la bande d'argent, chargée de trois mouchetures d'hermine et accostée de deux cerfs d'or passants dans le sens de la bande, l'un en chef, l'autre en pointe. — Pl. XV.

Archives de la Nièvre. — Marolles. — Armorial de Challudet.

Les armes de cette famille se voient gravées sur la dalle funéraire d'Étienne de Favardin, prieur de Saint-Étienne de Nevers à la fin du XVIe siècle, qui fait partie du dallage du bras nord de la croisée de l'église Saint-Étienne ; elles sont aussi sculptées sur la cheminée d'un bâtiment du village de Saint-Éloi, près de Nevers, qui appartenait au prieuré de Saint-Étienne.

⚜ ⚜ ⚜

DE FAYE, seigneurs de Faye, de Breuil, de La Chassaigne.

Châtellenie de Cercy-la-Tour.

Alliance : de Poissons.

Armoiries inconnues.

Archives de la Nièvre.

⚜ ⚜ ⚜

FAMILLES.

COTIGNON.

DE GOURVOL.

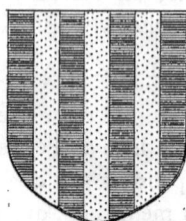

D'ESGUILLY
PONNARD

DU CREST.

DE LA CROIX.

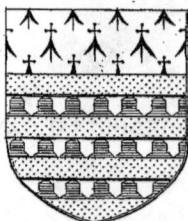

DE CRUX.

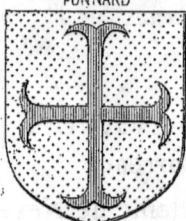

DE DAMAS.

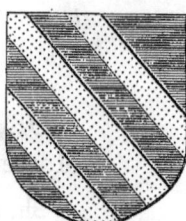

DE SCORAILLES

DE DIGOINE.

DOIBT.

DOLLET.

DOREAU.

DE LA DUZ

DE DREUILLE.

DE DRUŸ.

DUPIN.

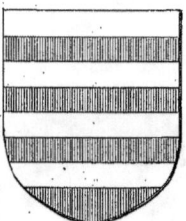

DE L'ESPINASSE.

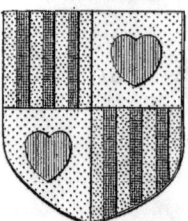

D'ESTUTT DE TRACY.

DE FAVARDIN.

FLAMEN D'ASSIGNY.

FERRAND DE LA FOREST, seigneurs de La Forest, de Matonges.

Châtellenie de Decize.

Alliances : Pierre, Le Pain des Bordes, Pellé.

D'azur, à trois épées d'argent, garnies d'or, celle du milieu la pointe en haut, les deux autres la pointe en bas, et une fasce d'or brochant sur le tout. — Pl. XVI.

Archives de la Nièvre et de Decize. — Dubuisson.

✤ ✤ ✤

FERRECHAT *al.* FARCHAT, seigneurs de Beure, de Sougy, de La Motte-Farchat.

Châtellenies de Decize et de Moulins-Engilbert.

De..., au lion de... — Pl. IX.

Archives de la Nièvre. — Marolles.

Nous donnons ce blason, sous toutes réserves, d'après un écusson mutilé du XIVe siècle encastré dans le portail plus moderne du château de La Motte-Farchat.

✤ ✤ ✤

DE FERRIÈRES, seigneurs de Champlevois, de Montaron, du Maigny, de Marry, de Pifons. Bourgogne et Nivernais.

Châtellenies de Decize, de Cercy-la-Tour et de Moulins-Engilbert.

Alliances : Aux Espaules, de Marry, de Vendôme.

D'argent, au sautoir engrêlé de gueules. — Pl. XVI.

Archives de la Nièvre et de Decize. — Marolles. — *Vie de Jean de Ferrières.* — Steyert, *Armorial du Lyonnais, Forez et Beaujolais.*

Nous possédons le sceau original de Guillaume de Ferrières, premier seigneur de Champlevois de sa famille : l'écu au sautoir engrêlé a pour supports deux dragons et pour cimier deux têtes de cigogne affrontées ; la légende en lettres minuscules gothiques est : SEEL. GUILL. DE FERRIERES.

Le blason des Ferrières se trouve sculpté en deux endroits du château ruiné de Champlevois, près de Fours, bâti par cette famille : l'un de ces blasons, du XVᵉ siècle, ne porte que le sautoir engrêlé ; l'autre, plus moderne, est : *Écartelé, au 1, de Ferrières ; au 2, d'un lion; au 3, parti d'un bandé avec une bordure et d'une croix ancrée; et, au 4, semé de France.* Les quartiers 2 et 4 sont de Vendôme.

✤ ✤ ✤

DE LA FERTÉ-MEUN, V. DE MEUN DE LA FERTÉ.

✤ ✤ ✤

DU FEUILLOUX *al.* DU FEUILHOUX.

Châtellenies de Decize et de Nevers.

Alliances : Roussel, Quartier, Sallonnier, de Vaux.

D'azur, à trois fasces componées, celle du milieu d'or et de gueules, les autres de gueules et d'or. — Pl. XVI.

Archives de Decize. — Collection nivernaise de l'auteur. — Armorial de Challudet.

✤ ✤ ✤

FILLET, seigneurs de Précy, de La Cave.

Châtellenies de Saint-Saulge et de Châteauneuf-au-Val-de-Bargis.

Alliances : de Lichy, de La Collancelle.

Armoiries inconnues.

Archives de la Nièvre. — Marolles.

✤ ✤ ✤

DE LA FIN, seigneurs de La Nocle, de Fours, de Ternant. Bourbonnais, Nivernais, Bourgogne et Forez.

Châtellenies de Cercy-la-Tour et de Savigny-Poil-Fol.

Alliances : de Thélis, de Salins, de La Grange-d'Arquian, du Puy-Montbrun.

D'argent, à trois fasces de sable, à la bordure denchée de gueules. — Pl. XVI.

Noms féodaux. — Marolles. — Chabrol, *Coutume d'Auvergne.* — Archives de l'Allier. — Guichenon. — Segoing. — *Armorial du Bourbonnais.* — *Répertoire héraldique du Forez.*

Cette famille prend son nom de la seigneurie de La Fin, en Bourbonnais, où on la trouve dès le milieu du XIVe siècle. Jean de La Fin, seigneur de Beauvoir, près de La Palice, chevalier de l'ordre et chambellan du Roi, épousa, au milieu du XVIe siècle, Madelaine, fille et héritière de Guy de Salins, seigneur de La Nocle, dernier représentant d'une des branches de sa maison. De ce mariage vinrent deux fils qui furent substitués au nom de Salins. Les armes des La Fin se voient sur des boiseries et des carreaux vernissés de l'ancienne église abbatiale de la Bénissons-Dieu, en Forez, rappelant le souvenir de Pierre de La Fin, abbé de cette maison à la fin du XVe siècle ; on trouve aussi ce blason sur une cloche, datée de 1541, de l'église de Saint-Pourçain-sur-Besbre (Allier).

⚜ ⚜ ⚜

FLAMEN D'ASSIGNY, seigneurs du Coudray, d'Assigny, de Marigny, de La Chassaigne.

Châtellenie de Nevers.

Alliances : de Marigny, Mahy, Quartier, Godin, Prisye, Rapine de Saintemarie, Bellon de Chassy, Le Bourgoing, du Verne, etc.

D'azur, à deux lions d'or. — Pl. XV.

Archives de la Nièvre et du château de La Chassaigne. — Paillot. — Armorial de la généralité de Moulins.

La famille Flamen porte actuellement les armes énoncées ci-dessus que lui attribue Paillot; mais il est probable que ses armoiries primitives étaient parlantes, telles que les donne l'Armorial général qui décrit ainsi le blason de François Flamen : *D'argent, à trois flammes de gueules.* Nous connaissons, au château de La Chassaigne, un portrait des premières années du XVIIIe siècle d'un officier de la Branche du Coudray, à l'angle duquel est peint un écusson semblable. Il se peut que la branche d'Assigny, actuellement représentée, ait seule adopté l'écu aux deux lions que ne portait point la branche du Coudray.

⚜ ⚜ ⚜

DE FOLLET *al.* DU FOLLET, V. SAULNIER.

⚜ ⚜ ⚜

DE FONTAINES, seigneurs de Vesvres.

Châtellenie de Decize.

Alliances : de Prie, de Lamoignon, de Pernay.

Armoiries inconnues.

Marolles.

⚜ ⚜ ⚜

DE FONTBOUCHER *al.* FAULBOICHIER, seigneurs de Suilly, de Magny, des Garennes. Berry et Nivernais.

Châtellenie de Donzy.

Alliances : de La Porte, de La Grange, Drouard, Fournier.

Armoiries inconnues.

Marolles. — Archives du château des Granges.

⚜ ⚜ ⚜

DE FONTENAY, seigneurs de Pougues, de Gar-
chizy, de Salières, de Verneuil, d'Uxeloup, des Hastes, de
Mognes. Originaires du Berry, Nivernais.

Châtellenies de Nevers et de Cercy-la-Tour.

Alliances : de Chastellux, de Montsaulnin, de La Platière, de Thianges, d'Avantois, de La Porte, etc.

Palé d'argent et d'azur, au chevron de gueules brochant sur le tout.
— Pl. II.

Marolles. — Archives de la Nièvre et du château d'Uxeloup. — Gilles Le Bouvier.
— Titres de Bourgogne. — La Thaumassière. — *Noms féodaux.*

La famille de Fontenay tirait son origine d'une seigneurie située
dans le Berry, près de Germigny. Au commencement du XIIIᵉ siècle,
elle n'était plus représentée que par une fille, Agnès, qui, s'alliant en
1210 avec Raoul de Pougues, fils de Guillaume, sénéchal du Nivernais;
lui porta en dot son nom et ses armes. Cette seconde famille de Fontenay donna, depuis le milieu du XIVᵉ siècle, un grand nombre de
dignitaires à l'église de Nevers, entre autres l'évêque Pierre de Fontenay,
dont nous avons donné ci-dessus le blason. Citons encore toutefois deux
monuments héraldiques des Fontenay plus anciens que celui que nous
avons signalé à l'article de l'évêque : c'est d'abord le sceau équestre de
Geoffroy de Fontenay, chevalier, seigneur de Bouqueteraut, en Berry,
décrit par Marolles d'après une empreinte appendue à une charte de
1337; l'écu porté par le personnage est palé et chargé d'un chevron.
Puis un petit sceau, aux mêmes armes, de Pierre de Fontenay, chevalier, de 1380. (Collection des quittances scellées.) La Thaumassière
donne la généalogie de la famille de Fontenay qui s'éteignit au
XVIᵉ siècle, et la baronnie dont elle portait le nom passa, par
mariage en 1536, dans la famille de Montsaulnin dont il sera parlé
plus loin.

⚜ ⚜ ⚜

DE FONTETTE, seigneurs d'Alligny, de Gouloux.
Originaires de Bourgogne, Nivernais et Vexin.

Châtellenie de Saint-Brisson et Liernais.

Alliances : d'Alligny, des Potots.

35

Écartelé : aux 1 et 4, d'azur, à trois fasces d'or, al. *fascé d'azur et d'or,* qui est de Fontette ; *et aux 2 et 3, de..., à l'aigle de...,* qui est d'Alligny. — Pl. XVI.

Marolles. — D. Plancher. — Paillot. — *La Noblesse aux États de Bourgogne.*

Les seigneurs d'Alligny de la famille de Fontette, qui prenait son nom de l'une des principales baronnies du duché de Bourgogne, s'établirent en Nivernais au milieu du XVe siècle, par suite du mariage de Hugues de Fontette avec l'une des deux héritières de la famille d'Alligny-en-Morvand.

Cette branche des Fontette écartela d'Alligny, comme on le voit sur plusieurs monuments ; l'écu écartelé des fasces et de l'aigle figure sur la tombe de Catherine des Potots, belle-fille de Hugues de Fontette. Cette dalle funéraire, conservée dans l'église d'Alligny, porte la représentation d'une dame, la tête couverte d'un voile, placée sous une arcade en accolade, de chaque côté de laquelle se dessine un écusson : celui de gauche parti de Fontette avec l'écartelure d'Alligny, et du vase de fleurs qui formait le blason des des Potots ; celui de droite aux armes des des Potots ; voici l'inscription gravée en lettres minuscules gothiques :

✝ CI . GIST . NOBLE . DAME . KTELINE : DE . POTOT . IADIS . FEMME . DE . *(Jean de Fontette)* FILZ . DE . HUGUES . DE . FONTETES . EN . SON . VIVENT . SEIGNEUR . DALIGNI . Qⁱ . TREPASA . LAN M . CCCC . LX . & . XVI . PRIEZ . DIEU . POᵗ . SON *(âme).*

Le même blason des Fontette est reproduit, entouré du collier de Saint-Michel, sur les flancs de la cloche d'Alligny avec une inscription datée de 1518.

⚜ ⚜ ⚜

DE LA FOREST, seigneurs de La Forest, de Martigny, de Savigny-sur-Canne, de Bazole, de Montapas, de Vaujoly.

Châtellenies de Cercy-la-Tour et de Montenoison.

Alliances : de Rouneaux, de La Noue, de Paris, de Bazay, de La Bussière, de Frasnay, Maslin, Tenon.

De gueules, au chevron d'argent, accompagné de trois croix ancrées de même. — Pl. XVII.

Marolles. — Archives de Decize. — *Généalogie de Courvol.*

⚜ ⚜ ⚜

DE LA FOREST, seigneurs de Boisjardin.

Châtellenie d'Entrains.

Armoiries inconnues.

Marolles.

✤ ✤ ✤

DE LA FOREST, seigneurs de Villurbain, de Codes, de La Berlière, de Cuzy, de Grangebault, de Boys, de Marcy-sur-Yonne, de Marcilly, de Montigny-en-Morvand.

Châtellenies de Cuffy, de Nevers et de Montreuillon.

Alliances : de Monceau, de Cleux, de Sales, Le Roy.

D'or, à trois feuilles de chêne de sinople. — Pl. XVI.

Marolles. — Archives de la Nièvre et du château de Marcilly.

L'écusson de cette famille, timbré d'une couronne de comte et tenu par deux enfants dont le corps se termine par des feuillages, est sculpté, avec le nom *Marcilly* et la date 1604, sur la base d'un rétable dans l'église de Cervon.

Le nom de La Forest est fort commun, et il est assez difficile de classer les nombreux personnages qui le portèrent ; ils se pourrait que les seigneurs de Marcilly aient appartenu à la même famille que les seigneurs de Boisjardin.

✤ ✤ ✤

DE LA FOREST, V. FERRAND.

✤ ✤ ✤

FORESTIER.

Châtellenie de Donzy.

Armoiries inconnues.

Marolles.

✤ ✤ ✤

FORESTIER *al.* DE FORESTIER, seigneurs de Serée, de La Grange, de Chalevrin, de Villars-le-Comte, du Fort-de-Lanty, des Granges.

Châtellenies de Châteauneuf–sur-Allier et de Savigny-Poil-Fol.

Alliances : de Vaux, du Bois, de Poinsart, de Pirat, du Four, de Longuemor, Challemoux, de Lange, Sallonnier, de Bouillé.

D'or, au chevron de gueules, accompagné de trois glands de sinople, tigés et feuillés de même. — Pl. XVII.

Archives de la Nièvre et du château de Villars. — *Dictionnaire de la noblesse.* — *Cahier de la noblesse du Nivernais.*

La généalogie de cette famille se trouve dans le *Dictionnaire de la noblesse.*

❧ ❧ ❧

DE FOSSEGILET, seigneurs de Fossegilet *al.* Fougilet.

Châtellenie de Druyes.

Armoiries inconnues.

Marolles.

❧ ❧ ❧

DES FOSSÉS, seigneurs de Chevannes.

Châtellenie de Cercy-la-Tour.

Alliance : de Mussy.

Armoiries inconnues.

Archives de la Nièvre.

❧ ❧ ❧

FOUCHER *al.* FOUCHIER, seigneurs de Salles, de La Tour, de Livry, de La Forest. Nivernais et Berry.

Châtellenies de Nevers et de Châteauneuf-sur-Allier.

Alliance : de Jacquinet.

D'azur, à la fasce engrêlée al. ondée d'or, accompagnée de trois étoiles de même. — Pl. XVII.

Marolles.—Archives de la Nièvre.—Armoriaux des généralités de Moulins et de Bourges. — Armorial de Challudet. — Pallet, *Nouvelle histoire du Berry.*

Dans l'Armorial de Challudet, la fasce est ondée et l'écu, de cadet sans doute, est brisé d'une *bordure engrêlée de gueules.*

❧ ❧ ❧

DE LA FOUDRE *al.* DE MONTARON, seigneurs de Montaron.

Châtellenies de Cercy-la-Tour et de Savigny-Poil-Fol.

Armoiries inconnues.

Inventaire des titres de Nevers.

❧ ❧ ❧

FOUET DE DORNE, seigneurs de Dorne, de Saint-Parize-en-Viry, de Voumeaux, de Couroux, des Espoisses, de La Quenoille, de La Forest-de-Lurcy, de Cossaye, de Ris, de Breuille. Originaires de Bourgogne, Nivernais.

Châtellenie de Decize.

Alliances : de Saint-Aubin, des Boyaux, de Mareschal, de Bonnay.

Écartelé : aux 1 et 4, d'azur, à la bande d'or, chargée d'un rets de gueules, qui est de Fouet; *et de..., à trois rocs d'échiquier.* — Pl. XVI.

Marolles. — Paillot. — Archives de la Nièvre, de Saint-Pierre-le-Moûtier et de Lamenay. — Titres de Bourgogne. — *Histoire de la grande chancellérie.* — Courtépée.

Les armes de cette famille, avec l'écartelure des *rocs d'échiquier*, qui semble avoir été propre aux seigneurs de Dorne, se trouvent sculptées à Dorne sur les débris du tombeau de Thierry Fouet, dans le mur de l'ancien cimetière, et sur les côtés d'un rétable en pierre dans l'église paroissiale. Thierry Fouet, conseiller du Roi, secrétaire des finances et président de la Chambre des comptes de Bourgogne sous François Ier, acheta, au commencement du XVIe siècle, la terre de Dorne, dont il rebâtit le château et reconstruisit en partie l'église, dans laquelle il établit un Chapitre composé de sept chanoines. (Aliénations du bien de l'église, diocèse de Nevers, aux manuscrits de la Bibliothèque nationale.)

✤ ✤ ✤

DE FOUGERAY, seigneurs de Villiers.

Châtellenie de Donzy.

Alliance : de Chappes.

Armoiries inconnues.

Inventaire des titres de Nevers.

✤ ✤ ✤

FOULÉ, seigneurs de Marzy, de Montgazon, de Sancy, du Coudray, de Nolay ; marquis de Prunevaux et de Martangy. Nivernais, Paris et Berry.

Châtellenies de Montenoison et de Nevers.

Alliances : de Bretagne, de Beauvais, Guinet, Thiel- mont, Charron, Parfait, de Bordeaux, d'Épinay, de Flesselles, Gaulmin, de Gelas, Menardeau, de Chaumejean, des Madrits, Carpentier, Dorat, Le Rebours, de Gallard-Béarn, Commeau, des Ulmes.

D'argent, à la fasce de gueules, chargée de trois pals d'azur brochant sur le tout, et accompagnée de six mouchetures d'hermine, quatre en chef et deux en pointe, entre les pals. — Pl. XVII.

Marolles. — Archives du château de Prunevaux. — Généalogies des maîtres des requêtes. — *Dictionnaire de la noblesse.* — Chevillard. — Titres de Bourgogne.

La Chesnaye-des-Bois a donné une généalogie de cette famille, dont les armes se voyaient dans l'église de Saint-Paul à Paris, gravées sur l'épitaphe en cuivre de Jean et Pierre Foullé (Épitaphiers manuscrits de Paris.) Ces mêmes armes sont peintes sur une litre des premières années du XVIIIe siècle, à l'extérieur de l'église paroissiale de Nolay : l'écu, timbré d'une couronne de marquis, a pour supports deux hermines.

Le jeton dont voici le dessin, aux armes légèrement modifiées et aux chiffres des Foulé et des Le Rebours, fut frappé, en 1700, à l'occasion du mariage d'Étienne-Hyacinthe - Antoine Foulé, qualifié marquis de Martangy, maître des requêtes, puis intendant du Berry et d'Alençon, avec Marie-Élisabeth Le Rebours, fille de Thierry Le Rebours, président au Grand-Conseil.

⚜ ⚜ ⚜

DU FOUR, seigneurs de Villars, du Fort-de-Lanty, de La Forest, de Gratteloup.

Châtellenies de Châteauneuf-sur-Allier, de Luzy et de Savigny-Poil-Fol.

Alliances : des Jours, de Paris, de Turpin, Renard, Marchand, de Forestier, Le Camus, de Maumigny.

D'azur, au chevron d'or, accompagné en chef de deux tours d'argent et en pointe d'un oiseau de même. — Pl. XVII.

Archives de la Nièvre et du château de Villars. — Armorial de Chailludet.

✣ ✣ ✣

FOURNIER D'ARTHEL et D'ARMES, seigneurs d'Armes, d'Authiou, de Sophin; barons et comtes de Quincy-sur-Yonne; marquis d'Arthel.

Châtellenies de Clamecy et de Montenoison.

Alliances : Moreau de Charny, de Chabannes, etc.

D'azur, au sautoir d'argent. — Pl. XVI.

Cahier de la noblesse du Nivernais. — Notice historique sur la maison de Chabannes.

✣ ✣ ✣

FRAPPIER *al.* LE FRAPPIER DE SAINT-MARTIN, seigneurs d'Alligny, de Chassenay, de La Roussille, d'Alinet, de Bois-Martin, de La Brosse, de Saint-Martin.

Châtellenies de Donzy, de Nevers et de Saint-Verain.

Alliances : Le Clerc, de Corbigny, Bolacre, Chabot, Lasné, Magnan, de Lespinasse, Briand, de La Bussière, Odry.

D'or, à trois tours de gueules mal ordonnées. — Pl. XVII.

Marolles. — Archives de Nevers. — Registres de Donzy. — Armorial de la généralité de Bourges. — Titres de Bourgogne.

Quelquefois les tours sont d'or sur champ de gueules; elles sont ainsi figurées sur un ouvrage de Hugues Rigault, publié en 1790 aux frais d'Étienne Frappier, chanoine d'Auxerre, intitulé : *Sanctæ autissiodorensis ecclesiæ fastorum carmen.*

✣ ✣ ✣

FAMILLES.

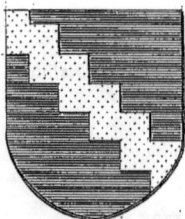

ESMALLE

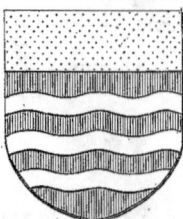

D'ESME

G.ᴬᴸ Cᵀᴱ DE L'ESPINASSE

ETIGNARD DE LA FAULOTTE

FAURE DE DARDAGNY

FERRAND DE LA FOREST

DE FERRIERES

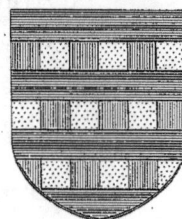

DU FEUILLOUX

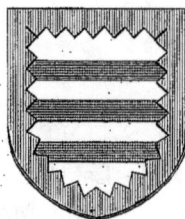

DE LA FIN

DE FONTETTE

DE LA FOREST

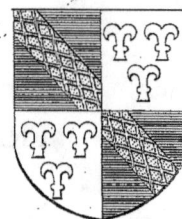

FOUET DE DORNE

FOURNIER D'ARTHEL

GALLINE

GIRARDOT DE PREFONDS

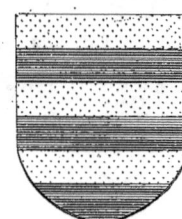

DE GIVERLAY

DU GOURLIER

GOUSSOT

DE GRAÇAY

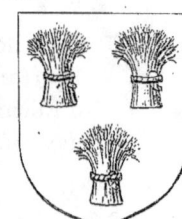

DES GRANGES

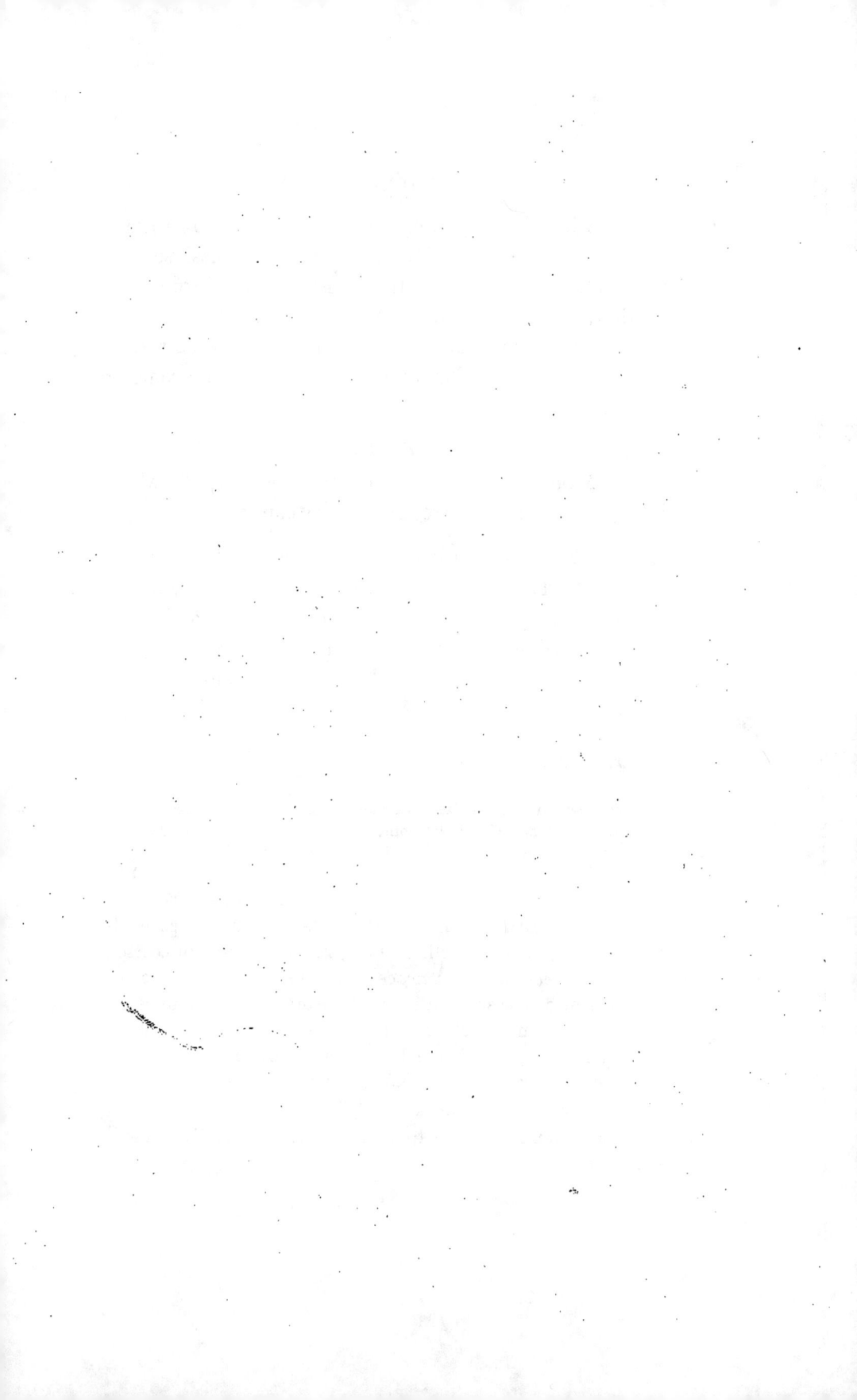

DE FRASNAY, seigneurs de Frasnay, de Montigny-sur-Canne,, d'Arcilly, de Mouches, de La Bussière, de Saint-Franchy, de Boulon, de Jousseaul, de Monts, de La Verdou, de Guipy, de Baugy, de La Varenne, de Pannessot, de Lichy, de Lachey, de Loupy, de Trigny; barons de Frasnay-les-Chanoines et d'Anisy. Nivernais et Bourgogne.

Châtellenies de Nevers, de Cercy-la-Tour, de Saint-Saulge, de Moulins-Engilbert, de Montenoison, de Monceaux-le-Comte, de Decize et de Châteauneuf-sur-Allier.

Alliances : de Champdiou, Boisserand, de Maison-comte, Le Tort, Paillet, de Houppes, de Courvol, de Luze, Le Bault, de Jacquinet, de Torcy, de La Forest, Lombard, de Giverlay, de La Tournelle, Cotignon, de Reugny, de Rochemonte, Le Prestre, de Choiseuil, de Villers-La-Faye.

Palé d'argent et d'azur. — Pl. XXX.

Archives de la Nièvre, de Decize et de Vandenesse. — *Inventaire des titres de Nevers.* — Preuves de Malte à la Bibliothèque de l'Arsenal. — Titres de Bourgogne. — Vertot. — Paillot. — Collection nivernaise de l'auteur.

On trouve aussi quelquefois les armes de cette famille : *D'azur, à trois pals d'argent.* Deux sceaux d'un Pierre de Frasnay font partie de la collection des quittances scellées : l'un, de 1379, porte un écusson *palé, la seconde pièce du palé chargée d'un croissant;* sur l'autre, de 1386, le croissant broche sur tout l'écu. Plusieurs écussons mutilés des Frasnay se remarquent au château d'Anisy (XVIe siècle); l'un de ces écussons, en losange, qui décore le manteau d'une belle cheminée de la renaissance, est écartelé *de gueules, à un chef;* nous ne savons quelle peut être cette écartelure.

Frasnay-les-Chanoines était la troisième des quatre premières baronnies du Nivernais.

⚜ ⚜ ⚜ .

DE FRÉTOY, seigneurs de Frétoy, de Quincize.

Châtellenie de Montreuillon.

Alliances : des Meloises, de Cancoy, de Champs, de Chevigny.

Armoiries inconnues.

Inventaire des titres de Nevers. — Le Morvand.

www.ingramcontent.com/pod-product-compliance
Lightning Source LLC
Chambersburg PA
CBHW071629270326
41928CB00010B/1842